Andreas Ninc
Leo Bürki
Roland Hung
Heinrich Mühlemann

Systemik

Integrales Denken, Konzipieren und Realisieren

Andreas Ninck
Leo Bürki
Roland Hungerbühler
Heinrich Mühlemann

Systemik

Integrales Denken, Konzipieren und Realisieren

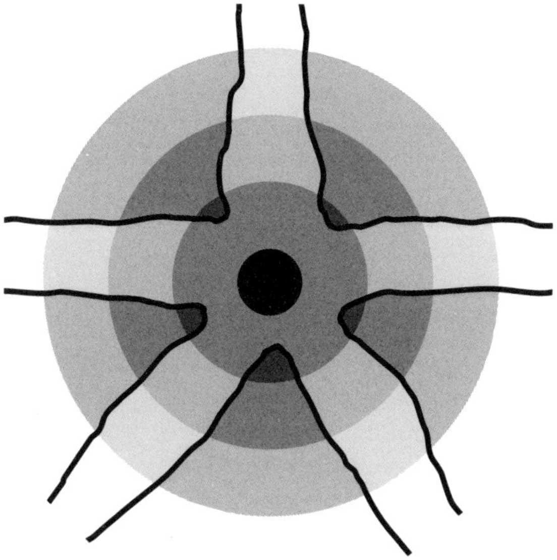

Verlag Industrielle Organisation

Wesentliche Teile dieses Buches sind im Rahmen eines Weiterbildungsoffensive-Projektes entstanden, welches vom Bundesamt für Industrie, Gewerbe und Arbeit (BIGA) und vom Kanton Bern finanziell unterstützt worden ist. Der Begriff *Systemik*® ist ein international registrierter Markenname der Ingenieurschule Bern. Aktuelle Informationen über die Weiterentwicklung des Fachgebietes sowie Angaben über Kurse und Beratungen sind erhältlich über Internet unter der Adresse:
http://www.isbe.ch/~wwwbwl/systemik.

Umschlag: Konzept/Gestaltung Lisa Etter, Zürich
Druck: Freiburger Graphische Betriebe, Freiburg i. Brsg.
Bindearbeiten: Scherrer AG, Zürich
Printed in Germany

ISBN 3-85743-989-0

Die Deutsche Bibliothek – CIP-Einheitsaufnahme

Systemik: integrales Denken, Konzipieren und Realisieren /
Andreas Ninck ... – Zürich : Verl.
Industrielle Organisation, 1997
ISBN 3-85743-989-0
NE: Ninck, Andreas

Inhaltsverzeichnis

Vorwort

von Prof. Dr. Dr. h.c. F. Vester

Ich halte es für eine ganz wichtige Aufgabe, immer wieder klarzumachen, dass wir Menschen und die Umwelt, in der wir leben, in einem grossen Kreisprozess von Wirkung und Rückwirkung eingebunden sind. Ein System von Regelkreisen, in welchem, anders als in der grauen Theorie, ein simples Ursache-Wirkungs-Denken, mit Anfang und Ende, der Wirklichkeit nicht gerecht wird, da in Kreisprozessen Ursache und Wirkung verschmelzen, ja ihre Rollen ständig vertauschen. Erst recht wird daher die Zerschneidung jeder Wirklichkeit in Fächer und Fakultäten, in Technik, Psychologie, Betriebswirtschaft und darüber hinaus in messbare Fakten einerseits und sogenannte unscharfe Emotionen andererseits auch unser Handeln und damit dessen Wirkungen zerstückeln, so dass zwar all dies in Tabellen gut fassbar ist, aber mit dem realen Geschehen immer weniger zu tun hat.

Wer sich die indirekten Folgen unserer Wirtschafsweise klarmacht – angefangen von dem Zerfall unseres Sozialgefüges, den Millionen Unfalltoten des Strassenverkehrs, den Chemie- und Reaktorunfällen, über Waldsterben, Überschwemmungen und Erdrutsche bis zu Grundwasserabsenkung und Hungersnöten in der Dritten Welt, von steigenden Abfall-Lawinen, über Meeresverseuchung und Austrocknung des Aralsees bis zu den Klimaverschiebungen durch Treibhauseffekt und Ozonloch und den irgendwann zu erwartenden Millionen von Ökoflüchtlingen, die in unsere Länder strömen werden –, der kann an der Notwendigkeit einer ganzheitlichen Sichtweise nicht mehr zweifeln und dürfte in einer Änderung, einer Neuorientierung von Wirtschaft und Technik im Einklang mit der Natur, die ja unsere einzige Ressourcenquelle ist, auch die einzig nachhaltige Zukunftschance sehen.

Nach wie vor stehen jedoch die Prioritäten auf zum Teil überholten Paradigmen, auf Produktionswachstum und Vermehrung des eigenen

Wohlstands, auf Rationalisierung, Gewinnmaximierung und anderen kurzfristigen Zielsetzungen, die ja auch längst keine Garantie mehr gegen Pleiten sind. Seit geraumer Zeit sind auch Wirtschaftswachstum und Arbeitsbeschaffung entkoppelt – ja Produktionswachstum und Arbeitslosigkeit gehen zunehmend Hand in Hand, und selbst die technischen Innovationen der letzten Jahrzehnte haben eher zu Stellenabbau geführt als Arbeitsplätze geschaffen. Daher gilt es, auch die Richtung der Innovationen sorgfältig zu durchleuchten.

Damit sind wir bei unserem konkreten Planen und Handeln. So ergibt sich aus der Systembetrachtung als erste Erkenntnis, dass es, wenn wir unsere wachsenden Probleme – auch diejenigen vor unserer Haustür, wie Arbeitslosigkeit, Verkehrskollaps, Verschuldung des Staates und der Kommunen – bewältigen wollen, dann in der Tat wenig Zweck hat, an diesen Problemen selber herumzudoktern. Denn auch diese sind ja nicht isoliert, sondern immer eingebunden in ein grösseres verschachteltes Wirkungsgefüge. Blosse Symptombekämpfung – sei es Strassenbau gegen Autostau, Subventionen gegen Absatzschwierigkeiten, Tiefwasserbrunnen gegen die Trockenheit, Rationalisierung gegen schrumpfende Märkte, globale Arbeitsteilung gegen hohe Löhne – ist meist das Kurzsichtigste, was wir tun können und führt bald an anderer Stelle zu noch grösseren Problemen.

Das Ziel muss vielmehr heissen, kranke Systeme – seien sie klein oder gross – wieder lebensfähig zu machen. Und dazu müssen wir uns in der Tat ein ganz anderes Bild von der Wirklichkeit machen, eine andere Sicht zulegen, als sie uns durch die Art unserer fächerorientierten Schulbildung anerzogen wurde. Denn diese Wirklichkeit besteht eben nicht aus abrufbaren Fakten, aus heterogenen Einzelkomponenten, sondern sie ist ganz real ein vernetztes Gefüge von Wirkungen und Rückwirkungen, das sich meist ganz anders verhält als wir aus einem noch so genauen Studium seiner sichtbaren Einzelteile ablesen können. Deshalb mein Plädoyer für ein Denken in vernetzten Zusammenhängen – wie es einem komplexen, lebenden Organismus, der wir selber sind, im Grunde ja auch zukommt. Dass das Informationsdefizit über Systemzusammenhänge und wie man mit Systemen umgehen muss, noch so ungeheuer gross ist, ist allerdings nicht verwunderlich. Das Netz der Wechselwirkungen ist durch die Auftrennung der Realität in Fachbereiche und Kompetenzen zerschnitten. Und sobald man das Zusammenspiel verschiedener Systembereiche untersuchen will, fällt das notwendigerweise zunächst mal zwischen alle Lehrstühle und ist dann einfach weg. Keiner kümmert sich mehr drum. Dabei sind die Beziehungen zwischen den Dingen für das Geschehen in der Welt meist wichtiger als die Dinge selbst. Die Tatsache, dass wir jedoch sowohl unsere Umwelt, also Wasser, Boden, Wärme, Licht, Pflanzen, Tierwelt, Bodenlebewesen und Mikroorganismen, als auch uns selbst mit unseren Städten und Fabriken, Produkten und Abfällen, als ein Nebeneinander einzelner Bestandteile betrachten, scharf getrennt in Ressorts und Branchen, und nicht erkennen, dass jeder Lebensraum in seiner Gesamtheit ein komplexes System ist, ein Organismus, dessen Komponenten alle miteinander in Wechselwirkung stehen, liegt das natürlich auch daran, dass jene Beziehungen zwischen den Dingen zum grossen Teil nicht linearer Art sind, dass sie oft über Zeitverzögerungen laufen und vor allem, dass sie im Gegensatz zu den Dingen selbst nicht sichtbar sind.

Das Verhältnis von Natur und Technik wird heute meist im umgekehrten Sinne verstanden: «Technik contra Natur» und in seinen Auswüchsen und Gefahren auch zunehmend erkannt. Der so oft zitierte Gegensatz zwischen Natur und Technik ist jedoch keineswegs ein Gegensatz prinzipieller Art. Denn nichts steckt so voller Techniken wie die Natur. Der Unterschied ist eher ein solcher in der Qualität, in der inneren Organisation, in der Art der Herstellung und in der Einbindung der jeweiligen Techniken in die übrigen Funktionen des Systems, in dem sie wirken. Und während unsere Technik der Natur gewiss nicht helfen kann, kann die Natur für unsere Technik in Zukunft sehr wohl von grosser, ja entscheidender Hilfe sein. Es ist mir daher eine ganz besondere Freude, in den Leitgedanken dieses Arbeitsbuches eine Trendwende in Richtung eines kybernetischen Technologie-Assessments feststellen zu können. Sind doch die Fachhochschulen – mehr noch als die in ihrer «trockenen» Klassifizierungsstruktur verhafteten Universitäten – durch ihre grössere Nähe zur «nassen» Realität als erste aufgerufen, die realen Interdependenzen zwischen dem Menschen, seinen Techniken und der Umwelt, in der er diese Techniken einsetzt, zu ihrem Studiengegenstand zu machen. Der Weg vom «Klassifizierungsuniversum» (wie es sich über viele Generationen in unseren akademischen Köpfen aufgebaut hat) zum «Relationsuniversum», zu dessen Verständnis man weniger die Dinge einordnet als ihre Beziehungen zu dem Rest der Welt untersucht, muss in der Tat dringend beschritten werden, wenn wir nicht von immer grösseren Rückwirkungen unkontrollierter Kettenreaktionen überrascht werden wollen. Denn diese lassen sich nur durch Überschreiten der Fachgrenzen erkennen. Auf diesem Wege wünsche ich dem Vorhaben in unser aller Interesse, dass es kräftige neue Impulse setzt.

1 Konzept

Wir befinden uns am Kaffeeautomaten der Firma CASH-PROTECT. In der Morgenpause wird über dies und das geplaudert.

Matz: *(unzufrieden am Kaffebecher nippend)*: «Mühsam! Gestern habe ich den Anfang des neuen Films von Silvester Stallone verpasst! Und wisst ihr warum?»

Luki: *(nie um eine Antwort verlegen)*: «Du bist sicher wieder mal im Büro zu lange rumgesurft – Internet ohne Ende!»

Carole: «Ich würde meinen, du hast noch schnell etwas vorher erledigen wollen. Das hat länger gedauert als angenommen. Und deine Freundin musste wie gewohnt auf Dich warten ...»

Matz: «Nein, ganz im Gegenteil. Ich habe gewartet! Meine Freundin ist nämlich wieder mal für eine Ewigkeit in der Stadt rumgekurvt, um einen Parkplatz zu finden. Und das, obwohl die City-West-Tiefgarage halb leer war. Aber nein – sie traut sich nicht!

Luki: «Das Problem kenne ich! Meine will nie in die Metro-Tiefgarage – und so gibt es selten den guten Fisch aus dem Laden in der Marktgasse. Dabei sind die Tiefgaragen im Schnitt nur zu 50% ausgelastet, habe ich gerade neulich in der Zeitung gelesen.»

Carole: «Mir geht das übrigens auch so: Alleine fahre ich nie in eine Tiefgarage, nicht mal in einem Einkaufszentrum.»

Luki: «Aber warum? So gefährlich sind doch diese Tiefgaragen gar nicht. Ich fühle mich jedenfalls nie bedroht. Und zudem zirkulieren die Sicherheitsleute doch in der Garage.»

Carole: «Aber ich fühle mich unsicher! Eine Tiefgarage beengt mich, und ich sehe hinter jeder Säule einen möglichen Angreifer.»

Matz: «Auch du fühlst dich unsicher? Das scheint wirklich ein Problem zu sein, sogar für Frauen wie dich, obwohl du dich beruflich mit Sicherheit beschäftigst. – He, wäre das nicht auch was für uns? Ich meine, wenn wir Geld vor Einbrechern schützen können, warum sollten wir nicht Frauen vor den Sittenstrolchen bewahren können?! Das wäre doch gerade eine Idee für das Ideenbrett. Vielleicht gewinnen wir damit den ausgesetzten "Inno-Preis".»

Luki:	«He, das ist eine coole Idee. Mit den von uns entwickelten technischen Systemen wäre das doch kein Problem.»
Carole:	«Wie schön, wenn ich keine Angst mehr haben müsste!»

In unserem beruflichen und privaten Umfeld stehen wir immer wieder vor neuen Herausforderungen. Wir erkennen Chancen, sind mit Problemen konfrontiert oder haben ganz einfach das Bedürfnis, komplexe Zusammenhänge in unserem Umfeld besser zu verstehen. Einerseits fühlen wir uns in solchen Situationen von der Fragestellung herausgefordert, andererseits lassen wir uns aber gerne auch durch das Unbekannte verunsichern. Es ist ein altes Anliegen von uns Menschen, Methoden des Entdeckens und Verstehens zur Hand zu haben, durch die wir uns in komplexen Problemsituationen besser zurechtfinden und umfassend eine Lösung angehen können.

Mit dem neuen Fachgebiet *Systemik* stellen wir im folgenden verschiedene Denkhilfen in dieser Richtung vor. Bereits hier möchten wir jedoch vor übersteigerten Erwartungen warnen. *Die* Methode des Entdeckens und Verstehens gibt es nicht und wird es auch in Zukunft nicht geben. Diese Tatsache mag bei Menschen Unverständnis hervorrufen, welche bloss ausführende Tätigkeiten ausüben und deshalb nach einfachen Rezepten für ihre Arbeitsgänge suchen. Für professionelle Problemlöser wie Ingenieure oder Betriebswirtschaftler muss dieser Umstand jedoch als Herausforderung gesehen werden. Für sie stellt sich tagtäglich die Frage, wie sie Chancen realisieren oder Probleme einer Lösung zuführen können. Und genau solchen Leuten soll mit den vorliegenden Ausführungen eine Hilfestellung geboten werden.

1.1 Was ist Systemik?

Im folgenden geben wir dem Leser einen kurzen Überblick über das Fachgebiet der Systemik. Ausgehend von der Erkenntnis, dass die besten Methoden unbrauchbar sind, falls der Blick auf das Ganze vernachlässigt wird, begründen wir unsere Forderung nach einer neuen Denkweise. Anschliessend erläutern wir die Hauptanliegen und Zielsetzungen der Systemik und zeigen, inwiefern wir damit fachübergreifende Anliegen vertreten.

1.1.1 Perfekt geplant ins Chaos

Viele Eingriffe in unsere Umwelt bewirken – oft in undurchsichtiger Art und Weise – Nebeneffekte, Rückkopplungen, Zeitverzögerungen mit Spätfolgen, Kippeffekte oder gar Chaos. Derartigen, für komplexe Systeme typischen Reaktionen stehen die Ingenieure und Architekten oft hilflos gegenüber und schieben die Verantwortung für unliebsame Nebenwirkungen gerne ab. Wenn wir eine gute Strasse oder ein schönes Haus bauen, eine funktionsfähige Fabrik errichten und mit neuester Technologie ausrüsten, wenn wir neue Produkte und Verfahren entwickeln oder die hierzu nötigen erstklassigen Ingenieure und Architekten ausbilden, gehen wir davon aus, dass das Zusammenspiel aller beteiligten Faktoren automatisch funktionieren wird. Wir sind vielfach überrascht, wenn sich gewisse Entwicklungen plötzlich aufschaukeln, wenn sich unerwartete Nebeneffekte oder Spätfolgen zeigen oder wenn Umweltelemente kippen. Jedes Systemelement, für sich perfekt geplant, kann im Zusammenspiel durchaus das gesamte System ins Chaos führen.

1.1.2 Die neue Denkweise

Bereits vor mehr als 2000 Jahren hat sich PLATON Gedanken gemacht über die Art und Weise, wie wir Menschen die Welt wahrnehmen. Viele berühmte Philosophen haben sich seither mit derselben Frage beschäftigt. In der Zeit nach dem Zweiten Weltkrieg begann man insbesondere darüber nachzudenken, wie sich die Struktur und das Verhalten von komplexen Systemen beschreiben lässt. In dieser Zeit wurde durch Norbert WIENER das fachübergreifende Wissensgebiet *Kybernetik* begründet. Der Begriff stammt aus dem

Griechischen und bedeutet Steuermannskunst. Die Kybernetik beschäftigt sich mit der formalen mathematischen Beschreibung und modellhaften Erklärung von dynamischen Systemen. Im Zentrum der Überlegungen steht das Prinzip der selbsttätigen Steuerung und Regelung.

Die Kybernetik hat mittlerweile Eingang in viele Bereiche der modernen Wissenschaften gefunden, von der Technik bis hin zu den Sozialwissenschaften. In jüngerer Zeit beginnt man zu realisieren, dass es zwischen Systemen zu unterscheiden gilt, welche ähnlich wie eine Maschine funktionieren, und solchen, welche die Merkmale eines lebenden Organismus aufweisen. Im ersten Fall sprechen wir von einer mechanistischen, im zweiten von einer systemischen Sichtweise. Die systemische Sicht ist geprägt durch Begriffe wie Nichtlinearität, Selbstorganisation oder Lebensfähigkeit.

Bei der Analyse, Planung und Umsetzung von Problemen kann es zu sehr unerfreulichen Situationen kommen, falls das zugrundeliegende System aus einer mechanistischen Perspektive betrachtet wird, obgleich es sich dabei effektiv um ein lebendes System handelt. In der technischen Welt finden wir zudem oft Mischformen von Problemstellungen. Zum Beispiel weist ein Computerprogramm als technisches Konstrukt viele Merkmale einer Maschine auf. Dagegen müssen etwa der Auftraggeber, der Benutzer des Programms oder das Umfeld, in welchem das Produkt eingesetzt wird, als lebende Teile des Gesamtsystems verstanden werden.

Eine unzweckmässige Erfassung und Fehleinschätzung einer Problemsituation kann zu einer erheblichen Krisensituation führen. Beispielsweise spricht man in der Informatik von einer Softwarekrise und meint damit die Tatsache, dass viele Programme nicht innerhalb der geplanten Fristen fertiggestellt werden oder dass Anforderungen an das Produkt unerfüllt bleiben. Die wohl wichtigste Ursache für diesen Umstand ist darin zu sehen, dass die meisten Software-Projekte mechanistisch angegangen werden. Oft wird zum Beispiel vernachlässigt, dass die Wahrnehmung des Auftraggebers sich im Verlaufe des Projektes verändert. Oder es wird zu wenig darauf ge-

Oskar Weiss zu: « Perfekt geplant ins Chaos »

achtet, dass nach der Fertigstellung des Produktes neue Wünsche und Anforderungen auftauchen können. Derartige Mängel lassen sich dadurch reduzieren, dass wir die Subjektivität und Veränderlichkeit der menschlichen Wahrnehmung als Tatsache anerkennen und die verschiedenen beteiligten Akteure in den Entwicklungsprozess miteinbeziehen. Oder es ist zweckmässig, das Produkt während des Konstruktionsprozesses möglichst lange flexibel zu halten bzw. noch besser, es von Anfang an auf Anpassbarkeit und Erweiterbarkeit hin zu konzipieren.

Mit dem Fachgebiet *Systemik* propagieren wir eine interdisziplinäre Denkweise, welche den Systembegriff ins Zentrum der Betrachtungen stellt. Dies bedeutet, dass in einem behandelten Problembereich die Frage nach dem Zusammenspiel und der Selbstregulation der Teile eine besondere Beachtung findet. Auf der Basis eines integrierenden, vernetzten Denkens schlagen wir ein systemisches Vorgehensmodell vor, welches als Leitfaden sowohl für die Realisierung von Chancen als auch zur Lösung von Problemen dienen soll. Kerngedanke dieses Vorgehensmodells ist die Tatsache, dass jede Problemstellung Teil eines Ganzen ist. Das bedeutet einerseits, dass sich der Problemlösungsprozess nicht allein nach innen auf das geplante Produkt konzentrieren darf, sondern dass der Blick immer auch nach aussen, auf relevante Aspekte des Problemumfeldes, zu richten ist. Dies heisst aber auch, dass die Veränderlichkeit dieses Umfeldes mitberücksichtigt werden muss und dass eine Lösung derart zu planen ist, dass das realisierte Produkt längerfristig lebensfähig bleibt.

Wie Abb. 1.1 zeigt, sind wir mit unserem systemischen Arbeitsansatz nicht allein. Seit der Begründung der Kybernetik haben sich in verschiedenen Fachgebieten systemische Denkrichtungen entwickelt. Die Darstellung erhebt keinen Anspruch auf Vollständigkeit, und als exemplarisch sind auch die aufgeführten Exponenten der einzelnen Richtungen zu verstehen. In der Darstellung sind die Ingenieurwissenschaften nicht vertreten, obwohl die Kybernetik gerade hier ihre Spuren wohl am stärksten hinterlassen hat (man denke etwa an die Steuer- und Regeltechnik). Der Grund für das Fehlen ist ganz einfach. Während in den aufgeführten Bereichen die ursprünglich mechanistisch ausgerichtete Kybernetik in Richtung einer systemischen Sichtweise erweitert wurde, hat sich diesbezüglich in den Ingenieurdisziplinen bisher wenig getan. Es ist uns deshalb ein besonderes Anliegen, die Bedeutung eines systemischen Arbeitsansatzes gerade auch für den technischen Bereich zu diskutieren.

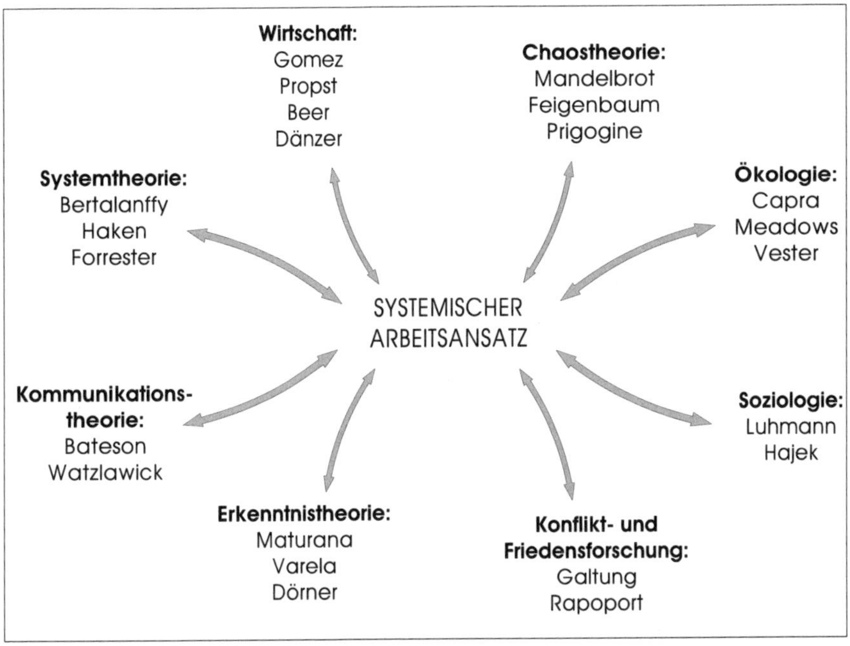

Abb. 1.1 Systemischer Arbeitsansatz – Fachgebiete und deren Vertreter

1.1.3 Konzept der Systemik

Anhand des Konzeptlogos in Abb. 1.2 lassen sich die Hauptanliegen und Zielsetzungen unseres neuen Fachgebietes näher beschreiben. Die Schnittstelle zwischen der Technik einerseits und dem Menschen in seiner Umwelt andererseits wird mit den geometrischen Kreisen und den lebenden, geschwungenen Linien symbolisiert. Diese «Lebenslinien» liegen bewusst über den exakten Kreisen der Ingenieurwelt. Das Leben soll die technische Welt definieren und kontrollieren, und nicht umgekehrt. Die fünf Extremitäten stilisieren nicht nur den Menschen, sondern sollen ebenfalls die unterschiedlichen Disziplinen oder auch die Abteilungen einer Unternehmung oder Schule symbolisieren. Alle haben verschiedene Ausrichtungen. Die auslaufenden Linien sollen die Offenheit für die gesellschaftlichen Anforderungen andeuten. Die Bedeutung der konzentrischen Kreise wird im folgenden detailliert beschrieben. Des weiteren ist jedem Kreis ein Kapitel des Buches gewidmet.

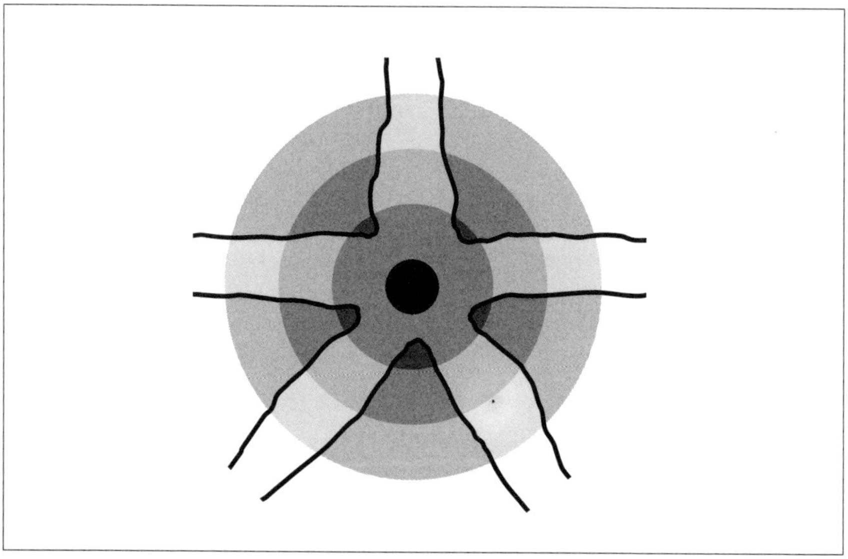

Abb. 1.2 Konzeptlogo der Systemik

Der innerste Kreis des Konzeptlogos beinhaltet die vereinenden *Denkmuster* aller Disziplinen und Abteilungen: die Sensibilisierung für Komplexität und deren Konsequenzen, neue Wissenschaftsparadigmen, Grundlagen der Systemtheorie, Kybernetik dynamischer und lebender Systeme, Systemhierarchien und die dazwischen herrschenden Interdependenzen, Wahrnehmungspsychologie und die Konsequenzen für die Modellbildung. Neben wissenschaftlichen und praktischen Stoffinhalten umfasst dieser Teil auch Themen wie Werthaltungen, Verantwortung, Weltbilder – also Ethik im weitesten Sinne.

Die Beschäftigung mit den Grundlagen der Systemik soll einen Prozess auslösen, der alle Abteilungen einer Unternehmung oder Schule zu einer interdisziplinären Diskussion anregt. Die Erarbeitung von gemeinsamen Kommunikations- und Handlungsmustern soll dabei zu einer besseren Verständigung beitragen.

Im zweiten Kreis des Logos, dem Bereich der *Chancen- und Problemdefinition*, wird auf die Schwierigkeit der Problemerkennung und -formulierung aufmerksam gemacht. Diese Thematik ist nicht allzu fachspezifisch und reicht nur teilweise in die Äste der einzelnen Fachbereiche hinein. Herkömmliche Problemlösungsmethoden gehen davon aus, dass vorhandene Probleme, wie Wahrnehmen einer Marktchance, Abwenden einer Bedrohung, Bedürfnis nach Veränderung, Gefühl für einen Mangel oder eine ungelöste Aufgabe, klar bekannt sind und dass diese Probleme bloss noch gelöst werden müssen. Die Praxis zeigt aber, dass das Erkennen und Auffinden von Problemen und Chancen nicht einfach ist und insbesondere den handlungsorientierten Ingenieuren und Betriebswirtschaftlern schwerfällt. Werden komplexe Probleme nur unter Berücksichtigung linear-kausaler Zusammenhänge angegangen und von Anbeginn falsch eingeschätzt, werden sie erst erkannt, wenn sie offensichtlich sind, oder werden sie sogar von den wachsenden Handlungszwängen verdrängt und kompensiert, kommen wir vom Reagieren nicht weg. Symptombekämpfungen verschlimmern in der Regel die Probleme, auch wenn sie manchmal zu kurzfristigen Verbesserungen führen mögen. Eine sorgfältige Problemdefinition ist deshalb notwendig. Sie nimmt im systemischen Denken und Vorgehen eine Schlüsselstellung ein.

Im dritten Bereich behandeln wir Techniken zur zielgerichteten *Problemlösung*. Sie reichen bereits stärker in die jeweiligen Äste der Abteilungen hinein. Die spezifischen Techniken der Fachrichtungen können hier nicht berücksichtigt werden. Hingegen sind die diskutierten Organisations- und Reflexionsmethoden bei der Chancenrealisierung und Problemlösung von genereller Gültigkeit. Im weiteren gelten auch in diesem Bereich die Regeln der Systemtheorie. Beispielsweise machen sich die Mechanismen der Selbstregulation insofern bemerkbar, als keine «Patentlösungen» angeboten werden können. In lebenden, komplexen Systemen werden Probleme nie auf einen Streich gelöst, sondern nur iterativ in mehreren Anläufen. Es kann keine «Problemlösungsmethode für alle Fälle» angeboten werden. Gefragt ist immer ein angepasster Methoden-Mix.

Der nächste Kreis umfasst Stoffinhalte bezüglich *Organisation und Umsetzung*. Im Vordergrund steht die Auseinandersetzung mit den dynamischen Aspekten eines Projekts. Das Lösen von Problemen in lebenden, komplexen Systemen erfordert manchmal neue, noch nicht getestete Organisationsformen und unkonventionelle Umsetzungsstrategien. In diesem Zusammenhang erhält der Umgang mit Information, Projektmanagement, Entscheidungsmethodik, Organisationskybernetik, Zielbearbeitung und -evaluation eine Schlüsselstellung.

Im letzten Teil - symbolisiert durch den offenen weissen Bereich - bilden *Anwendungen* in Form von Fallbeispielen und Erfahrungen aus der Praxis den Schwerpunkt. Dieser Teil stellt einen Bezug zu realen Problemstellungen her und ermöglicht so ein konkretes Verständnis bezüglich der verschiedenen Arbeitsschritte. Die Offenheit des Logos soll symbolisieren, dass eine weitere Konkretisierung und Verfeinerung des Ansatzes durch die verschiedenen Fachbereiche jederzeit möglich und auch erwünscht ist.

1.1.4 Systemik – eine integrierende Disziplin

Um Chancen zu realisieren und Probleme lösen zu können, muss eine Reihe von Faktoren wirkungsvoll zusammenspielen. Eine rein methodische Vorgehensweise genügt ebensowenig wie ein rein auf Fachwissen begründetes Arbeiten. Erst das effektive Zusammenspiel von Erfahrung, Handlungsethik, Methodik, Fachwissen usw. versetzt uns in die Lage, brauchbare Lösungen zu entwickeln.

Wie Abb. 1.3 symbolisch zeigt, verstehen wir Systemik als eine integrierende Disziplin, welche die übrigen Komponenten der Problemlösung ergänzt und unterstützt. Erst Kenntnisse über systemisches Denken und Handeln versetzen uns in die Lage, unser Fachwissen und unsere Situationskenntnisse richtig, d.h. methodisch ganzheitlich, anzuwenden. Solche Kenntnisse geben uns Sicherheit und stellen Leitplanken dar, auf dem Weg zu nachhaltigen und lebensfähigen Lösungen. Systemik ergänzt die fachtechnische und fachmethodische Ausbildung durch eine fachübergreifende Denkweise, wie sie am Arbeitsplatz zunehmend verlangt wird.

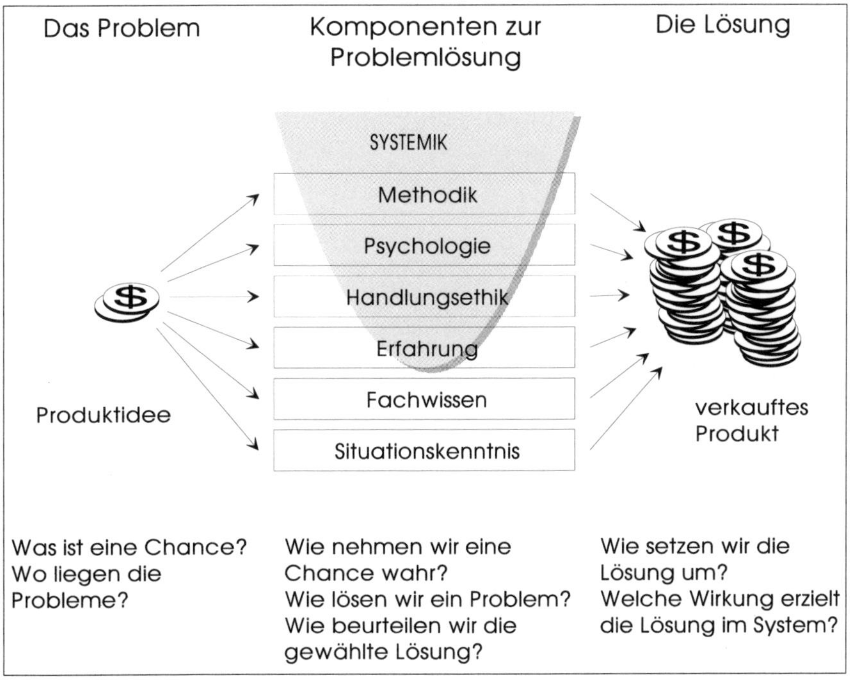

Abb. 1.3 Komponenten zur Problemlösung

1.2 Systemisches Vorgehensmodell

Nachdem die Ideen des Fachgebietes Systemik nun in den Grundzügen bekannt sind, präsentieren wir im folgenden unser systemisches *Vorgehensmodell*. Der Begriff Vorgehensmodell bringt zum Ausdruck, dass die Methodik eines geordneten Vorgehens bezüglich des Problemlösungsprozesses im Zentrum der Betrachtungen steht. Mit dem Begriff «Modell» wird aber auch angedeutet, dass die vorgeschlagene Methodik nicht als absolutes Rezept zu verstehen ist, sondern von Fall zu Fall interpretiert werden muss.

1.2.1 Einfach – kompliziert – komplex

Tagtäglich sehen wir uns mit der Aufgabe konfrontiert, Situationen zu erfassen, Alternativen abzuschätzen und Entscheidungen zu fällen. Bei *einfachen Problemen* fällt es leicht, die Situation richtig zu erfassen und zweckmässig zu entscheiden. Ohne langes Überlegen vermögen wir vernünftig zu handeln. Allenfalls bedienen wir uns dabei der Reihe nach folgender Fragen:

- WAS ist los?
- WAS will ich?
- WELCHE Lösungsmöglichkeiten gibt es?
- WELCHES ist die beste Lösungsmöglichkeit, und
- WAS könnte dabei schiefgehen?

Bei *schwierigen Problemen* und komplizierten Situationen benötigen wir eine anspruchsvollere Methodik. Die folgenden Schritte werden vom Problemlöser einmal oder mehrmals ganz oder teilweise durchlaufen:

- Situationsanalyse
- Zielformulierung
- Lösungsentwurf
- Bewertung und Entscheidung
- Umsetzung

Bei *komplexen Problemen* und Situationen erlangt die Situationsanalyse eine zentrale Bedeutung. Die sorgfältige Chancen- und Problemdefinition und die richtige Systemmodellierung, allenfalls auch eine fundierte Wirkungsanalyse und die Überprüfung der Lebensfähigkeit, sind dann wichtige Komponenten dieses Arbeitsschrittes.

Der im folgenden vorgestellte Ansatz ist – wie jedes andere Vorgehensmodell – keine exakte Methode, dessen strikte Anwendung zwingend zur besten Lösung führt. Die Vorgehensregeln sind bloss Orientierungshilfen. Von Fall zu Fall muss die Interpretation der einzelnen Schritte neu überdacht werden.

1.2.2 Das systemische Vorgehensmodell

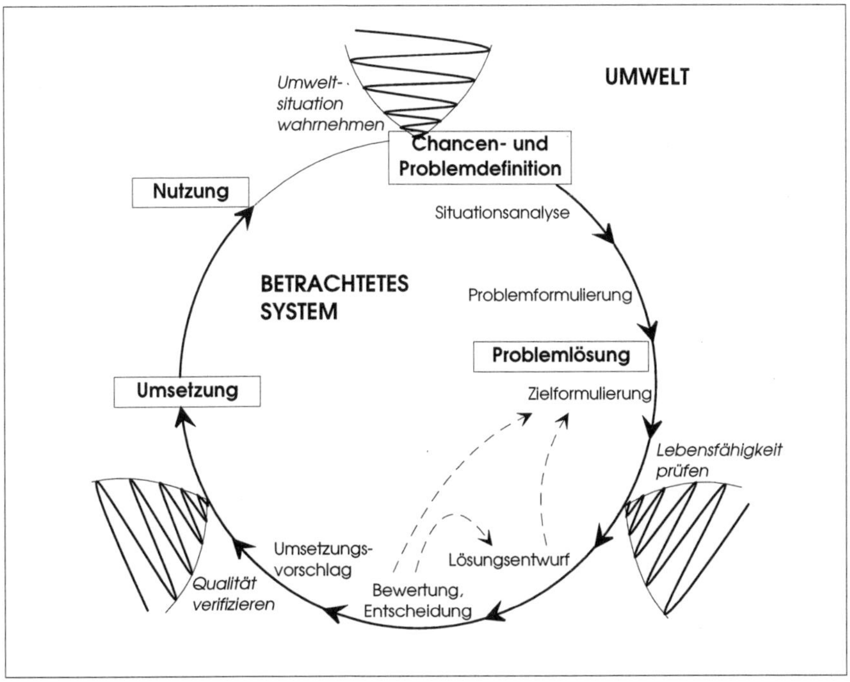

Abb. 1.4 Systemisches Vorgehensmodell

Das systemische Vorgehensmodell (vgl. Abb. 1.4) lässt sich in vier Hauptbereiche gliedern: Chancen- und Problemdefinition, Problemlösung, Umsetzung und Nutzung. Die Pfeile auf dem Kreis markieren die grundsätzliche Reihenfolge der Tätigkeiten. Rückkopplungspfeile deuten an, dass gewisse Tätigkeiten unter Umständen mehrfach wiederholt werden. Im Zentrum der Überlegungen steht das betrachtete System. Im Gegensatz zu herkömmlichen Vorgehensmodellen ist zudem die System-Umwelt eingezeichnet. Eine Problemstellung kann nie losgelöst von den umgebenden Systemkomponenten behandelt werden. Zu verschiedenen Zeitpunkten des Problemlösungsprozesses ist die Wahrnehmung der Umweltsituation sogar von ganz besonderer Bedeutung, was durch die geschwungenen Linien im Diagramm hervorgehoben werden soll.

Chancen- und Problemdefinition

Eine sorgfältige Chancen- und Problemdefinition ist aufwendig. Sie nimmt im systemischen Vorgehen eine Schlüsselstellung ein und ist zeitlich den lösungsorientierten Tätigkeiten voranzustellen. Nebst einer eingehenden Situationserfassung, welche die klassischen system-, ursachen- und lösungsorientierten Arbeitsschritte umfasst, unterstreichen wir die besondere Beachtung der Komplexität. Komplexität, verstanden als Veränderlichkeit der Systemkomponenten und -beziehungen, ist ein Hauptmerkmal vieler Systeme. Nur rein technische Systeme, mit klar definierter Struktur, sind in ihrem künftigen Verhalten bestimmbar. In jedem System, das Menschen miteinbezieht, ist es unmöglich, das Geschehen durch detaillierte Anweisungen auf einem klar vorbestimmten Pfad zu steuern, da sich die Entscheidungsgrundlagen fortlaufend ändern.

Bei der Wahrnehmung der Umwelt erhalten wir bloss eine mehr oder weniger differenzierte Vorstellung über die Situation. Da jeweils nur ein Teil der Umwelt erkannt, dargestellt und kommuniziert werden kann, müssen bei der Informationsbeschaffung Methoden angewandt werden, welche eine ganzheitliche Sichtweise fördern. Weil die Umwelt zugleich dynamisch ist, muss auch die Beschreibung der Situation (Ist-Definition) laufend diesen Veränderungen angepasst werden. Wir müssen uns in jeder Phase des Arbeitsprozesses der Subjektivität unserer Wahrnehmung bewusst sein.

Was für die Erfassung der Umwelt gilt, ist auch für eine innere Betrachtung des bearbeiteten Systems gültig. Wir müssen das betrachtete System als Ganzes in seiner Entwicklung von der Vergangenheit bis zur Gegenwart zu erfassen suchen und eine ganzheitliche Ist-Definition anstreben, bevor wir Ziele formulieren und Lösungen entwickeln können. Auch diese innere Betrachtung kann mehr oder weniger verzerrt sein, vermögen wir doch beispielsweise unsere Unternehmung, unsere Abteilung oder unsere Fähigkeiten nie in ihrer wahren Realität zu erkennen.

Die Ist-Definition der Umwelt und des betrachteten Systems erzeugt ein Spannungsfeld. In diesem lassen sich Chancen und Probleme erkennen und definieren. Hierbei ist zu beachten, dass bei der Beurteilung von Problemen oft nicht die Ursachen, sondern lediglich gewisse Symptome sichtbar sind. Darum sollte die Problemlösung nicht bereits hier eingeleitet werden. Diese ist erst nach einer eingehenden Analyse bezüglich der Vernetzung von Systemkomponenten sinnvoll. Zudem muss eine intensive Auseinandersetzung mit den dynamischen Wechselwirkungen innerhalb und ausserhalb des Systems erfolgen.

Problemlösung

Zu Beginn der Problemlösungsphase müssen im Rahmen der Zielformulierung die Anforderungen an die zu gestaltende Lösung systematisch zusammengestellt und strukturiert werden. Dabei sind die beteiligten Akteure gebührend in den Prozess einzubeziehen. Bei der Formulierung ist es zweckmäßig, zwischen Muss- und Sollzielen zu unterscheiden. Mussziele sind solche, deren Erreichung zwingend ist. Sollziele sind anzustreben, aber nicht unumstössliche Voraussetzung für die Annahme einer Lösung.

Vor der eigentlichen Lösungssuche gilt es, die Lebensfähigkeit des Systems unter Berücksichtigung der anvisierten Ziele zu prüfen. Kann die angestrebte Lösung die notwendige dynamische Anpassbarkeit oder Enwicklungsfähigkeit erlangen? Wird das Zielsystem

genügend Steuerbarkeit oder Fähigkeit zur Selbstorganisation aufweisen? Stehen ihm genügend Ressourcen zur Verfügung?
Im Stadium der Problemlösung geht es noch nicht darum, fertige Lösungen zu präsentieren. Die Lösungsvarianten sollen einen der Bearbeitungsstufe angemessenen Detaillierungsgrad aufweisen. Sie werden also zunächst relativ grob strukturiert sein und erst in den späteren Phasen zusehends detaillierter ausfallen.

Bei der Bewertung werden die Lösungsentwürfe dann systematisch miteinander verglichen, und die Auswahl der weiter zu bearbeitenden oder zu realisierenden Lösungsvariante wird vorgenommen. Als Ergebnis resultiert ein Antrag für den nächsten Entwicklungsschritt bzw. dessen Umsetzung.

Vor der effektiven Umsetzung ist der Blick nochmals auf das Umfeld zu richten. Die Qualität der konzipierten Lösung ist zu verifizieren: Wieweit sind die Anforderungen gegenüber dem Umfeld erfüllt? Werden durch die Lösung die geforderten Funktionen und Leistungsziele erreicht? Wird das System wartbar, entwicklungs- und anpassungsfähig sein?

Umsetzung und Nutzung

Während in den ersten Phasen das Zielsystem und dessen Umfeld im Zentrum des Interesses stehen, gewinnen im Stadium der Umsetzung und Nutzung organisatorische Aspekte an Bedeutung. Wenn wir nicht bloss das bearbeitete Problem, sondern auch das Unternehmen oder das Projekt als System auffassen, so stellen sich Fragen bezüglich der Organisationsdynamik: Welche Indikatorgrössen geben Auskunft über den Projektstand? Sind gewisse Massnahmen bloss Symptombekämpfung oder sind sie gar kontraproduktiv? Wie muss ein Projekt in einem veränderlichen Umfeld gesteuert werden? Was muss unternommen werden, um die Lebensfähigkeit der Organisation zu erhalten und zu verbessern?

Abfolge der einzelnen Schritte

In der Praxis folgen die einzelnen Schritte selten genau in der dargestellten zeitlichen Sequenz. Es sind oft Wiederholungszyklen nötig, da sich die Wahrnehmung verändert oder weil neue Informationen auftauchen. Besonders häufig sind Wiederholungen der Schritte «Zielformulierung» und «Lösungsentwurf», da sich Ziele und Bewertungen im Laufe der Zeit verändern. Eine schrittweise Anpassung der Ziele und Bewertungen darf dann nicht als Führungsschwäche abgetan werden. Sie ist vielmehr als ein Zeichen der Flexibilität im Umgang mit Veränderungen zu sehen.

Herkömmliche Vorgehensmodelle zeigen eine ähnliche Abfolge der einzelnen Schritte, jedoch mit einer völlig anderen Gewichtung. Nach einer allenfalls flüchtigen Erfassung der Umweltsituation wird sogleich die Problemlösung angegangen, ohne dass man sich im voraus Gedanken über die Lebensfähigkeit macht. Diese Vorgehensweise ist unsystemisch, weil die realisierten Lösungen erst nach deren Fertigstellung in ein Gesamtsystem und in die Umwelt eingefügt werden. Mit unverhältnismässig grossem Aufwand wird dann erst nach der Umsetzung versucht, das Produkt oder die Dienstleistung lebensfähig zu gestalten. Dies führt zu einem eigentlichen Reparaturdienstverhalten.

Systemisches Konzipieren und Realisieren lebensfähiger Systeme erfordert somit das Verlassen gewohnter Vorgehensmuster. Ein Umdenken setzt Einsicht voraus und fordert Energie. Erst mit dem praktischen Erleben des systemischen Vorgehens werden die eigentliche Bedeutung und die Möglichkeiten dieser Arbeitsweise erkennbar. Durch Erfahrungen im Team kann zudem eine gemeinsame Sprache zwischen verschiedenen Disziplinen gefunden werden. Systemik wird so zum festen Bestandteil der Arbeitskultur.

Die Abfolge der einzelnen Schritte im Vorgehensmodell bestimmt auch den Aufbau des vorliegenden Buches. In einem ersten Kapitel befassen wir uns vorwiegend mit Aspekten, welche in Abb. 1.4 innerhalb und ausserhalb des Kreises gezeichnet worden sind: System und

Umwelt, Umgang mit Komplexität, Wahrnehmung und Denkmuster, das sind die Stichworte. In den beiden folgenden Kapiteln werden ausführlich die Aspekte der Chancen- und Problemdefinition bzw. der Problemlösung diskutiert. Das Kapitel zum Thema «Umsetzung und Nutzung» ist bewusst allgemein gehalten, da es im Rahmen der vorliegenden Abhandlung nicht darum gehen kann, spezifische Werkzeuge und Methoden der einzelnen Fachbereiche vorzustellen. Zur Abrundung wird schliesslich anhand von Fallbeispielen kurz erläutert, wie sich das systemische Vorgehensmodell auf verschiedene technische Fachbereiche anwenden lässt.

2 Denkmuster

Die drei Mitarbeiter der Firma CASH-PROTECT, welche wir bereits kurz kennengelernt haben, finden sich eine Woche nach ihrem Gespräch über die Sicherheit von Tiefgaragen im Büro von Rolf zu einer Sitzung ein. Rolf ist Leiter des Entwicklerteams und Chef der drei jungen Leute.

Rolf: «OK. Matz hat mir von eurer kürzlich entwickelten Idee erzählt, und darum habe ich diese Teamsitzung angesagt. Ihr glaubt also, einen neuen Markt für unsere Sicherheitssysteme entdeckt zu haben. Das müssen wir uns heute als erstes mal näher anschauen – und entscheiden, ob wir diese Idee bei der Geschäftsleitung vorbringen sollen.»

Matz: «Ja, ich glaube, wenn wir es schaffen, Tresore sicher zu machen, warum sollten wir es nicht schaffen, Tiefgaragen abzusichern?!»

Carole: «So könnten wir auch einen Beitrag zur allgemeinen Sicherheit in der Gesellschaft leisten! Das wäre nicht zuletzt für das Image der Firma gut, meint ihr nicht auch?»

Luki: «Genau! Wir müssten unser Know-how so einsetzen, dass wir allen ein Gefühl der Sicherheit vermitteln. Ich würde zum Beispiel alle Kabel kappsicher installieren!»

Matz: «Und dann käme ich nie mehr zu spät ins Kino!»

Carole: «Ich würde die Kabel in die Lüftungsschächte einlegen ...»

Matz: «Unsere kürzlich entwickelten Wärmesensoren liessen sich bestens installieren und wären viel unauffälliger als Videokameras.»

Rolf: *(legt seine vorbereitete Liste auf den Tisch)*: «Ja, tragen wir doch alle technischen Möglichkeiten zusammen, die für eine Lösung geeignet wären!»

Matz: «Wir müssten unbedingt die Glasfasertechnologie berücksichtigen. Mit diesen Superkabeln lassen sich riesige Mengen von Daten transportieren. So werden wir bei der Informationsübermittlung keine Engpässe haben.»

Luki: «Das Projekt "Künstliche Intelligenz" könnte auch endlich einer Anwendung zugeführt werden: Bilderkennung und intelligente Informationsverarbeitung, das ist Zukunft!»

Carole:	«Wäre es damit möglich, alle Leute zu erkennen, die nicht mit dem Auto in der Tiefgarage geparkt haben? Also all jene, welche eben nichts in der Garage zu suchen haben?»
Luki:	«Ja sicher. Wäre das nicht eine coole Anwendungsmöglichkeit?»
Matz:	«Mit unseren Wärmesensoren könnten wir für die Bilderkennung ein sehr effizientes Nachführsystem entwickeln, das die Kamera immer auf die Leute richtet.»
Carole:	«Wie wäre es mit unseren Schalldetektoren? Wenn jemand "Hilfe" ruft, gehen sofort die Alarmanlagen an.»
Rolf:	«Wahnsinnig! - Das Know-how, das wir da zusammentragen! Ich bin begeistert!»

Wahrnehmen oder Kommunizieren sind Tätigkeiten, welche der Mensch beherrscht, ohne dass er sich darüber gross Gedanken macht. Dieser scheinbar unproblematische Umgang mit Denkmustern soll im folgenden hinterfragt werden. Den Begriff *Denkmuster* verstehen wir dabei im weitesten Sinne als «Grundmuster unseres Denkens und Handelns».

In einem ersten Kapitel zeigen wir, dass das Denken und Handeln in Wissenschaft und Technik von verschiedenen Weltbildern, sogenannten Paradigmen, geprägt ist. Aus der Überzeugung, dass in verschiedener Hinsicht ein Paradigmawechsel notwendig ist, welcher auf einem verantwortungsvollen Handeln gegenüber Mitmenschen und Umwelt basiert, sprechen wir hier auch über ethische Grundlagen. In den beiden nachfolgenden Kapiteln beschränken wir den Betrachtungsbereich auf das Denken von einzelnen Individuen bzw. auf die Kommunikation innerhalb von Gruppen. Wir zeigen, dass jede Form der Wahrnehmung subjektiv ist und dass diese Tatsache unter Umständen zu erheblichen Kommunikationsproblemen führen kann. In zwei weiteren Kapiteln stellen wir wichtige Grundlagen des Systemdenkens vor. Wir erläutern, wie etliche Situationen in unserem Alltag als Systeme verstanden und strukturiert werden können. Ein charakteristisches Merkmal vieler Systeme ist die Dynamik bzw. die Veränderlichkeit der Struktur. Wir zeigen, dass diesbezüglich unterschieden werden muss zwischen Systemen, welche wie Maschinen funktionieren, und Systemen, welche eher die Merkmale von komplexen, natürlichen Organismen aufweisen. Als Abrundung des Kapitels über Denkmuster diskutieren wir Denkfehler, welche im Umgang mit komplexen Problemsituationen oft gemacht werden, und wir zeigen auf, in welche Richtung ein Umdenken notwendig ist.

2.1 Paradigmawechsel und Ethik

In diesem Kapitel wird der Begriff «Denkmuster» sehr allgemein interpretiert. Im ersten Teil wird gezeigt, dass wir Menschen uns – je nach Standpunkt oder wissenschaftlicher Erkenntnis – unterschiedliche Vorstellungen über die Welt machen, wir also unterschiedlich über die Realität nachdenken. Im zweiten Teil wird gezeigt, dass sich im Verlaufe der Menschheitsgeschichte ethische Verhaltensregeln herausgebildet haben, welche unser Denken und Handeln beeinflussen. Gerade für die technischen Disziplinen, mit ihrem riesigen Potential zur Beeinflussung der Menschheit und zur Veränderung der Umwelt, haben ethische Grundsätze eine zusehends grössere Bedeutung.

2.1.1 Wandelbarkeit der Weltbilder

Im Verlaufe der Menschheitsgeschichte haben sich die Weltbilder mehrmals verändert (vgl. Abb. 2.1). Bis heute gibt es keine einheitliche Vorstellung darüber, was die Welt ist und wie sie funktioniert. Eine einzige allgemeingültige Lehrmeinung über die Zusammenhänge des Weltgeschehens wird es auch in Zukunft nicht geben. Wir müssen vielmehr davon ausgehen, dass sich bloss einzelne Bevölkerungsgruppen bezüglich einer gemeinsamen Weltsicht einig werden können. Wird eine Weltanschauung von einer grösseren Gruppe von Menschen geteilt, so sprechen wir von einem *Paradigma.*

Da Paradigmen von Menschen erdacht bzw. konstruiert werden, existieren im Normalfall mehrere unterschiedliche Auffassungen nebeneinander. Es erstaunt also nicht, dass die Anhänger verschiedener Paradigmen sich gegenseitig von ihrer Lehrmeinung zu überzeugen versuchen. Dies hat zur Folge, dass Paradigmen entweder dynamisch sind und sich laufend den aktuellen Gegebenheiten anpassen (Kulturwandel), oder dass sie verkrusten (Fundamentalismus). Gelegentlich kann es vorkommen, dass in einer Lehrmeinung nicht bloss kleinere Anpassungen vorgenommen werden, sondern dass ein massiver Meinungsumschwung hin zu einem neuen Paradigma stattfindet. In diesem Falle sprechen wir von einem *Paradigmawechsel*. Es ist auffallend, aber keineswegs erstaunlich, dass uns insbesondere äussere Umstände oder Krisen zu einem Umdenken veranlassen. Dabei kann es sich um neue wissenschaftliche Erkenntnisse handeln, um gesellschaftliche Umwälzungen oder um wirtschaftliche Gründe. In der heutigen Zeit ist zudem auch die drohende Umweltzerstörung eine starke Triebfeder für die Anpassung unserer Denkweise.

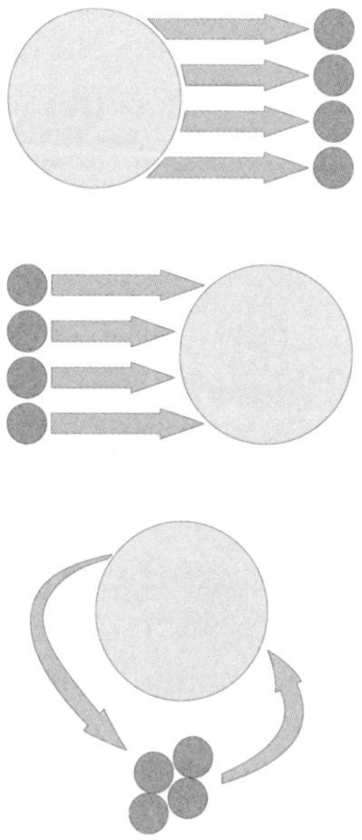

Abb. 2.1 Drei unterschiedliche Weltbilder

Paradigmen prägen unser Denken und Handeln nachhaltig. Seit der Antike, in der sich die Menschen als Instrumente der Gottheiten sahen, hat sich immer stärker eine mechanistische Denkweise durchgesetzt. Diese betont eher das rational logische und weniger das emotional intuitive Denken. In den letzten Jahren zeichnet sich in verschiedenen Wissenschaften erneut ein bedeutender Paradigmawechsel ab. Dabei wird die herkömmliche mechanistische Denkweise durch ein ganzheitliches Denken abgelöst. Gemäss Fritjof CAPRA, einem der Vordenker dieses Paradigmawechsels, weist das Umdenken drei grundlegende Merkmale auf: Die Umkehr des Verhältnisses zwischen den Teilen und dem Ganzen, die Verschiebung des Blickpunktes von einer Suche nach Strukturen zu einer Erfassung von Prozessen und der Verzicht auf die Vorstellung, das Wissen sei wie ein Gebäude aus festen Bausteinen, zugunsten des Bildes eines dynamischen «Wissensnetzes». Daraus ergibt sich eine Denkweise, die sich in wesentlichen Punkten vom klassischen Ideal des wissenschaftlichen Denkens unterscheidet: An die Stelle des analytischen, auf das Detail ausgerichtete Denken tritt ein auf das grössere Ganze gerichtete, integrierende Denken. Statt in kleinen, linearen Kausalketten mit definierten Ursachen und Wirkungen wird in vernetzten Wechselbeziehungen gedacht. Statt das Nichtmessbare und nicht mathematisch Formulierbare aus der Wissenschaft zu verbannen, werden bewusst auch solche Phänomene in den Denkprozess einbezogen. Und statt nach den statischen Strukturen der Dinge zu suchen, richtet man den Blick auf die Dynamik des Geschehens und sucht nach den Ordnungsmustern solcher Prozesse.

2.1.2 Ethische Grundsätze für Ingenieure

Unter dem Begriff *Ethik* verstehen wir im allgemeinsten Sinne die Lehre des «Lebens als guter Mensch». Da jeder Mensch in eine Gesellschaft eingebunden und Teil einer ökologischen Umwelt ist, geht es bei der Suche nach dem «Leben als guter Mensch» immer um die Abstimmung persönlicher Ziele mit den Ansprüchen anderer Menschen oder um eine nachhaltige Nutzung der natürlichen Ressourcen. Ethische Grundsätze finden wir in unserem Alltag implizit in Form von unausgesprochenen Regeln oder Normen des menschlichen Verhaltens und explizit z.B. in juristischen Texten oder religiösen Schriften.

Der Ingenieur/technische Wissenschaftler, die Ingenieurin/technische Wissenschaftlerin

- trägt persönliche, ethische Verantwortung für sein/ihr Handeln
- handelt in ausgewogener Berücksichtigung seiner/ihrer gesellschaftlichen, ökologischen und wirtschaftlichen Verantwortung
- übernimmt, bei grundsätzlicher Freiheit der Forschung, die persönliche Verantwortung, auch Grenzen bei der Erkenntnisgewinnung zu berücksichtigen
- trägt zur Schonung beschränkter Ressourcen und zur Verminderung schädlicher Umweltbelastung bei
- bewertet und berücksichtigt Nutzen und Risiko/Schaden der Umsetzung technischer Erkenntnis in praktische Anwendungen
- ist bestrebt, durch stete Innovation Fortschritte zugunsten von Gesellschaft, Umwelt und Wirtschaftlichkeit zu erzielen
- sorgt für die erforderliche berufliche Kompetenz durch stete Weiterbildung
- erwirbt sich ein genügendes Allgemeinwissen und damit die Fähigkeit zur Beurteilung grösserer Zusammenhänge und zur interdisziplinären Zusammenarbeit
- engagiert sich auf Gebieten des eigenen Wissens im Dialog mit der Öffentlichkeit
- verpflichtet sich der Wahrhaftigkeit, nach aussen und innen

Abb. 2.2 Ethische Grundsätze für Ingenieure

Ethik wird als wissenschaftliche Disziplin betrieben, mit dem Ziel, das «Wohlverhalten des Menschen» zu untersuchen und Regeln für dieses Verhalten zu beschreiben. Eines der wichtigsten Untersuchungsergebnisse zeigt, dass viele ethische Grundregeln – unabhängig von Kultur und Religion – allgemeingültig sind. So finden wir beispielsweise die folgenden Verhaltensgrundsätze bei den unterschiedlichsten Völkern: Ehrfurcht vor dem Leben, Vermeiden von unnötigem Leid, Hilfe in der Not oder Streben nach allgemeinem Wohlergehen. Aus deren globaler Gültigkeit lässt sich schliessen, dass die Grundregeln des menschlichen Verhaltens nicht künstlich vom Menschen geschaffen worden sind, sondern sich als Ergebnis der menschlichen Entwicklung herauskristallisiert haben. Es sind offenbar jene Verhaltensformen, welche sich im Verlaufe der Menschheitsgeschichte im (Über-)Leben besonders bewährt haben.

Obwohl die Ethik vor allem von kirchlichen Institutionen oder von Philosophen thematisiert wird, geht die Frage nach dem Wohlverhalten des Menschen uns alle an. Gerade in einer Zeit, in der es auf dem Planeten Erde langsam eng wird und in der die Auswirkungen unserer technischen Errungenschaften auf die Umwelt und auf den Menschen immer deutlicher zutage treten, gewinnen Fragen des ethischen Wohlverhaltens noch vermehrt an Bedeutung. Dies hat die Schweizerische Akademie der Technischen Wissenschaften (SATW) dazu bewogen, einen Ethik-Kodex als Orientierungshilfe für Ingenieure und technische Wissenschaftler zu formulieren (die Kernaussagen finden sich in Abb. 2.1). Die SATW will mit diesem Kodex Verhaltensregeln aufzeigen, welche über den gesetzlichen Rahmen hinausgehen und den einzelnen Ingenieur bzw. Wissenschaftler an seine Verantwortlichkeit erinnern.

2.2 Wahrnehmung

In diesem Kapitel wird der Begriff Denkmuster nun sehr konkret verwendet. In einem ersten Teil zeigen wir, welche Rolle die in unserem Hirn verfügbaren Denkmuster im Wahrnehmungsprozess spielen. Im zweiten Unterkapitel steht dann die Frage im Zentrum, in welcher Weise wir uns ein Bild von der Realität machen.

2.2.1 Wahrnehmung liefert keine Wahrheit

Vielleicht eines der grössten Probleme im Umgang mit unseren Mitmenschen liegt darin, dass wir unsere Wahrnehmung als das «Erkennen von absoluten Tatsachen» verstehen. Drei kleine Experimente sollen diesen Absolutheitsanspruch relativieren. In Abb. 2.3 sieht man im ersten Bild einen Streifen in der Mitte, welcher offensichtlich von links nach rechts heller wird. Decken wir nun aber die obere und untere Hälfte des Bildes ab, so merken wir, dass uns unsere Wahrnehmung einen Streich gespielt hat. Die Wahrnehmung der Helligkeit erfolgt hier offensichtlich sehr *subjektiv*. Im zweiten Bild erkennen wir einen durchsichtigen Würfel. Wir sehen ihn von oben rechts – oder vielleicht von unten links? Wie wir hier leicht sehen, ist unsere Wahrnehmung *mehrdeutig*. Im dritten Bild erkennen wir ein gleichseitiges Dreieck. Wenn wir genau hinsehen, erkennen wir sogar ganz schwach die Verbindungslinien, welche das Dreieck vom leicht grauen Hintergrund abheben. Decken wir nun aber die dunklen Kreissegmente ab, so verschwinden diese Linien. Wir realisieren, dass das Dreieck durch unsere Wahrnehmung *konstruiert* worden ist und dass in Tat und Wahrheit bloss drei Kreissegmente zu finden sind. Die drei kleinen Experimente lehren uns, dass wir bei der Wahrnehmung sehr vorsichtig sein müssen, und zwar nicht bloss beim Sehen, sondern auch bei der Aufnahme von Informationen mittels all unseren übrigen Sinnesorganen.

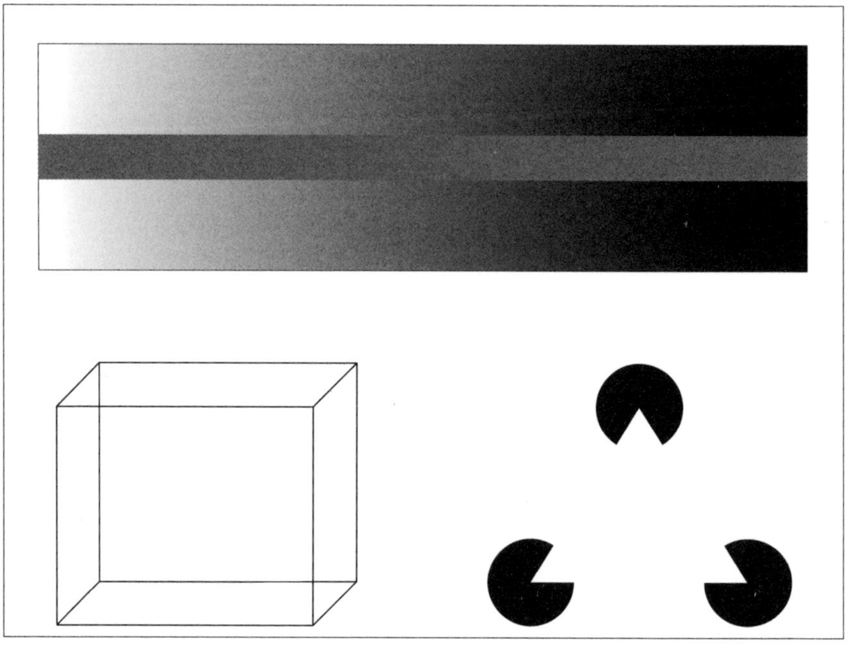

Abb. 2.3 Wahrnehmung ist subjektiv, mehrdeutig und konstruiert

Wir wollen nun untersuchen, weshalb Wahrnehmung manchmal so widersprüchlich sein kann. In Abb. 2.4 findet sich eine vereinfachte Darstellung des Wahrnehmungsprozesses. Die Aussenwelt ist Träger von Informationen. Sie umfasst nicht bloss konkrete Objekte in der uns umgebenden Realität, sondern auch Worte, Bilder oder Konzepte, welche uns von unseren Mitmenschen präsentiert werden. Aus der Vielfalt der uns umgebenden Sinneseindrücke kann nun bloss das wahrgenommen werden, was mit einem *Muster* aus unserem *Mustervorrat* assoziierbar ist. Erst durch die Verbindung von Muster und Träger erlangen die Sinneseindrücke eine Bedeutung. Es versteht sich, dass der Mustervorrat laufend erweitert und angepasst wird. In einem lebenslangen Lernprozess eignen wir uns neues Wissen an, machen neue Erfahrungen oder übernehmen Konventionen aus unserem sozialen Umfeld.

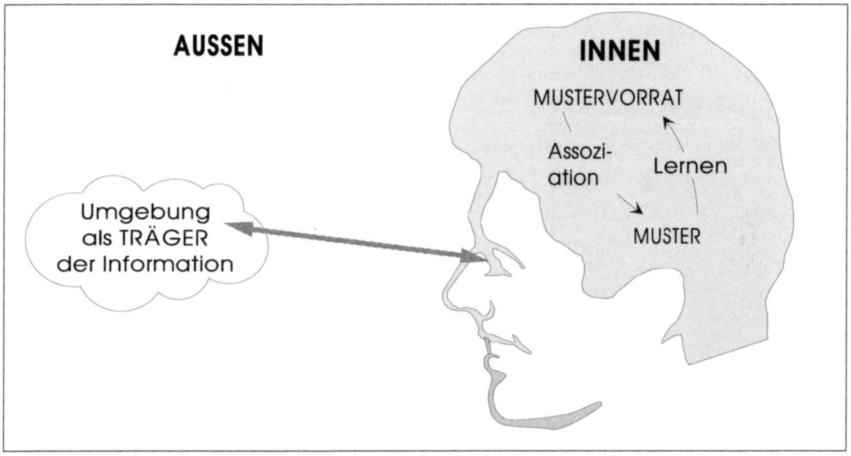

Abb. 2.4 Wahrnehmung durch Assoziation von Muster und Träger

Die *Subjektivität* der Wahrnehmung kommt nun offensichtlich dadurch zustande, dass wir nur jene Muster erkennen können, welche auch in unserem Mustervorrat vorhanden sind. Die *Mehrdeutigkeit* ergibt sich aus der Tatsache, dass ein bestimmter Träger mit mehreren Mustern assoziiert werden kann. Und die *Konstruktion* von scheinbar wahren Tatsachen resultiert aus einer Situation, in der zu einem Träger kein geeignetes Muster abrufbar ist.

2.2.2 Modellierung – Konstruktion der Realität

Im folgenden wollen wir uns damit befassen, dass es sich bei der von uns als Realität wahrgenommenen Aussenwelt bloss um ein konstruiertes Bild handelt. Bekanntlich basiert unsere Fähigkeit, über die Realität nachzudenken, auf einer Menge von chemischen Prozessen und elektronischen Signalen in unserem Gehirn. Alles, was wir durch unsere Sinne von der Realität wahrnehmen können, wird in unserem Gehirn in Form von gedanklichen Bildern reproduziert. Solche Bilder werden als Gedankenmodelle bezeichnet, da es sich um Abbildungen von realen Objekten und nicht um die Objekte selber handelt.

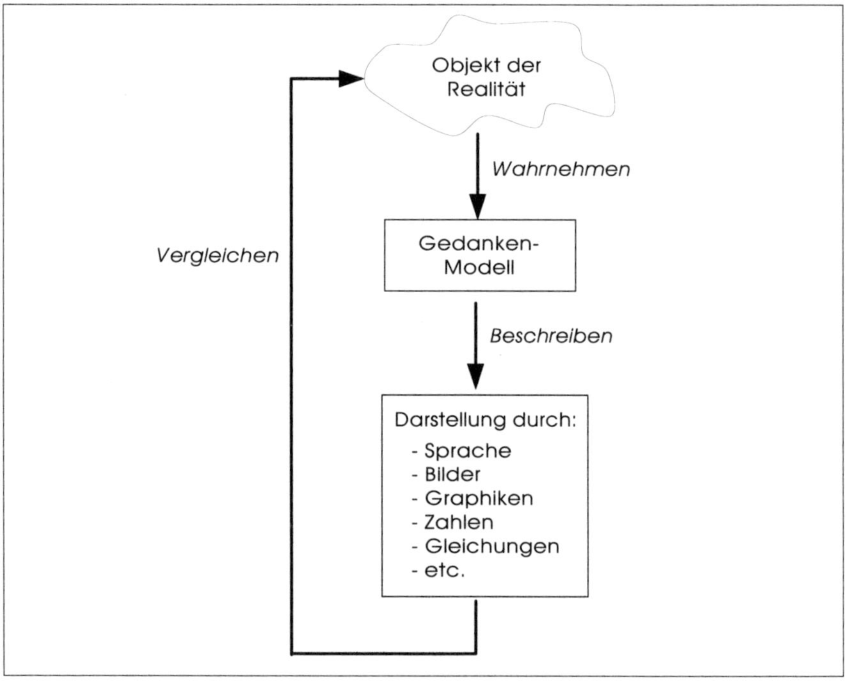

Abb. 2.5 Modellbildung durch Abstraktion

Um die Gedankenmodelle zu konkretisieren, geht man oft noch einen Schritt weiter und stellt die Vorstellungen von der Realität in irgendeiner graphischen, schriftlichen oder gegenständlichen Form dar. Ganz allgemein bezeichnen wir deshalb jede Vorstellung, Beschreibung oder Abbildung der Realität als *Modell.* Neben den allgemeinen Denkmodellen, welche uns jeden Tag begleiten, verwendet der Ingenieur oder Betriebswirtschaftler eine ganze Reihe von spezifischen Modelltypen: Verschiedene Formen von graphischen Diagrammen, gegenständliche Modelle, mathematische Modelle oder auf dem Computer implementierte Simulationsmodelle.

Bei vielen Tätigkeiten geht es darum, eine gegebene Situation möglichst umfassend und sachgerecht zu erfassen. Bewusst oder unbewusst durchläuft man dabei den in Abb. 2.5 vereinfacht dargestellten Abstraktionsprozess. Unter *Abstraktion* verstehen wir das Herausarbeiten von wesentlichen Merkmalen eines Problembereichs. Indem der zyklische Prozess mehrfach durchlaufen wird, erreichen wir eine schrittweise Annäherung unserer Modelle an die Realität.

Modelle sind also Abstraktionen und somit Vereinfachungen der Wirklichkeit. Sie zeigen nur Teilaspekte der Realität auf, sind meist zweckgebunden und stark durch die Wahrnehmung des Modellbildners geprägt. Bei der Modellierung haben wir uns daher stets die Frage nach der Zweckmässigkeit und der Problemrelevanz unseres Modells zu stellen und müssen uns bewusst sein, dass es *das* richtige Modell nicht gibt. Der ungeübte Fachmann hat die Tendenz, seine Modelle mit Informationen zu überladen, um ja keine Details zu vergessen. Die Erfahrung zeigt aber, dass die komplizierten Modelle nicht die besten Modelle sind. Wie bei allen Problemlösungsansätzen gilt auch hier der Grundsatz: So kompliziert wie nötig und so einfach wie möglich! Oder wie EINSTEIN gesagt haben soll: «Make it as simple as possible, but not simpler.»

Im Zusammenhang mit der Lösung von Problemen ist zu beachten, dass die Lösungs*findung* auf der Modellebene stattfindet. Dies bedeutet, dass zunächst ein Ausschnitt aus der Realität analysiert und modelliert wird. Anhand des Modells wird sodann eine Lösung gesucht. Dabei bewegt man sich gezwungenermassen im Rahmen von gedanklichen Vorstellungen und abstrakten Abbildungen. Es ist naheliegend, dass man dabei nicht laufend den Bezug zur Realität herstellen kann. Dies hat zur Folge, dass die Lösung schlussendlich nicht mehr vollständig mit den ursprünglichen Vorstellungen übereinstimmt (vgl. Abb. 2.6). Gerade in diesem Bereich ist es ein wichtiges Ziel der Systemik, Ansätze zur Entschärfung der Problematik zu finden.

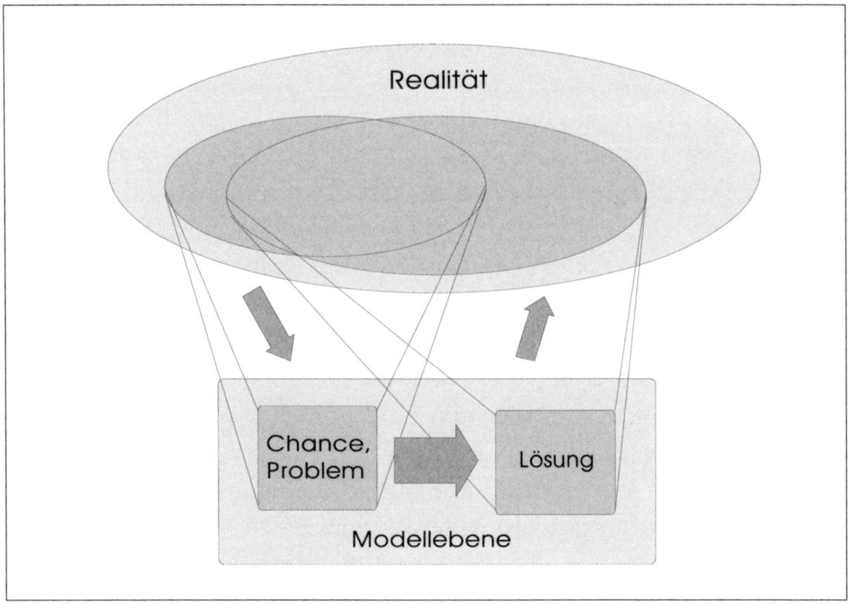

Abb. 2.6 Realität und Modellebene

2.3 Kommunikation

Unter *Kommunikation* verstehen wir jeden Austausch von Informationen zwischen mindestens zwei Akteuren, wobei einer zeitweilig die Rolle des «Senders» und der andere die Rolle des «Empfängers» übernimmt. Alles, was im vorangehenden Kapitel über Subjektivität und Mehrdeutigkeit der Wahrnehmung gesagt worden ist, gilt auch für die Kommunikation. In einem ersten Unterkapitel werden wir deshalb bloss noch einige spezifische Ergänzungen vornehmen; im zweiten Unterkapitel erläutern wir dann einige praktische Probleme, welche sich im Zusammenhang mit Wahrnehmung und Kommunikation ergeben können.

2.3.1 Suche nach dem gemeinsamen Verständnis

Wie wir soeben gesehen haben, sind Wahrnehmungen und daraus resultierende Modelle sehr subjektiv. Im Zusammenhang mit der Bearbeitung von Projekten erhält die Wahrnehmungsproblematik eine zusätzliche Dimension. In der Regel sind nämlich mehrere Personen am Problemlösungsprozess beteiligt. Neben dem Auftraggeber und dem Auftragnehmer können auch fachfremde Leute wie Benutzer oder Experten in den Prozess involviert sein. Der bearbeitete Problembereich kann sich den Beteiligten sehr unterschiedlich präsentieren, je nach Standpunkt, Erfahrungshintergrund bzw. Mustervorrat. Zur Veranschaulichung dieses Sachverhalts ist in Abb. 2.7 exemplarisch die unterschiedliche Sicht eines geometrischen Problems dargestellt.

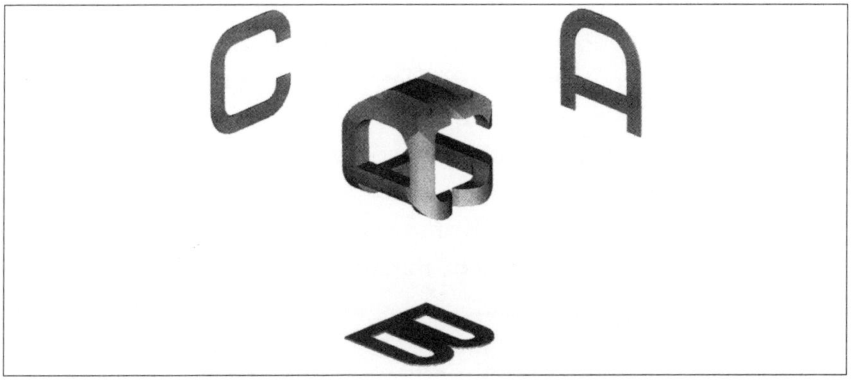

Abb. 2.7 Unterschiedliche Sicht eines Problembereichs

Um die Differenz zwischen zwei unterschiedlichen Sichtweisen zu reduzieren, ist offenbar ein Kommunikationsprozess notwendig. Abb. 2.8 veranschaulicht schematisch, was im Falle einer Einwegkommunikation zwischen Sender und Empfänger abläuft. Der Sender assoziiert zum gegebenen Problembereich ein bestimmtes Muster und formuliert seine Wahrnehmung in Form von Worten. Der Empfänger entschlüsselt diese Worte und assoziiert sie mit Mustern aus seinem Mustervorrat. Zudem vergleicht er die Muster mit seiner eigenen Wahrnehmung. Stimmen die empfangenen und wahrgenommenen

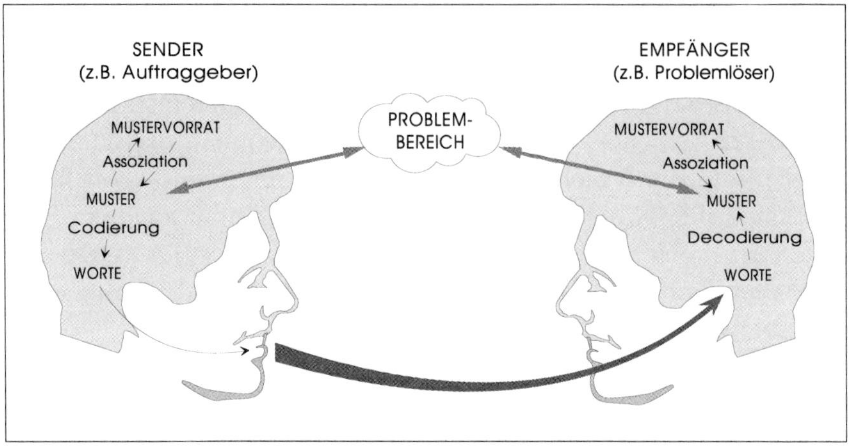

Abb. 2.8 Einwegkommunikation zwischen Sender und Empfänger

Muster nicht überein, so haben wir ein Kommunikationsproblem. Dieses gilt es zu bereinigen, indem der Prozess in der umgekehrten Richtung gestartet wird. Der Rollentausch zwischen Sender und Empfänger wird solange wiederholt, bis die beiden Gesprächspartner zu einem gemeinsamen Verständnis finden.

Im obigen Beispiel läuft die Kommunikation über die Sprache als Informationsträger. Es ist oft sehr nützlich, die Form des Kommuni-

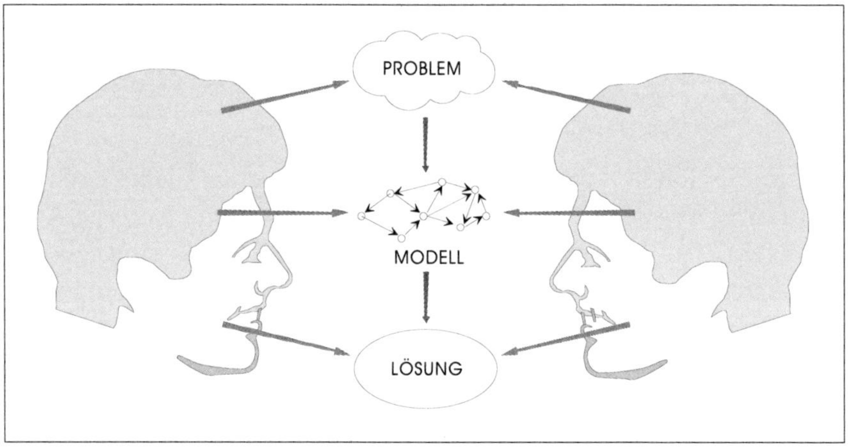

Abb. 2.9 Kommunikation via gemeinsam entwickelte Modelle

kationsmittels zu variieren. Die verschiedenen Ingenieurdisziplinen setzen zum Teil sehr phantasievolle Hilfsmittel ein, von der Verwendung einfacher Bauklötze bis zur komplexen Computersimulation. Hier können wir das vermittelnde Medium durchaus auch als Modell im obigen Sinne verstehen. Die Bedeutung von Modellen für den Problemlösungsprozess ist in Abb. 2.9 schematisiert.

2.3.2 Probleme der Wahrnehmung und Kommunikation

Viele Projekte geraten bereits im Frühstadium der Situationserfassung und gegenseitigen Verständigung in erste Schwierigkeiten. Oft handelt es sich dabei um Probleme der Wahrnehmung und Kommunikation. Etliche dieser «Denkfallen» sind implizit bereits in den vorangehenden Kapiteln zur Sprache gekommen. Weil sie uns tagtäglich begegnen, am Arbeitsplatz und auch im persönlichen Umfeld, sind in Abb. 2.10 die wichtigsten Wahrnehmungs- und Kommunikationsprobleme im Zusammenhang mit der Beschreibung, Erfassung und Lösung von Problemen nochmals zusammengestellt.

Problem	Mögliche Ursachen
Unklare Formulierung einer Aufgabenstellung	▪ Auftraggeber kann Aufgabe nicht eindeutig oder nur unzureichend mit prägnanten Mustern assoziieren. ▪ Auftraggeber hat anderen Mustervorrat als Auftragnehmer. ▪ Codierungsproblem, falls die Bedeutung (Semantik) der kommunizierten Inhalte nicht eindeutig ist.
Falsche Erfassung eines Problems	▪ Mustervorrat des Problemlösers ist beschränkt, z.B. durch mangelhaftes Wissen oder fehlende Erfahrung. ▪ Mustervorrat des Problemlösers ist der Problemstellung nicht angepasst (z.B. Fachwissen aus einem anderen Fachgebiet). ▪ Problemlöser assoziiert falsch und konstruiert sich aufgrund seiner Denkmuster eine eigene Problemstellung.
Einseitige Betrachtung eines Problems	▪ Wahrnehmung ist immer subjektiv, da der Mustervorrat beschränkt und durch persönliche Erfahrungen geprägt ist. ▪ Wahrnehmungsvermögen ist beschränkt; wir können bloss maximal sieben Aspekte eines Problembereichs gleichzeitig erfassen. ▪ Überbewertung der ersten Erkenntnis, d.h. einmal gemachte Assoziationen werden ungern verworfen. ▪ Bestimmtes Denkmuster wird bevorzugt, weil es bei der Wahrnehmung mehrfach assoziiert wurde.
Mangelnde Offenheit gegenüber neuen Lösungsansätzen	▪ Es ist einfacher, in bewährten Denkmustern zu denken. ▪ Neues und Unbekanntes löst unter Umständen Ängste aus; wir bevorzugen alte, uns vertraute Denkmuster. ▪ Wir haben die Tendenz, unsere eigene Denkrichtung schon nach einer geringen Anzahl von Hinweisen zu bestätigen. ▪ Wir streben nach möglichst grosser Ordnung in unserem Gedankengebäude, neue Denkansätze bedingen aber eine vorübergehende Unordnung.

Abb. 2.10 Wahrnehmungs- und Kommunikationsprobleme im Zusammenhang mit der Beschreibung, Erfassung und Lösung von Problemen

Oskar Weiss zu: « Denkmuster »

2.4 Systemdenken

Im Umgang mit komplexen Problemen erweist es sich oft als hilfreich, einen gegebenen Sachverhalt als Menge von Komponenten und Beziehungen und damit als System aufzufassen. Normalerweise sind Systeme nach aussen begrenzt und somit Teil einer Systemumwelt. Oft können Systeme hierarchisch in Teilsysteme gegliedert werden. Meistens interessiert man sich für die Struktur eines Systems, häufig ist man aber auch an dessen Dynamik interessiert. All diese Aspekte werden im folgenden genauer erläutert. Zum Schluss wird auch die Nützlichkeit des Systembegriffs als Hilfsmittel der Problemlösung dargestellt. Bei aller Nützlichkeit müssen wir uns aber klar sein: Jede Beschreibung eines Systems ist letztlich ein Konstrukt unseres Geistes und unterliegt damit allen Beschränkungen unserer Wahrnehmung.

2.4.1 Was ist ein System?

Viele Erscheinungen werden im normalen Sprachgebrauch als System bezeichnet: EDV-System, Datenbank-System, Währungs-System, Transport-System, Planungs-System, Sonnen-System. Was sind nun die Gemeinsamkeiten all dieser Systeme, wie lässt sich der Begriff *System* definieren (vgl. Abb. 2.11)?

- Ein System besteht aus *Komponenten* und *Beziehungen*. Was wir als Komponente oder Beziehung gelten lassen, ist von unserer Wahrnehmung und Wertung abhängig.
- Die Art der Verknüpfung (Vernetzung) der Komponenten durch die Beziehungen definiert die *Struktur* und bestimmt damit die Eigenschaften des Systems. Eine unterschiedliche Struktur kann bei an sich gleichen Elementen zu recht unterschiedlichem Verhalten führen (z.B. $2H_2 + O_2$ = Knallgas; $2\ H_2O$ = Wasser).
- Jede Komponente kann selber als System aufgefasst werden. Ein System kann also hierarchisch in *Teilsysteme* untergliedert werden.
- Umgekehrt ist jedes System ein Teil eines übergeordneten Systems. Wir bezeichnen das umgebende System als *Umwelt*.

- Zwischen System und Umwelt wird vom Betrachter mehr oder weniger subjektiv eine *Systemgrenze* gezogen.
- Wichtige Umweltelemente, welche von aussen auf ein System einwirken, werden als *externe Grössen* bezeichnet.
- Die Merkmale eines Systems, welche wir zu einem bestimmten Zeitpunkt beobachten, werden als *Systemzustand* bezeichnet.
- Veränderungen des Systemzustandes im Verlaufe der Zeit kommen durch *Wechselwirkungen* zwischen den Komponenten zustande; diese können direkt oder indirekt sein.

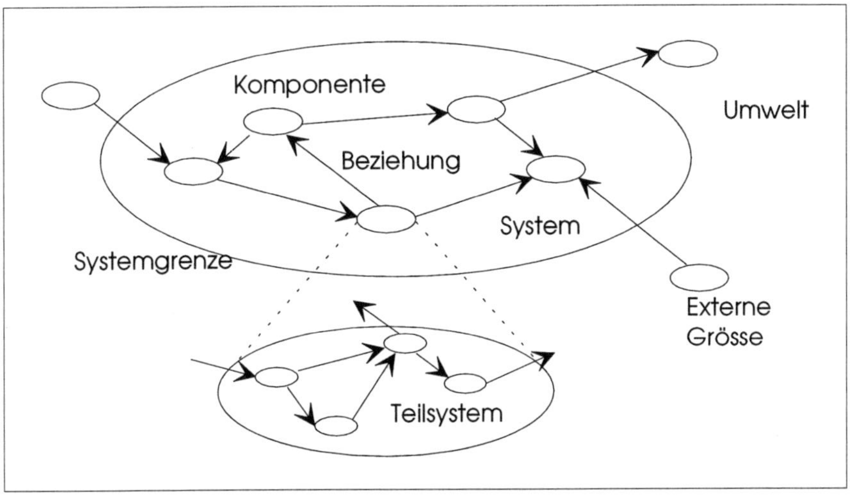

Abb. 2.11 Wesentliche Aspekte des Systembegriffs

2.4.2 Komponenten und Beziehungen

Was als *Komponente* (Einheit der feinsten Unterteilung) gewählt wird, hängt von der jeweiligen Fragestellung und Betrachtungsweise ab. Möchte ich beispielsweise das Verhalten eines Federpendels im Detail verstehen, so muss ich den Zusammenhang zwischen den folgenden Komponenten betrachten: Auslenkung, Geschwindigkeit, Beschleunigung, Federkraft und Masse. An diesem Beispiel wird offensichtlich, dass Komponenten sowohl gegenständliche wie auch konzeptionelle Einheiten sein können.

Im Zusammenhang mit einer dynamischen Systembetrachtung ist es oft sinnvoll, eine Komponente als *Prozess* zu verstehen (vgl. Abb. 2.12). Ein Prozess ist abhängig von einwirkenden Grössen (Input). Das Ergebnis eines Prozesses (Output) hat seinerseits Auswirkungen auf andere Prozesse.

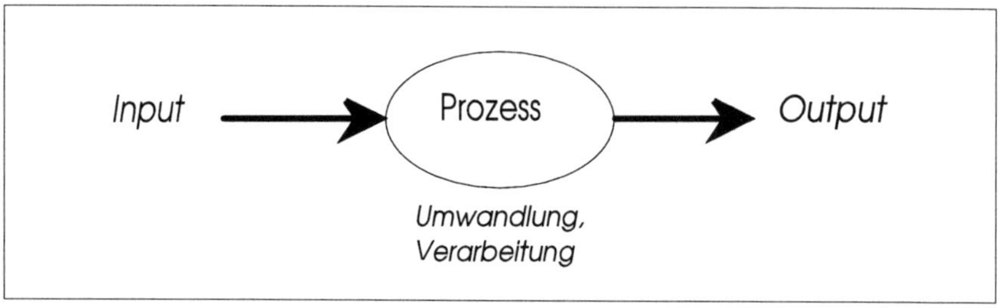

Abb. 2.12 Systemkomponente als Input-Output-Prozess

Das *dynamische Systemverhalten*, d.h. die Zustandsveränderung pro Zeit, lässt sich am Verhalten (Output) der einzelnen Komponenten ablesen. Das Verhalten eines Federpendels kann beispielsweise durch die Zustandsveränderung der zwei Komponenten Auslenkung und Geschwindigkeit beschrieben werden.

Die Systemkomponenten sind untereinander durch *Beziehungen* verbunden. Der Begriff Beziehung ist sehr allgemein zu verstehen. Es kann sich um Materialflussbeziehungen, Informationsflussbeziehungen, Lagebeziehungen, Wirkungszusammenhänge etc. handeln. Im Zusammenhang mit einer dynamischen Systembetrachtung ist es oft sinnvoll, eine Beziehung als Übertragung einer Flussgrösse zu verstehen (vgl. Abb. 2.13).

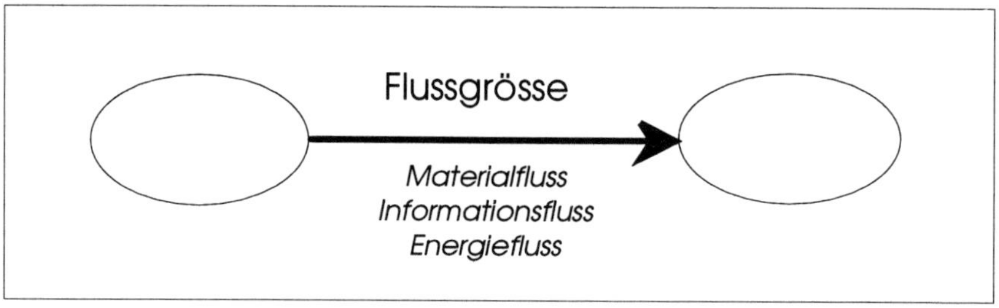

Abb. 2.13 Systembeziehung als Flussgrösse

2.4.3 Systemgrenze und Systemumwelt

Eine *Systemgrenze* ist eine mehr oder weniger willkürliche Abgrenzung zwischen Systemen. Was zum System und was zur Umwelt gezählt wird, richtet sich allein nach dem Wissen, dem Untersuchungsziel und den Fähigkeiten des Betrachters. Die Systemgrenze muss dabei nicht physisch sichtbar, sondern kann rein gedanklicher Natur sein.

Wenn Grenzen gezogen werden, gibt es offensichtlich «Innen» und «Aussen». Um ein System zu verstehen, ist es oft notwendig, neben den inneren Systemkomponenten auch umliegende Elemente zu berücksichtigen. Als *Systemumwelt* bezeichnen wir deshalb die Menge der Elemente (Komponenten, Systeme), welche zwar ausserhalb der Systemgrenzen liegen, aber dennoch auf das abgegrenzte System Einfluss nehmen bzw. von diesem beeinflusst werden.

Es stellt sich hier natürlich die Frage nach der «richtigen» *Abgrenzung*. Wenn offensichtlich eine Beziehung zwischen Umwelt und System besteht, sollten dann nicht die Umweltelemente ins System einbezogen werden? Da Systeme in der Regel offen sind (d.h. mit der Umwelt in Beziehung stehen), würde diese Argumentation zu einer beliebigen Ausdehnung der Systemgrenzen führen. Wir kommen also um eine (mehr oder weniger willkürliche) Abgrenzung des Systems nicht herum.

Bei der Abgrenzung eines Systems sollten folgende Aspekte berücksichtigt werden (vgl. Abb. 2.14):

- Je umfassender das zu untersuchende System abgegrenzt wird, desto grösser ist der Aufwand, der für die Analyse der Komponenten, Beziehungen und Einflussgrössen erforderlich ist.
- Wird ein System zu eng abgegrenzt, so wird die Entdeckung weiterer Lösungs- und Eingriffsmöglichkeiten eingeschränkt oder vielleicht sogar unmöglich gemacht.
- Die Anzahl der Beziehungen innerhalb des Systems sollte grösser sein als die Anzahl der Beziehungen zwischen System und Umwelt (Übergewicht der inneren Bindung).

- Die Anzahl der Beziehungen zwischen System und Umwelt sollte minimal sein (Einfachheit der Schnittstelle zur Umwelt).

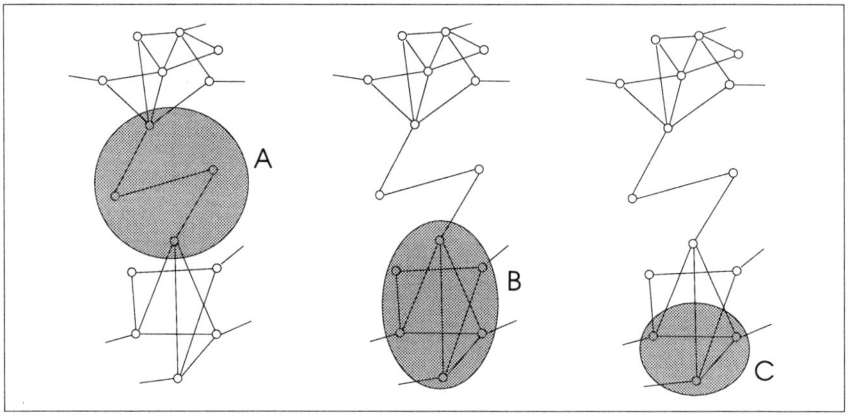

Abb. 2.14 Abgrenzung eines Systems

2.4.4 Systemhierarchie

Jedes komplexe System erweist sich bei näherer Untersuchung als eine in sich gegliederte Gesamtheit von kleineren Systemen. Beginnen wir mit einer groben Gliederung eines Systems und verfeinern diese Gliederung Schritt für Schritt, dann erwarten wir schliesslich, auf die eigentlichen Grundbausteine des Systems zu stossen. Solche Grundkomponenten haben die Eigenheit, dass sie für das Verständnis der Systemzusammenhänge nicht weiter zerlegt werden müssen. Betont sei hier die Relativität dieser Begriffsbestimmung: Wir sagen, dass ein Element in bezug auf eine gegebene Systembetrachtung nicht weiter zerlegt werden *muss*. Das heisst jedoch nicht, dass wir absolut nicht mehr weiter zerlegen *könnten*.

Komponenten eines Systems können somit als Untersysteme aufgefasst werden. Für Untersysteme gilt wiederum die Systemdefinition, d.h. sie weisen selber Komponenten auf und können weiter unterteilt werden. Bei der Systemanalyse kommen wir aber nicht darum herum, uns auf ein bestimmtes Abstraktionsniveau festzulegen.

2.4.5 Formen der Systembeschreibung

Ein wesentliches Prinzip des Systemdenkens besteht darin, Systeme und komplexe Zusammenhänge durch modellhafte Abbildungen zu veranschaulichen. Wie bei Modellen, stellt sich auch bei einer Systembeschreibung immer die Frage, nach welchen Gesichtspunkten vereinfacht werden soll. Ausgangspunkt des Entscheides ist immer der Modellzweck, d.h. die Frage, was schliesslich mit dem Modell erreicht werden soll. Bezüglich der Form lassen sich generell drei Typen unterscheiden:

- Black-Box-Beschreibung
- Strukturorientierte Beschreibung
- Dynamische Beschreibung

Black-Box-Beschreibung

Bei der Analyse und Beschreibung von Systemen ist es oft zweckmässig, zunächst nur die Schnittstelle zwischen einem System und der Umwelt zu betrachten und die inneren Systemzusammenhänge zu vernachlässigen. Eine solche Beschreibungsform wird als Black-Box-Beschreibung bezeichnet. Dabei wird von der Frage ausgegangen, welche Umwelteinwirkung (Input) welche Systemreaktion (Output) zur Folge hat (vgl. Abb. 2.15). Die Black-Box-Beschreibung ist ein gutes Hilfsmittel zur groben Charakterisierung von Problemfeldern und Lösungen. Bevor mit der detaillierten Untersuchung bzw. Gestaltung begonnen wird, grenzt man Teilsysteme als Black-Boxes ab und definiert den angenommenen oder gewünschten Zusammenhang zwischen Input und Output.

Bei der Black-Box-Beschreibung stehen somit folgende WAS-Fragen im Zentrum:

- Was produziert das System an Output?
- Was braucht das System an Input?

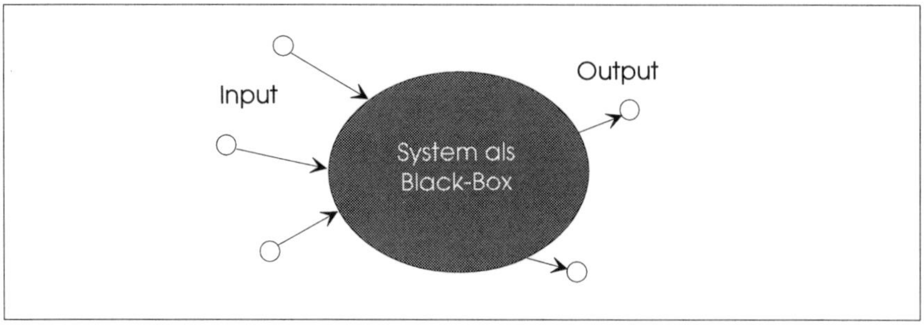

Abb. 2.15 Black-Box-Beschreibung eines Systems

Strukturorientierte Beschreibung

Die Struktur eines Systems ist durch die Menge der zwischen den Systemkomponenten bestehenden Beziehungen definiert. Durch sukzessive Auflösung der Black-Box wird untersucht, nach welchen *Prinzipien* der Input in einen bestimmten Output umgewandelt wird (vgl. Abb. 2.16). Eine strukturorientierte Sichtweise ist somit geeignet, im Rahmen einer Problemanalyse zu *erklären*, wie der Output aus dem Input entsteht, bzw. bei der Lösung eines Problems zu planen, wie der Input in einen gewünschten Output umgewandelt werden soll.

Folgende WIE-Fragen stehen im Zentrum:
- Wie entsteht die gewünschte Wirkung bzw. der Output?
- Wie oder welcher Art sind die Beziehungen zwischen den Elementen?

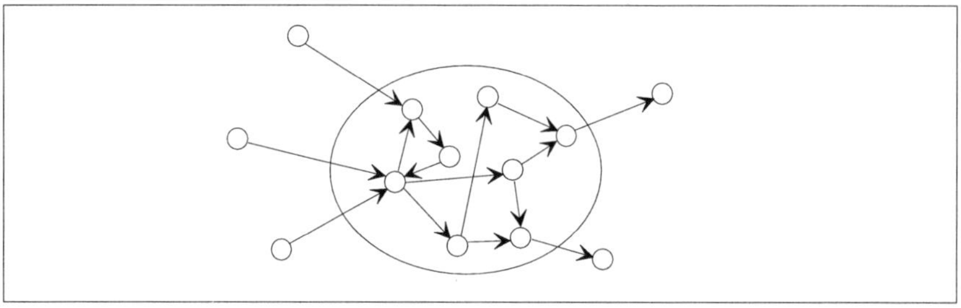

Abb. 2.16 Strukturorientierte Beschreibung eines Systems

Dynamische Beschreibung

Die Dynamik eines Systems wird sichtbar, wenn man den Zustand des Systems zu verschiedenen Zeitpunkten untersucht. Insbesondere folgende Aspekte eines Systems können sich im Verlaufe der Zeit verändern:

- Art und Intensität der Beziehungen zwischen System und Umwelt,
- Art und Intensität der Beziehungen im Innern des Systems,
- Eigenschaften von Komponenten,
- Struktur, also Anordnung der Beziehungen zwischen den Komponenten (vgl. Abb. 2.17).

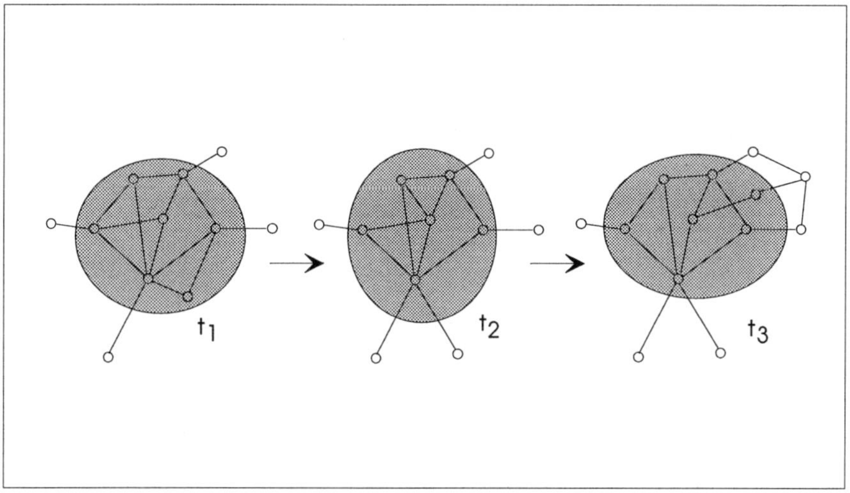

Abb. 2.17 Dynamische Beschreibung eines Systems

Bei der Analyse und Planung von technischen Systemen ist die Dynamik bezüglich System und Umwelt gebührend zu berücksichtigen. Wird die Dynamik überhaupt nicht oder zu wenig beachtet, so besteht die Gefahr, dass sich die Umwelt zwischen Analyse und Realisierung des Projekts derart verändert hat, dass erstens die Problemstellung nicht mehr dieselbe ist und zweitens ein System entwickelt wurde, dessen Lösung nicht mehr zeitgemäss ist.

2.4.6 Systemdenken und Problemlösen

Beim Lösen von Problemen besteht die Gefahr, entweder den Sachverhalt zu eng abzugrenzen oder den Betrachtungshorizont bis zur Handlungsunfähigkeit auszuweiten. Die systemhierarchische Gliederung eines Sachverhalts erlaubt nun einen geordneten Umgang mit der Problemstellung. Dabei wird der Problembereich zunächst nur grob strukturiert, indem man eine überblickbare, bewusst beschränkte Anzahl von Untersystemen bildet und die als wesentlich erachteten Beziehungen darstellt. Um vorerst die Details vernachlässigen zu können, werden die Untersysteme als Black-Boxes aufgefasst. Erst wenn keine Aussagen auf der Ebene der groben Gesamtbetrachtung mehr möglich sind, geht man zu einer strukturorientierten Betrachtungsform über. Auf diese Weise ist es möglich, sich – je nach augenblicklicher Fragestellung – einmal im Bereich des umfassenderen Systems, ein andermal im Bereich eines Untersystems zu bewegen, ohne dass dabei der Gesamtzusammenhang verlorengeht.

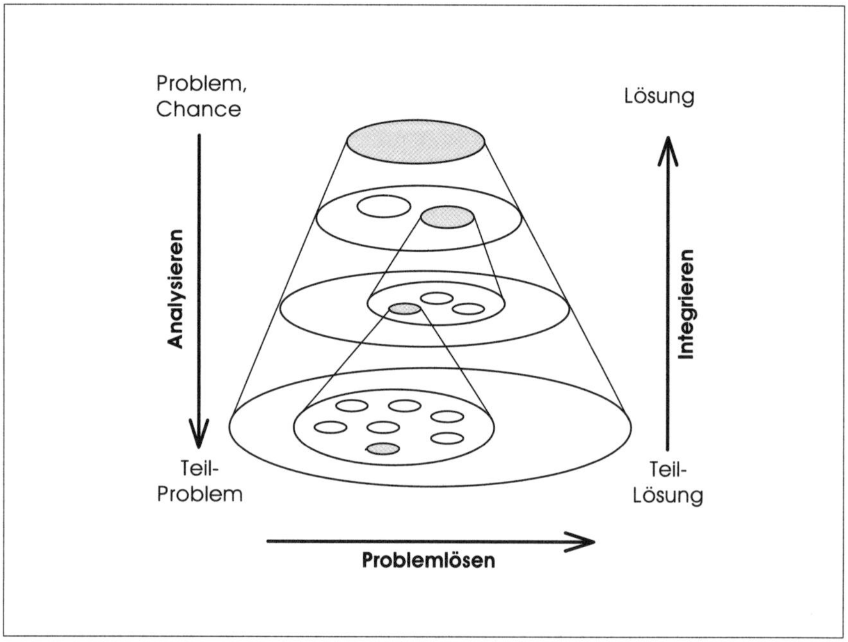

Abb. 2.18 Problemlösen durch Zerlegen in Teilsysteme

Die Systemtheorie liefert somit den Rahmen für eine geordnete Problemlösung: Der problematische Sachverhalt wird zunächst vom Groben zum Detail zerlegt. Die aus dieser Zerlegung resultierenden Untersysteme ermöglichen eine detaillierte und systematische Bearbeitung von Teilproblemen derart, dass die ermittelten Teillösungen jederzeit mit dem Gesamtkonzept harmonieren. Die Lösung von Teilproblemen muss *immer* im Rahmen des Gesamtsystems erfolgen. Wird diesem Aspekt keine Beachtung geschenkt, so besteht die Gefahr, dass die Lösung eines Teilproblems für sich gesehen zwar optimal, aber unverträglich mit dem Gesamtsystem ist.

Systemisches Problemlösen beinhaltet somit analysierendes *und* integrierendes Denken (vgl. Abb. 2.18):

- Zerlegen und Lösen von Teilproblemen (Top-Down),
- Integrieren der gelösten Teilprobleme (Bottom-Up).

Zusammenfassend halten wir nochmals fest:

- Systeme sind dynamische Ganzheiten. Sie lassen sich mit einer System- oder Wirkungsanalyse untersuchen.
- Die Komponenten sind miteinander vernetzt und wirken aufeinander ein. Diese Wechselwirkungen bestimmen das Systemverhalten als Ganzes.
- Das Systemverhalten kommt nicht durch Addition der Verhaltensweisen der Teile zustande, sondern stellt eine neue, hierarchisch höherentwickelte Ganzheit dar.
- Jede Komponente kann selber als System aufgefasst werden. Was wir als Komponente und was als System betrachten, hängt von unseren jeweiligen Standpunkten, Untersuchungskriterien und Wahrnehmungsfähigkeiten ab.
- Die Grenzen eines Systems gegenüber seiner Umwelt sind nicht absolut gegeben, sondern müssen gedanklich konstruiert werden.
- Systeme sind offen gegenüber ihrer Umwelt und stehen mit dieser in einer Wechselbeziehung.
- Das Verhalten eines Systems kann nur verstanden werden, wenn es in Verbindung zur Umwelt gebracht wird, also als Teil eines umfassenden Systems gesehen wird.

2.5 Komplexität und Dynamik

Im vorangehenden Kapitel haben wir gezeigt, wie wir einen Problembereich ganz allgemein als System verstehen und strukturieren können. Für die praktische Anwendung sind nun aber zusätzliche Kenntnisse bezüglich der Charakteristik einzelner Systemtypen notwendig. Um die Unterschiede der einzelnen Systemtypen besser herausarbeiten zu können, stellen wir die wichtigsten Formen einander gegenüber:

- technische und natürliche Systeme,
- Systeme mit einer komplizierten und einer komplexen Struktur,
- hierarchisch und holarchisch geordnete Systeme,
- Systeme mit determinierten und mit zufälligen Ereignissen.

Wie bei einer Typisierung üblich, beschreiben wir die Systemmerkmale in überspitzter Form und ordnen sie eindeutig einem Systemtyp zu. In der Realität finden wir die einzelnen Typen selten in reiner Form. Vielfach treten sie als Kombination der verschiedenen Typen auf. Dadurch verschwimmen die beschriebenen Charakterzüge etwas. Generell lässt sich aber sagen, dass technische Systeme eher als kompliziert bezeichnet werden, hierarchische Züge aufweisen und ein determiniertes Verhalten zeigen. Dagegen lassen sich natürliche Systeme als komplex charakterisieren, mit eher holarchischer Ordnung und einem Verhalten, das uns oft als zufällig erscheint.

2.5.1 Technische und natürliche Systeme

Die Erfolge, welche die Technik in unserem Jahrhundert gefeiert hat, sind derart überwältigend, dass die Idee verlockend ist, alle Systeme gleich wie technische Systeme zu behandeln. Bei einer genaueren Betrachtung wird jedoch klar, dass wir für technische und für natürliche Systeme unterschiedliche Sichtweisen und Strategien anwenden müssen. Als technische Systeme bezeichnen wir all jene Systeme, welche von Menschenhand gezielt entwickelt worden sind (Maschinen, Häuser, Computerprogramme etc.). Natürliche Systeme dagegen zeichnen sich dadurch aus, dass sie sich in einem Evolutionsprozess nach selbstorganisatorischen Prinzipien entwickelt haben (Lebewesen, soziale Gruppen, politische Systeme etc.).

Für die Charakterisierung *technischer Systeme* betrachten wir stellvertretend das Prinzip einer Maschine. Die Grundvorstellung von einer Maschine besteht darin, dass sie nach einem Plan konstruiert ist und einen bestimmten Zweck erfüllt. Ihre Funktion, Zuverlässigkeit und Effizienz hängt von der entsprechenden Funktion und Eigenschaft ihrer Einzelteile ab. Die Einzelteile sind ihrerseits nach exakten, bis ins Detail ausgearbeiteten Plänen konstruiert und in einer genau bestimmten Art und Weise zusammengesetzt. Eine Maschine muss also von ihrem Konstrukteur im voraus bis ins Detail durchdacht und beherrscht werden.

Das bestimmende Merkmal *natürlicher Systeme* ist die sich selbst generierende Ordnung. So werden lebende Organismen nicht nach Bauplänen konstruiert, sondern sie entwickeln sich spontan und in gegenseitiger Beeinflussung. Oder etwa im sozialen Bereich entwickelt sich spontane Ordnung, die von niemandem gemacht bzw. in dieser Form geplant wird. Der Mensch hat die ihm zur Bewältigung seines Lebens so überaus dienlichen sozialen Institutionen, wie beispielsweise Sitte, Moral, Sprache, Recht, Familie, Geld, Kredit, Wirtschaft, Unternehmen etc., nicht in dem Sinne geschaffen oder erfunden, wie er Werkzeuge oder Maschinen entwickelt hat. Nicht Baupläne sind für die Ordnung innerhalb des Systems verantwortlich, sondern Verhaltensregeln. Diese Regeln können – wie im Falle von juristischen Gesetzen – zwar bewusst aufgestellt worden sein. In vielen Fällen orientieren sich soziale Individuen jedoch an ungeschriebenen Regeln, oder sie formulieren diese erst im nachhinein.

Für den Umgang mit Systemen ist es somit entscheidend, ob man ein technisches oder ein natürliches System zu analysieren oder zu planen hat. Im Falle von technischen Systemen muss man das Funktionsprinzip bis ins Detail durchschauen. Bei einem steuernden Eingriff müssen die zugrundeliegenden Baupläne berücksichtigt werden. Im Gegensatz dazu werden natürliche Systeme nicht durch Baupläne, sondern durch Regeln bestimmt. Diese Regeln organisieren nicht das

Verhalten im Detail, sondern bloss die Art des Verhaltens. Das spezifische Verhalten ergibt sich erst aus der Anwendung der Regeln auf die besonderen, im Einzelfall vorherrschenden konkreten Umstände.

Obwohl klare Unterschiede zwischen technischen und natürlichen Systemen bestehen, werden viele Systeme wie technische Systeme behandelt. Es ist offensichtlich, dass ein technischer Ansatz – unabhängig vom Systemtyp – solange praktikabel ist, wie das System überschaubar und im Detail analysierbar ist. Natürliche Systeme haben nun aber – im Gegensatz zu technischen Systemen – die Eigenart, dass sich ihre Struktur im Verlaufe der Zeit verändert. In einem solchen Fall wird es vollkommen unmöglich sein, das System durch detaillierte Anweisungen zu steuern, da sich die Entscheidungsgrundlagen fortlaufend ändern.

2.5.2 Kompliziertheit und Komplexität

Die zwei Begriffe «Kompliziertheit» und «Komplexität» werden im Alltag oft gleichbedeutend verwendet. Im Umgang mit Systemen ist eine Unterscheidung hingegen wesentlich. In Abb. 2.19 sind die Unterschiede der beiden Systemtypen symbolisch dargestellt. Ein Getriebe setzt sich aus wenigen Komponenten zusammen, die Zahl der Beziehungen ist eindeutig und unveränderlich, die Zusammenhänge sind überschaubar. Ein allfälliges Problem lässt sich einfach beheben, indem die entsprechende Ursache angegangen wird. In einem Computer ist die Zahl der Komponenten und Beziehungen grösser, die Systemstruktur ist ebenfalls fix, und das dynamische Verhalten ist immer noch voraussagbar. Mit entsprechenden Fachkenntnissen und eventuell etwas Aufwand lassen sich auftretende Probleme auch hier lösen. Anders präsentiert sich die Situation in einem Arbeitsteam. Die Struktur des Systems ist hier veränderlich: die Beziehungen zwischen den Teammitgliedern können sich verändern, Personen können ersetzt werden, oder neue Mitglieder können zum Team stossen. Noch komplexer zeigt sich die Situation in einem Produktionsbetrieb. Mit der Zahl der beteiligten Komponenten im System nimmt die Zahl der möglichen Beziehungen quadratisch zu. Täglich ändert sich die

Systemstruktur: veraltete Technologien werden ersetzt, Arbeitsteams werden neu konstituiert, das Management führt neue Methoden ein, oder es werden neue Märkte erschlossen. Zukünftige Entwicklungen sind kaum voraussagbar, und auftretende Probleme lassen sich nicht bloss durch einen einfachen Eingriff in das System lösen.

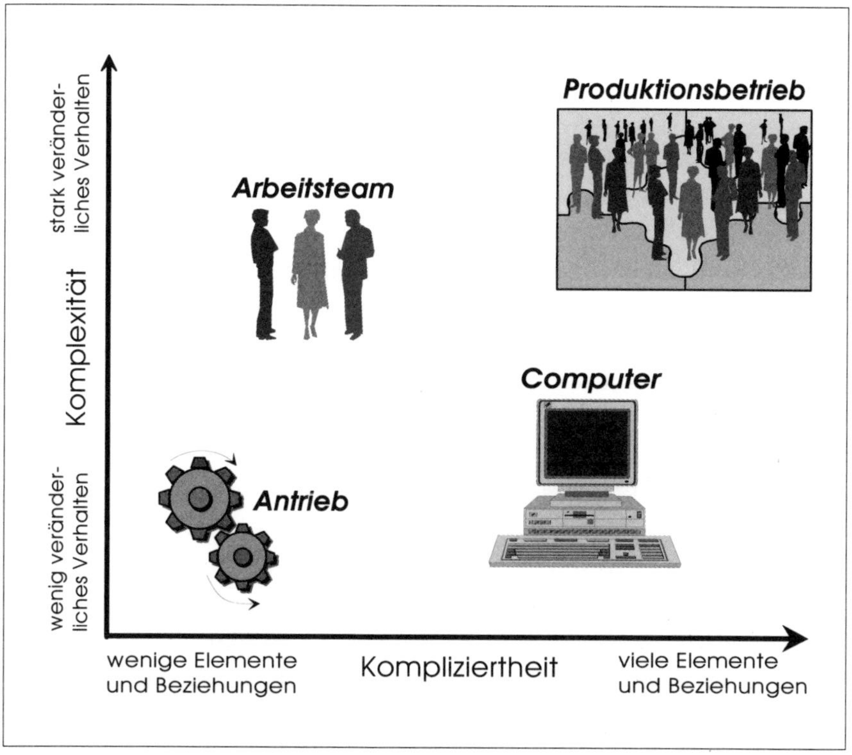

Abb. 2.19 Kompliziertheit und Komplexität

Fassen wir die Charakteristik der beiden Systemtypen zusammen:

Komplizierte Systeme haben
- viele verschiedene Komponenten und
- viele verschiedene Beziehungen.

⇛ Das Verhalten des Systems ist unveränderlich und überschaubar; bei genügendem Aufwand und ausreichenden Kenntnissen kann ein Problem abschliessend analysiert und gelöst werden.

Komplexe Systeme haben

- veränderbare Komponenten und
- veränderbare Beziehungen.

⇛ Die Verhaltensmöglichkeiten des Systems sind variabel und vielfältig; ein Problem kann auch mit viel Aufwand und ausreichenden Kenntnissen nicht abschliessend gelöst werden.

2.5.3 Hierarchie und Holarchie

Die Begriffe Hierarchie und Holarchie beziehen sich auf das Organisations- und Steuerungsprinzip eines Systems. Technische Systeme sind eher hierarchisch geordnet, während natürliche Systeme eher eine holarchische Ordnung aufweisen. Auch hier ist eine eindeutige Zuordnung aber oft nicht möglich.

Eine *Hierarchie* ist im engeren Sinne eine nach Rangstufen geordnete Herrschaftsform. Hierarchien sind pyramidenförmig geordnet, mit einer von unten nach oben abnehmenden Zahl von Systemkomponenten und einer Rangordnung von oben nach unten. Im Zusammenhang mit Systemen bezieht sich der Begriff auf die Organisation des Verhaltens. Viele technische Systeme verfügen über eine Art Schaltzentrale, welche das Verhalten von untergeordneten Teilen bestimmt. Diese Teile können selber ihrerseits für die Steuerung von weiteren Teilen verantwortlich sein. In ähnlicher Weise sind heute noch militärische Organisationen oder gewisse Betriebe organisiert.

Als Gegenstück zur Hierarchie verwenden wir den Begriff *Holarchie*. Ein holarchisch geordnetes System (Holon) ist dadurch gekennzeichnet, dass es sich aus vielen gleichartigen Komponenten zusammensetzt, welche über eine grosse Autonomie verfügen. Eine Ordnung innerhalb eines Holons kommt dadurch zustande, dass die Komponenten untereinander Informationen austauschen und jede Komponente ein Optimum zwischen Autonomie und Integration sucht (vgl. Abb. 2.20).

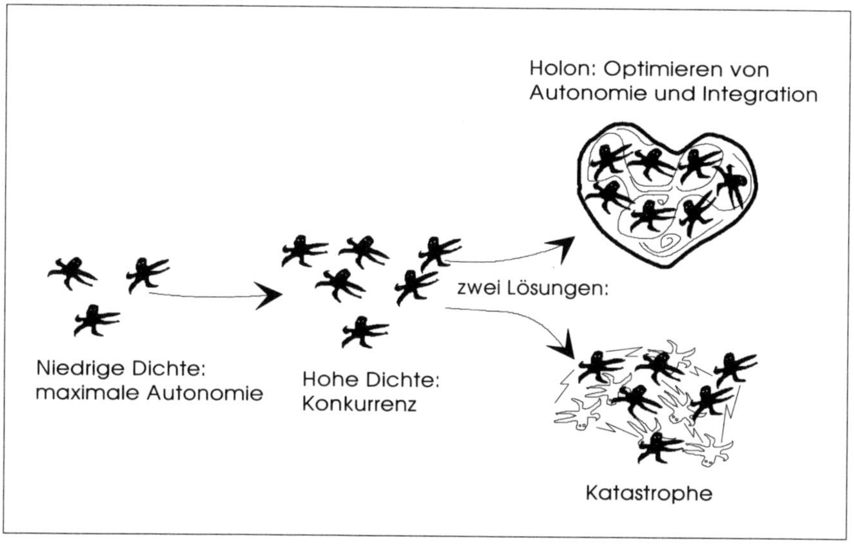

Abb. 2.20 Holon – Optimieren von Autonomie und Integration

Alle lebenden Organismen können als Holone aufgefasst werden, ebenso wie deren Organe, bis hinunter zu den Bestandteilen der einzelnen Zellen. Auch die menschlichen soziokulturellen Systeme weisen holarchische Eigenschaften auf. Heute werden holarchische Organisationsformen auch vermehrt in Betrieben propagiert. Dabei wird von der Idee ausgegangen, dass jeder Mitarbeiter eine Führungskraft ist in dem Sinne, dass er verantwortlich für die Erbringung einer Leistung innerhalb des Gesamtsystems ist. Er betreibt im Rahmen seiner Aufgabe eine Planung und trifft Entscheidungen. Welche juristischen Kompetenzen oder welchen Rang er dabei hat, spielt eine untergeordnete Rolle. Entscheidend ist allein seine Funktion im gesamten Netzwerk.

Es kann durchaus sein, dass auch Holone eine hierarchische Ordnung aufweisen. Dabei handelt es sich aber eher um eine Form der Gliederung als um eine Form der Kontrolle und Steuerung. Betrachten wir beispielsweise unser Nervensystem, so stellen wir fest, dass gewisse Aufgaben sinnvollerweise delegiert werden. So wird die Verantwortung für die Aktivierung des Herzmuskels vollständig von einem Untersystem, dem vegetativen Nervensystem, übernommen. Eine zentrale Steuerung aus dem Hirn wäre unvernünftig und würde uns im freien Denken einschränken. Ähnliche Überlegungen gelten auch für einen holarchisch geordneten Betrieb. Beispielsweise liegt die Verantwortung für eine optimale Produktion sinnvollerweise bei der entsprechenden Produktionsgruppe, während sich die Führungsspitze ihre Denkkapazität für die Erarbeitung von kreativen Entwicklungsstrategien freihält. Analog spricht man in der Politik vom Prinzip der Subsidiarität. Dies bedeutet, dass Staatsaufgaben von der jeweils untersten politischen Ebene bewältigt werden, die dazu in der Lage ist.

2.5.4 Determiniertheit und Zufall

Immer wieder hat sich die Menschheit mit der Frage beschäftigt, ob unsere Zukunft eindeutig *determiniert* und damit – bei hinreichend genauer Kenntnis der Zusammenhänge – vorhersagbar sei oder ob *zufällige* Ereignisse das Geschehen beinflussten. Deterministische und probabilistische Beschreibungen der Realität haben denn auch die Entwicklung der modernen Naturwissenschaften über Jahrhunderte hinweg geprägt. Als Ausgangspunkt der beiden Auffassungen gelten die NEWTONsche Mechanik einerseits und die wahrscheinlichkeitstheoretischen Arbeiten von BERNOULLI andererseits. Bis heute können in der Determinismusfrage zwei unterschiedliche Positionen ausgemacht werden: Eine erste Gruppe von Wissenschaftlern vertritt die Meinung, dass die Unmöglichkeit der Voraussage natürlicher Systeme darauf hindeute, dass die Natur grundsätzlich indeterministisch sei. Eine zweite Gruppe ist der Auffassung, dass die Unsicherheit in der Voraussage nur im mangelnden Wissen bezüglich der Systemzusammenhänge zu suchen und die Natur somit prinzipiell als deterministisch aufzufassen sei.

Wir wissen heute, dass beispielsweise die Gesetze der Mechanik eine gute Beschreibung und Voraussage der Bahn der Himmelskörper erlauben, dass dagegen das Wetter bei gewissen Wetterlagen sehr schwer voraussagbar ist. Aus dieser Erkenntnis heraus hat sich in den letzten Jahren eine neue Auffassung bezüglich Determiniertheit und Zufall ergeben. Ausgangspunkt dieser neuen Auffassung ist die Feststellung, dass das Verhalten gewisser Systeme unvorhersagbar sein kann, auch wenn die zugrundeliegenden Gesetze bekannt sind. Beispielsweise ist die Dynamik einer frei fallenden Kugel im Detail bekannt und die Flugbahn entsprechend gut voraussagbar. Lassen wir die Kugel nun aber durch ein «Galtonsches Nagelbrett» fallen, dann ist nicht mehr genau vorhersagbar, wie sich die Kugel bewegen wird. Eine minimal unterschiedliche Startposition der Kugel kann zu einer wesentlich anderen Flugbahn führen. In Abb. 2.21 ist ein Galton-Brett symbolisiert. Wir schauen direkt von vorne auf das Brett. Die Köpfe der Nägel sind als schwarze Punkte dargestellt, eine mögliche Flugbahn der Kugel ist durch Pfeile gekennzeichnet.

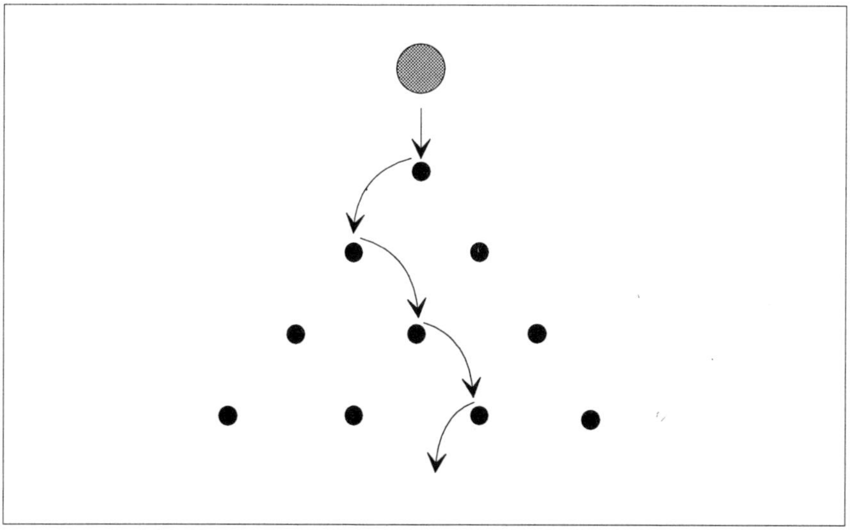

Abb. 2.21 Galtonsches Nagelbrett als Beispiel für chaotisches Verhalten

Derartiges Verhalten ist heute allgemein unter dem eher unglücklich gewählten Begriff *deterministisches Chaos* bekannt. Der scheinbar paradoxe Begriff bringt zum Ausdruck, dass die genannten Systeme zwar deterministisch beschrieben werden können, dass sie jedoch sehr empfindlich auf die Veränderung der Anfangsbedingungen reagieren. Das heisst, dass identische Systeme mit wenig differierenden Anfangsbedingungen ein grundlegend unterschiedliches Verhalten zeigen können. Weil sich in einem natürlichen System die Startwerte aber prinzipiell nicht beliebig genau feststellen lassen und deshalb bei der Wiederholung eines Prozesses zufällige Abweichungen in den Anfangsbedingungen auftreten, ist eine eindeutige Vorausberechnung und Voraussage für solche Systeme unmöglich. Im besten Fall kann bloss eine Wahrscheinlichkeitsaussage über das Systemverhalten gemacht werden. Im Falle des Galton-Brettes findet man zum Besipiel experimentell heraus, dass die Kugel öfters einen mittleren Weg durch das Brett wählt und weniger häufig einen extremen Weg über den linken oder rechten Rand.

Im Lichte der «Chaos-Theorie» gelangen die Wissenschaften somit langsam zu einem neuen Verständnis bezüglich der Unterscheidung von determinierten und zufälligen Prozessen. Vieles, was bis jetzt als zufällig betrachtet wurde, kann nun als chaotisch interpretiert werden. Umgekehrt wird man sich vermehrt bewusst, dass auch Prozesse, welche bisher als determiniert erachtet wurden, eindeutig chaotische Komponenten enthalten. Chaotisches Verhalten scheint in natürlichen Systemen nicht bloss die Ausnahme, sondern die Regel zu sein. Beim Umgang mit Systemen müssen wir uns deshalb weniger die oftmals philosophische Frage stellen, ob ein Prozess zufällig oder determiniert ist, sondern wir müssen uns fragen, ob das Verhalten des Systems mehr oder weniger gut prognostizierbar ist.

2.6 Umdenken

Das zweite Kapitel wurde mit Gedanken zur Wandelbarkeit von Weltbildern und mit der Forderung nach einem Paradigmawechsel eingeleitet. Nachdem nun etliches über Wahrnehmung, Kommunikation und Systemdenken bekannt ist, soll die Forderung nach einem Umdenken noch etwas konkretisiert werden. In Abb. 2.22 sind sieben Denkfehler aufgeführt, welche gemäss GOMEZ/PROBST im Umgang mit komplexen Problemsituationen tagtäglich gemacht werden. Wir wollen im folgenden diese Fehler diskutieren und Konsequenzen für ein neues, ganzheitliches Denken erarbeiten.

oskar Weiss zu: «Paradigmawechsel»

- Probleme sind objektiv gegeben und müssen nur noch klar formuliert werden.
- Jedes Problem ist die direkte Konsequenz einer einzigen Ursache.
- Um eine Situation zu verstehen, genügt eine "Photographie" des Ist-Zustandes.
- Verhalten ist prognostizierbar; notwendig ist nur eine ausreichende Informationsbasis.
- Problemsituationen lassen sich "beherrschen", es ist lediglich eine Frage des Aufwandes.
- Ein "Macher" kann jede Problemlösung in der Praxis durchsetzen.
- Mit der Einführung einer Lösung kann das Problem endgültig ad acta gelegt werden.

Abb. 2.22 Denkfehler im Umgang mit komplexen Problemsituationen (nach Gomez/Probst)

2.6.1 Objektivität

Wie wir im Zusammenhang mit Wahrnehmung und Kommunikation diskutiert haben, sind Probleme nie objektiv gegeben. Jeder Beteiligte macht sich seine eigene Meinung bezüglich der Problemstellung, die Wahrnehmung ist von Problemlöser zu Problemlöser verschieden. Probleme sind nicht einfach etwas Gegebenes, sondern sie werden von jemandem als solche abgegrenzt und definiert. Je nach Gesichtspunkt, Perspektive, Werthaltung, sozialer Stellung etc. wird eine Situation unterschiedlich gesehen.

Als Konsequenz aus diesen Tatsachen gilt es, wie folgt umzudenken: Es ist zu berücksichtigen, dass alle beteiligten Problemlöser eine unterschiedliche Sichtweise haben können. Unter Umständen sind auch Standpunkte in Betracht zu ziehen, welche für die Beteiligten im ersten Moment nicht offensichtlich erscheinen. Die aktuelle Situation ist immer wieder zu überdenken und mit den Projektpartnern zu diskutieren. Systemanalyse und Systemgestaltung sind als teamorientierte Prozesse zu verstehen (alle Teammitglieder sind Experten!). Ein gemeinsamer Lernprozess ist Voraussetzung für die Kommunikation zwischen den Beteiligten. Erst durch die Zusammenarbeit ist eine gemeinsame Sprache und damit eine Verständigung bezüglich des bearbeiteten Problembereichs möglich.

2.6.2 Kausalität

Unsere Ausbildung, Erziehung und Erfahrung führt uns dazu, dass wir vorwiegend in einfachen, linear-kausalen «Wenn-dann»-Beziehungen denken. Für jedes Ereignis suchen wir nach bloss einer einzigen Ursache. Wie wir im Zusammenhang mit dem Systembegriff gesehen haben, sind nun aber Problemstellungen oft komplexe Netzwerke von Komponenten und Beziehungen. Vielfältige gegenseitige Beeinflussungen können dabei zu Nebenwirkungen, Schwellenübergängen, Aufschaukelungen etc. führen. In vernetzten Systemen ist eine eindeutige Zuordnung und Reduktion auf Ursache und Wirkung nicht mehr sinnvoll.

Konsequenterweise müssen wir folglich im Rahmen einer Problemstellung nicht nach Wirkungsketten, sondern nach Wirkungsnetzen suchen. Haben wir die entsprechenden Netzwerke einmal aufgezeichnet, gilt es, die Wirkungsbeziehungen zu analysieren und zu interpretieren. Beispielsweise stellt sich die Frage, welche Komponenten aktiv sind, d.h. stark auf andere Komponenten wirken, oder welche Komponenten einen hohen Vernetzungsgrad aufweisen. Solche Komponenten können bei einem allfälligen Eingriff in das System einen kritischen Faktor darstellen.

2.6.3 Systemdynamik

Wir sind oft versucht, den augenblicklichen Zustand einer Problemsituation eingehend zu analysieren und dabei die zeitliche Komponente zu vernachlässigen. Weil nun aber Systemkomponenten in vielfältiger Weise miteinander interagieren, werden sich über kurz oder lang Veränderungen in der Situation ergeben. Die Analyse entspricht dann nicht mehr den Tatsachen. Zudem kann sich eine Vernachlässigung der Systemdynamik auf den gewählten Lösungsansatz negativ auswirken. Unüberlegte Eingriffe in das System können beispielsweise dazu führen, dass sich der Zustand einer Komponente via Rückkopplung aufschaukelt und damit letztlich das gesamte System destabilisiert. Oder eine falsche Einschätzung von zeitlichen Verzögerungen kann bewirken, dass ein Projekt abgebrochen wird, bevor die getroffenen Massnahmen überhaupt wirksam werden können.

Um eine Problemstellung adäquat zu erfassen, ist somit eine Analyse der Systemdynamik unumgänglich. Dazu sind die Wirkungen qualitativ zu beurteilen. Es gilt beispielsweise zu untersuchen, ob eine Komponente A sich anregend oder hemmend auf eine Komponente B auswirkt, ob einzelne Rückkoppelungskreise einen aufschaukelnden oder stabilisierenden Effekt haben oder mit welcher zukünftigen Entwicklung des Gesamtsystems wohl zu rechnen ist.

2.6.4 Voraussagbarkeit

Bei Maschinen können wir in der Regel die Ergebnisse und Verhaltensweisen voraussagen. In Analogie dazu glauben wir gerne, dass auch das Verhalten komplexer Systeme voraussagbar sein müsse. Dabei vergessen wir, dass sich hier eine kleine Veränderung in direkter oder indirekter Weise auf das gesamte System auswirkt. Rückkopplungseffekte können zu unerwarteten Resultaten führen. Das Verhalten ist chaotisch, kleine Turbulenzen können grosse Wirkungen entfalten. Die Informationsbasis ist zudem nie ausreichend, da durch die Dynamik des Systems Informationen laufend verändert oder neu kreiert werden.

In komplexen Systemen ist eine ganzheitliche Betrachtungsweise unumgänglich. Sie mag zwar skizzenhaft grob und in grossen Zügen ausfallen, aber sie produziert mehr Verständnis als noch so detaillierte Analysen von zusammenhangslosen Teilen. Die Analyse einzelner Teile bringt wenig, wenn wir nicht die Beziehungen zwischen den Teilen erkennen können. Ein ganzheitliches Bild zukünftiger Entwicklungen kann man beispielsweise erhalten, wenn man anhand der erarbeiteten Wirkungsnetze verschiedene Szenarien durchspielt. Eine offensive Strategie kann es aber auch sein, selber aktiv Einfluss auf die zukünftige Entwicklung zu nehmen, ganz nach dem Motto: «Don't predict the future, invent it!»

2.6.5 Beherrschbarkeit

Damit sind wir bei der Frage, in welcher Weise wir überhaupt Einfluss auf zukünftige Entwicklungen nehmen können. Auch hier müssen wir uns der Eigenheiten komplexer Systeme bewusst sein. Beispielsweise kann der Ablauf eines Fussballspiels nur in beschränktem Mass durch den Trainer beeinflusst werden. Von «Beherrschung» des Systems kann sicher keine Rede sein. Das konkrete Verhalten jedes Spielers und die Interaktionen können nicht vorausgesagt oder gar gesteuert werden. Jedes Fussballspiel unterliegt zwar denselben Spielregeln, aber der Verlauf jedes Spiels ist ein einmaliges Ereignis, welches sich nie auf dieselbe Art und Weise wiederholen lässt. Die Idee der Beherrschbarkeit von Systemen ist eng mit einem technokratischen Weltbild verknüpft. So wie wir den Bau von Maschinen und deren Steuerung vornehmen, meinen wir auch natürliche und soziale Ganzheiten gestalten und kontrollieren zu können. Die Komplexität, die aus der Vernetzung heraus entsteht, führt jedoch nicht nur dazu, dass wir nie alles wissen und prognostizieren können, sondern auch dazu, dass solche Systeme nicht beherrschbar sind.

Obwohl wir komplexe Systeme nicht beherrschen können, ist eine Forcierung von Systemveränderungen oftmals unumgänglich. Dabei kann es aber nicht darum gehen – wie bei einer Maschine – eine direkte Systemveränderung anzustreben. Vielmehr müssen wir – wie im Beispiel der Fussballmannschaft – versuchen, das System durch gezielte Eingriffe indirekt in eine bestimmte Richtung zu lenken. Dazu ist das System auf lenkbare und nichtlenkbare Aspekte zu untersuchen, wobei man beachte, dass man es mit einer vernetzten Situation zu tun hat. Oftmals ist es sinnvoll, die im System vorhandenen Kräfte zum eigenen Vorteil zu nutzen und beispielsweise Rückkopplungen in die Überlegungen mit einzubeziehen. Vielfach können gewünschte Systemveränderungen durch Eingriffe erreicht werden, welche gar nicht in direktem Zusammenhang mit der Problemgrösse stehen. Bei geschicktem Vorgehen können bereits durch einfache Anpassungen gute Resultate erzielt werden. In jedem Fall sind aber die möglichen Auswirkungen von Systemeingriffen gründlich zu studieren. Insbesondere sind allfällige unerwünschte Nebeneffekte aufzudecken.

2.6.6 Machbarkeit

Meist gehen wir davon aus, dass zu Entwicklungs-, Organisations- oder Planungsvorhaben Lösungen projektmässig erarbeitet und eingeführt werden können. Dabei vernachlässigen wir, dass die Projektsituation – bestehend aus Auftraggeber, Projektteam, bearbeitetem Problem, verfügbaren Hilfsmitteln etc. – selber ein dynamisches System ist. Jede Projekttätigkeit produziert Veränderungen: Wahrnehmungen werden angepasst, Erwartungen geändert, Abwehrmechanismen aufgebaut, Massnahmen unterlaufen etc. Die Vorstellung, dass der Erfolg eines Projekts einzig vom «richtigen Vorgehen» abhängt, ist eng mit der mechanistischen, linear-kausalen Sichtweise verbunden. Dabei wird das Einhalten von Vorgehensplänen überbetont, und es wird wenig auf die Gegebenheiten als Ganzes geachtet.

Ein Vorgehen *gegen* das System ist fast immer falsch. Erfolgreicher und langfristig entwicklungsträchtiger sind Massnahmen, welche die Systemmechanismen berücksichtigen. Dies erfordert eine gewisse Toleranz gegenüber den Kräften im System, aber auch die Akzeptanz, dass nicht alles einfach in unserem Sinne machbar ist und dem System aufgezwungen werden kann.

2.6.7 Entwicklungsfähigkeit

Viele Industrieprojekte, Organisationsfragen oder andere komplexe Problemstellungen werden oft nach deren Bearbeitung als abgeschlossen betrachtet. Mit der Einführung des Produktes oder dem Entwurf eines Jahresplans scheint die Aufgabe erfüllt. Wie wir nun aber bereits gesehen haben, führen alle Handlungen und Eingriffe zu Veränderungen: Vielleicht hat sich die Problemstellung bereits nach den ersten Analyseschritten geändert. Eventuell stehen plötzlich mitten im Lösungsprozess neue technische Möglichkeiten zur Verfügung. Ist die Lösung einmal fertiggestellt, so stimmt vielleicht das Umfeld nicht mehr mit der Ausgangssituation überein. Definitive Lösungen gibt es folglich nicht. Es entstehen immer wieder neue Fragen, Anforderungen oder Problemdefinitionen.

Lösungen müssen folglich laufend neu beurteilt und allenfalls angepasst werden. Dies bedingt, dass eine gewisse Flexibilität, Sensibilität und Offenheit gegenüber der Problemstellung erhalten bleibt. Bereits während der Planung und Entwicklung muss man sich Gedanken bezüglich Anpassbarkeit oder Erweiterbarkeit des Endproduktes machen. Über Fragen der Lebensfähigkeit von Lösungen und über die Lebensphasen von Projekten werden wir uns in späteren Kapiteln noch eingehend unterhalten. Hier sei bloss vorweggenommen, dass sich in diesem Zusammenhang ein evolutionäres Vorgehen bewährt hat.

Kontrollfragen

1. Welches sind die wesentlichen Unterschiede zwischen mechanistischem und ganzheitlichem Denken?

2. Wo vermuten Sie die grössten Probleme bei der Umsetzung der Prinzipien eines «ganzheitlichen Weltbildes»?

3. Was versteht man unter den Begriffen «Paradigma» und «Paradigmawechsel»? Erläutern Sie ein Beispiel eines Paradigmawechsels.

4. Definieren Sie in eigenen Worten den Begriff «Ethik»! In welchen Bereichen scheinen Ihnen ethischen Grundsätze von besonderer Bedeutung?

5. In welchen Bereichen müssen Ingenieure und Ingenieurinnen Ihrer Ansicht nach ethische Verantwortung übernehmen?

6. Erläutern Sie die wesentlichen Mechanismen der Wahrnehmung.

7. Begründen Sie, weshalb Wahrnehmung nie wahr ist.

8. Was verstehen Sie unter einem Modell, was bedeutet Abstraktion, und in welchem Zusammenhang stehen die beiden Begriffe? Was sind Vor- und Nachteile der Abstraktion?

9. Was haben Sie zur folgenden Aussage eines Ingenieurs zu sagen: «Ich habe anhand eines Modells bewiesen, dass der geplante Lösungsansatz funktioniert.»

10. Erläutern Sie den Begriff «Kommunikation» anhand der Begriffe «Sender» und «Empfänger».

11. Welchen Nutzen sehen Sie in der Verwendung von Modellen für den Kommunikationsprozess?

12. Nennen Sie Wahrnehmungs- und Kommunikationsprobleme im Zusammenhang mit der Erfassung, Beschreibung und Lösung von Problemen.

13. Wie definieren Sie den Begriff «System»? Was sind die Merkmale eines Systems?

14. Was bedeutet die Aussage «Das Ganze ist mehr als die Summe seiner Teile»?

15. Nach welchen Gesichtspunkten grenzen Sie ein System ab?

16. Analyse und Synthese sind wichtige Aspekte der Problemlösung. Welchen Zusammenhang sehen Sie dabei zwischen Problemlösung und Systembegriff?

17. Erläutern Sie drei unterschiedliche Formen der Systembetrachtung.

18. Erläutern Sie anhand je eines Beispiels die Merkmale eines technischen und eines natürlichen Systems.

19. Definieren Sie die Merkmale eines komplizierten und eines komplexen Systems. Welche Konsequenzen haben diese Merkmale für den Umgang mit den jeweiligen Systemtypen?

20. Inwiefern ist der Aktienhandel an der Börse ein holarchisch organisiertes System?

21. Erläutern Sie anhand eines Beispiels, was man unter chaotischem Verhalten eines Systems zu verstehen hat.

22. Nennen Sie grundlegende Vorgehensweisen bei der Problemlösung innerhalb von Systemen,
    a) welche Sie eher als technisch, kompliziert, hierarchisch und determiniert bezeichnen würden und
    b) welche Ihnen eher als natürlich, komplex, holarchisch und zufällig erscheinen.

23. Nehmen Sie Stellung zur folgenden Aussage: «Probleme sind objektiv gegeben und müssen nur noch klar formuliert werden.»

24. Was würden Sie einem Kollegen erwidern, welcher Sie mit der folgenden Aussage konfrontiert: «Ich bin überzeugt, dass wir für die anstehenden Umweltprobleme früher oder später eine Lösung finden werden. Wir brauchen bloss noch bessere Kenntnisse über die ökologischen Zusammenhänge und müssen unsere technischen Möglichkeiten weiter verbessern.»

25. Bei der Abwicklung von Projekten geht man gerne davon aus, dass ein Problem mit der erfolgreichen Umsetzung und Einführung einer Lösung ad acta gelegt werden kann. Was haben Sie zu dieser Auffassung zu sagen?

3 Chancen- und Problemdefinition

Nachdem sich unsere vier Techno-Freaks von der Firma CASH-PROTECT bei ihrer ersten Sitzung zum Thema «Sicherheit von Tiefgaragen» völlig verstritten hatten – es ging zum Schluss um die Frage, ob die Nachführung der Videokamera hydraulisch oder nun doch eher mechanisch sein sollte –, wurde die Sitzung abgebrochen. Obwohl zunächst alle frustriert waren, konnten sie sich von ihren innovativen Ideen nicht lösen. Zum Glück erinnerte sich Luki daran, dass sein Tennis-Kollege Sibo kürzlich von einem Kursbesuch zum Thema «Systemische Denkmuster» erzählt hatte. In der Hoffnung, dass dieser etwas Ordnung in ihr Gedankengestrüpp bringen könnte, wurde Sibo zur heutigen Sitzung eingeladen.

Sibo: «Ja, ihr habt euch offenbar ganz schön verrannt in eure gute Idee. Aber so kommt ihr nicht weiter, ihr geht das Problem zu einseitig, zu eng an!»

Matz: «Zu einseitig? Zu eng? Was meinst du damit? Wir haben doch viel zu viele Aspekte besprochen, so dass wir nun den Kopf dermassen voll haben, dass wir nicht mehr weiter wissen!»

Sibo: «Ja, das kommt davon, dass ihr das Problem bereits technisch zu lösen versucht, bevor ihr überhaupt mal richtig darüber nachgedacht habt, worin eure Firma echte Chancen realisieren könnte und worin das Sicherheitsproblem als Ganzes zu sehen ist.»

Rolf: «Was plapperst Du da zusammen? Wir sind ja dazu bezahlt, technische Lösungen zu entwickeln. Wir haben keine Zeit, über die Sicherheit zu philosophieren und etwa noch einen Psychiater zu Rate zu ziehen ...»

Sibo: «Aber genau das solltet ihr eben tun. Ihr entwickelt ja nicht einfach das Bankensicherheitssystem weiter, sondern wollt in einen völlig neuen Markt einsteigen, wo ganz andere Kriterien über Erfolg und Misserfolg entscheiden. Zum Beispiel, ob sich Frauen ganz einfach sicher fühlen oder nicht. Das hat sehr viel mit Psychologie zu tun!»

Carole: «Hm – das stimmt. Technische Sicherheit ist das eine – aber ob ich mich dann auch wirklich sicher fühle, das ist eine andere Frage!»

Luki:	«Jetzt verstehe ich überhaupt nichts mehr! Brauche ich etwa einen Psychiater? Jetzt fehlt nur noch, dass wir mit dem Architekten über bauliche Massnahmen bei der Installation des Sicherheitssystems diskutieren sollen!»
Sibo:	«He – genau –, das ist ein weiterer Punkt. Redet auch mit einem Architekten!»
Rolf	(etwas nachdenklich): «Du meinst also Sibo, wir verhalten uns wie Fachidioten. – Wie sollen wir dann aber vorgehen, damit wir tatsächlich auch Erfolg haben und nicht wichtige Aspekte vergessen?»
Matz:	«Jetzt reicht's mir aber! Komm, wir besprechen das mal in aller Ruhe bei einem kühlen Bier.»
Sibo:	«He, ...»
Matz:	«Nein! Dann schlägt er uns sicher noch vor, mit dem Wirt darüber nachzudenken, eine Bar in der Tiefgarage einzurichten!»

Die meisten klassischen Problemlösungsansätze gehen davon aus, dass Problemstellungen klar gegeben sind und bloss noch mittels geeigneter Methoden angegangen werden müssen. Entgegen dieser Annahme erweisen sich Problemsituationen in der Praxis oft als unscharf. Wir erahnen eine Marktchance, verspüren eine Bedrohung, haben das Bedürfnis nach Veränderung, ärgern uns über einen Mangel oder schlagen uns mit unbefriedigenden Situationen herum. Bevor wir zur Problemlösung schreiten können, gilt es deshalb, zunächst die Ausgangssituation zu klären. Weil dabei ein ganzheitlicher Weg einzuschlagen ist, welcher über den vermeintlich unsicheren Grund von unscharfen Aussagen und mehrdeutigen Szenarien führt, tun sich insbesondere methodenorientierte Berufsleute wie z.B. Ingenieure oder Betriebswirtschaftler mit diesem Schritt besonders schwer. Sie unterschätzen gerne die Bedeutung einer gründlichen Situations- und Wirkungsanalyse. Ein abgekürztes Verfahren mag zwar auf Anhieb als Effizienzsteigerung erscheinen, längerfristig zahlt es sich jedoch nicht aus. Werden nämlich Chancen und Probleme ungenügend oder zu spät analysiert, so bestimmen letztlich Sachzwänge die Handlungen, es wird bloss reagiert, statt agiert, oder es werden Symptome bekämpft. Ein derartiges Vorgehen kann zwar womöglich zu einer kurzfristigen Verbesserung der Situation führen. Langfristig werden wir jedoch auf diese Weise nicht zu nachhaltigen, lebensfähigen Lösungen finden.

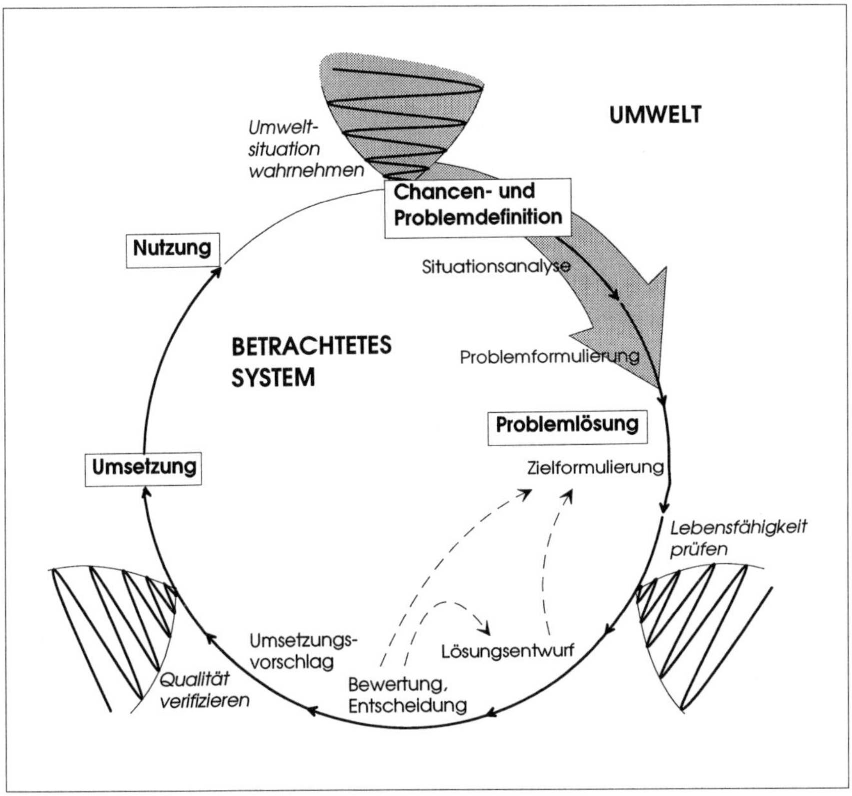

Abb. 3.1 Chancen- und Problemdefinition sind zentral

Wie aus Abb. 3.1 hervorgeht, nimmt die Chancen- und Problemdefinition im systemischen Vorgehensmodell eine Schlüsselstellung ein. Zeitlich ist sie klar vor den konzeptionellen Tätigkeiten der Problemlösung und Umsetzung angesiedelt. Das Ziel dieser Phase ist es, die zur Diskussion stehende Problemsituation zu erfassen und zu verstehen. Wie wir aus dem vorangehenden Kapitel wissen, müssen dabei Wahrnehmungs- und Kommunikationsprobleme ebenso berücksichtigt werden wie die Tatsache, dass unsere Welt ein vernetztes, komplexes System ist. Konsequenterweise müssen wir deshalb eine Problemstellung aus verschiedenen Blickwinkeln betrachten, wir müssen Wirkungsbeziehungen im System untersuchen, Umweltaspekte berücksichtigen, die Variabilität und Dynamik des Systems in Betracht ziehen oder uns Gedanken über die Auswirkungen unseres Handelns machen.

In diesem Kapitel werden wir uns also mit der wichtigen ersten Phase im Vorgehensmodell befassen. Zunächst geht es um die Frage, wodurch denn ein Problemlösungsprozess überhaupt ausgelöst wird. Dann werden die Definition des Problembegriffs und der Zusammenhang zwischen Systemdenken und Problemlösen diskutiert. Anschliessend charakterisieren wir die wesentlichen Schritte der Situationsanalyse und machen Bezüge zu den Erkenntnissen aus dem vorangehenden Kapitel. In einem weiteren Unterkapitel stellen wir mit der Wirkungsanalyse ein Hilfsmittel vor, welches eine systemische Situationsanalyse erlaubt. Insbesondere in komplexen Situationen und bei Problemen mit starker Vernetzung der Abhängigkeiten leistet die Wirkungsanalyse hervorragende Dienste. Mit einer umfassenden Analyse allein ist jedoch die Problemstellung noch nicht geklärt. Deshalb dreht sich der letzte Teil dieses Kapitels um die Frage der Problemformulierung.

3.1 Chancen und Probleme

Im folgenden befassen wir uns mit der Definition und Charakterisierung von Problemen. Wir sind der Auffassung, dass jedes Problem eine Chance darstellen kann und dass aus Chancen oft neue Problemstellungen resultieren. Ebenso sind wir überzeugt, dass viele Probleme auf komplexen Situationen basieren und deshalb systemisch angegangen werden müssen.

3.1.1 Problem – Chance packen oder Gefahr abwenden?

Die Tatsache, dass wir eine Situation als problematisch erkennen oder beurteilen, kann verschiedene Ursachen haben. Nach Duden ist ein *Problem* eine Schwierigkeit oder eine zu lösende Aufgabe respektive Fragestellung. Ursachen für ein Problem können etwa sein:

- Abweichung eines IST-Zustandes von einer SOLL-Vorstellung
- ein Verlangen oder ein Bedürfnis
- eine Chance
- eine Veränderung
- ein Gefühl für einen Mangel oder einen gewollten Zustand
- ein Wunsch nach etwas Speziellem
- etwas Unbekanntes
- eine Gefahr

Die Vorstellung über den SOLL-Zustand, die Einschätzung einer Chance oder die Beurteilung einer Gefahr ist oft sehr subjektiv. Die Art der Wahrnehmung hängt stark vom Wissen, von der Erfahrung, vom Realitätsbezug, von der Risikobereitschaft usw. ab. Wenn also nicht bloss persönliche Interessen, sondern das Wohl eines Unternehmens, eines Gemeinwesens oder gar der Umwelt im Zentrum stehen, sind die entsprechenden Aspekte der Problemerfassung gebührend zu berücksichtigen. So müssen etwa die unterschiedlichen Bedürfnisse und Wünsche der Betroffenen oder individuelle Situationsbeurteilungen angemessen in die Problemdefinition einfliessen.

3.1.2 Struktur und Charakteristik von Problemen

Die Vernetzung in technischen Systemen ist in der Regel gering, eine Problemsituation lässt sich daher meist recht einfach beschreiben. Dagegen ist die Struktur eines sozialen Systems sehr stark vernetzt, was im allgemeinen keine einfache Problemdefinition mehr ermöglicht. Durch den hohen Vernetzungsgrad sind meist verschiedene Sichten auf die gleiche Problemsituation möglich. Werden diese Sichten von verschiedenen Personen oder Gruppen untersucht und beurteilt, so können durchaus unterschiedliche Meinungen über die Ursache der gleichen Situation geäussert werden, ohne dass diese differierenden Ansichten falsch wären.

In Abb. 3.2 sind zwei unterschiedliche Problemtypen charakterisiert. Die Struktur des Problems zeigt wesentliche Unterschiede. Das Funktionsprinzip einer Maschine kann anhand der linear-kausalen Wirkungsketten verstanden werden. Um dagegen die Funktionszusammenhänge in der menschlichen Gesellschaft zu verstehen, ist ein Denken in Wirkungsnetzen unabdingbar. Falls eine Maschine eine Panne hat, finden wir das Problem in der Regel durch ein systematisches Absuchen der Ursache-Wirkungs-Ketten. Gesellschaftliche Probleme, welche durch ihre Komplexität gekennzeichnet sind, können dagegen nur mit einer umfassenden Wirkungsanalyse untersucht werden. Eine Schadensituation bei einer Maschine kann in der Regel durch einen gezielten Eingriff behoben werden. Gesellschaftliche Probleme dagegen lassen sich nicht endgültig in den Griff bekommen; bestenfalls können wir die Problemsituation durch gezielte Gestaltungsimpulse in eine gewünschte Richtung lenken.

	Maschine	**Gesellschaft**
Struktur	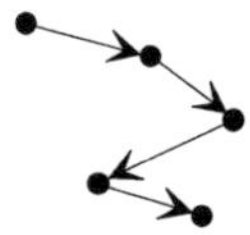 linear-kausale Abhängigkeiten	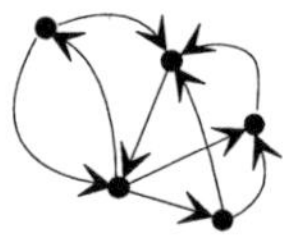 vernetzte Abhängigkeiten
Problem-möglich-keiten	 - Funktions-unterbruch - Leistungs-abfall	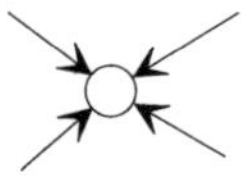 - Lebensqualität gefährdet - unerwünschte Systemveränderung
Problem-analyse	Absuchen von Wirkungsketten	vernetzte Wirkungsanalyse
Problem-lösung	Reparieren	Gestaltungsimpulse geben

Abb. 3.2 Charakteristik von Problemen

3.2 Situationsanalyse

Die Situationsanalyse dient dazu, einen umfassenden Überblick über eine gegebene Problemsituation zu erlangen. Wir werden später in Kapitel 3.3 eine konkrete Methode vorstellen, welche die bisher gemachten systemtheoretischen Überlegungen berücksichtigt. Nachfolgend beschreiben wir zunächst ganz allgemein die charakteristischen Merkmale einer Situationsanalyse, diskutieren dann die wesentlichen Schritte des Vorgehens und machen schliesslich Bemerkungen zur Abgrenzung von Systembereichen.

3.2.1 Charakteristik

Tagtäglich analysieren wir die unterschiedlichsten Situationen. Im Berufsalltag sind wir aber nicht bloss mit einfachen Alltagsproblemen, sondern oft mit komplizierten oder gar komplexen Situationen konfrontiert.

Bei *einfachen Problemen* fällt es leicht, die Situation richtig zu erfassen und zweckmässige Entscheidungen zu treffen. Ohne langes Überlegen vermögen wir vernünftig zu handeln. Allenfalls bedienen wir uns dabei der Reihe nach folgender W-Fragen: WAS ist los? WAS will ich? WELCHE Lösungsmöglichkeiten gibt es? WELCHES ist die beste Lösungsmöglichkeit? WAS könnte dabei schiefgehen?

Komplizierte Situationen erfordern dagegen bereits Analysearbeit. Eine anspruchsvollere Methodik ist erforderlich. Damit die Problemstellung überhaupt verstanden wird, muss das zugrundeliegende System untersucht werden: das System ist von der Umgebung abzugrenzen, die relevanten Teile sind zu erkennen, und die Funktionsweise des Systems muss untersucht werden.

Bei *komplexen Problemen* erlangt die Situationsanalyse eine zentrale Bedeutung. Die sorgfältige Problemdefinition und die richtige Systemmodellierung, allenfalls auch eine fundierte Wirkungsanalyse und die Überprüfung der Lebensfähigkeit sind dann wichtig. Es braucht ein systemisches Vorgehen. Dabei bedarf es möglicherweise verschiedener Analysemittel, um das System in der für die Problemlösung notwendigen Komplexität zu verstehen. Wir müssen uns befassen mit

- der Funktionsweise des relevanten Systems unter Berücksichtigung der wesentlichen Einflussfaktoren,
- den relevanten Teilen der Systemumgebung,
- den Stärken und Schwächen des Systems,
- den Ursachen dieser Schwächen und Stärken und
- den zukünftigen Chancen und Gefahren für das System.

Jede Situationsanalyse setzt sich grundsätzlich aus drei zentralen Tätigkeiten zusammen:

- Informationsbeschaffung
- Informationsaufbereitung
- Informationsdarstellung

Für die *Informationsbeschaffung* sind viele Methoden und Techniken bekannt. Sie reichen vom Fragebogen über das Brainstorming bis hin zu Datenbankabfragen. Für alle Methoden gilt aber die gleiche Feststellung: Die Informationsbeschaffung hat mit dem richtigen Detaillierungsgrad zu erfolgen. In der Praxis ist es nun nicht ganz einfach, diesen «richtigen» Detaillierungsgrad zu finden. Ein Überfluss an Informationen versperrt die Sicht auf das Wesentliche, mangelhafte Information lässt die tatsächlichen Ursachen einer Problemsituation schwer erkennen.

Die *Informationsaufbereitung* hat zum Ziel, das Problem zu strukturieren und die wesentlichen Aspekte zu verdeutlichen. Dieser Schritt beinhaltet eine Vielzahl von möglichen Tätigkeiten wie Abstrahieren, Klassifizieren, Eliminieren, Assoziieren, Systematisieren, Reduzieren, Transformieren, Interpretieren etc. Es ist offensichtlich, dass für diesen Schritt Erfahrung, Fachwissen und Methodenkenntnis eine entscheidende Rolle spielen.

Mittels einer geeigneten *Informationsdarstellung* müssen die Erkenntnisse schliesslich dokumentiert bzw. anderen Beteiligten zugänglich gemacht werden. Die beschreibende Form einer untersuchten Situation kann durchaus auch als Hilfsmittel der Informationsaufbereitung verstanden werden. Durch den Zwang zur eindeutigen Beschreibung werden unter Umständen Wissenslücken oder Unklarheiten aufgedeckt. Für die Informationsdarstellung sind je nach Fachgebiet unterschiedliche Techniken bekannt wie Systemgraphen, Ablaufdiagramme, Organigramme etc.

3.2.2 Vorgehen bei der Situationsanalyse

Wie aus den Ausführungen von Kapitel 2.2 geschlossen werden kann, handelt es sich bei der Wahrnehmung, Erfassung und Beschreibung einer Situation im allgemeinsten Sinne um einen Modellbildungsprozess. Dieser Prozess ist in Abb. 3.3 schematisch dargestellt. Eine Situationsanalyse wird in der Regel durch das Erkennen einer Chance oder eines Problems ausgelöst. In einem ersten Schritt erarbeitet man sich sodann eine modellhafte Vorstellung der Realität. Bei diesem Analyseschritt kommen die genannten Tätigkeiten der Informationsbeschaffung, -aufbereitung und -darstellung zum Einsatz. Die erarbeitete Modellvorstellung muss sodann auf ihre Brauchbarkeit hin überprüft werden. Dieser Schritt wird als Validierung bezeichnet. Beide Schritte werden solange zyklisch wiederholt, bis die Problemsituation befriedigend erfasst und beschrieben ist.

Grundsätzlich lässt sich eine Situationsanalyse unter besonderer Berücksichtigung von system-, ursachen- oder lösungsorientierten Aspekten durchführen. Bei einem *systemorientierten* Vorgehen sucht man insbesondere nach der Abgrenzung und Vernetzung der zugrundeliegenden Situation. Bei einem *ursachenorientierten* Ansatz steht die Frage nach der Entstehung einer Problemsituation im Vordergrund. Bei einer *lösungsorientierten* Vorgehensweise haben Szenarien von zukünftigen Entwicklungen eine besondere Bedeutung. Obwohl wir den Systemaspekt ins Zentrum der Betrachtungen stellen, erscheint uns die Analyse von Ursache-Wirkungs-Zusammenhängen ebenso wichtig wie eine zukunftsgerichtete Betrachtung. Wir werden in

Kapitel 3.3 mit der Wirkungsanalyse eine integrale Methode der Situationserfassung kennenlernen, welche alle drei Aspekte umfasst.

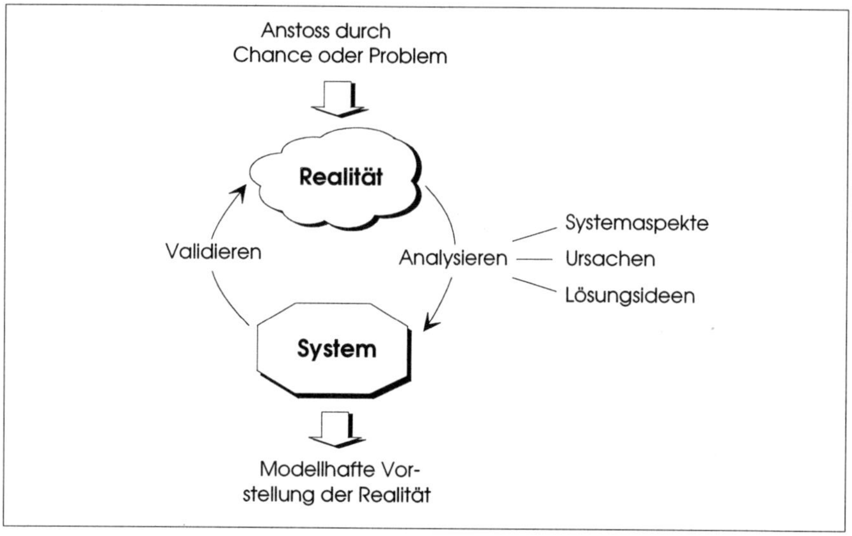

Abb. 3.3 Allgemeines Vorgehen bei der Situationsanalyse

3.2.3 Abgrenzung einer Situation

Eine zentrale Bedeutung bei der Analyse einer Problemsituation hat die Abgrenzung des untersuchten Bereichs. Bereits im Zusammenhang mit der Erläuterung des Systembegriffs haben wir die Relativität der Systemabgrenzung betont. Diese Relativierung soll hier nun hinsichtlich der Situationsanalyse präzisiert werden. Grundsätzlich lassen sich vier verschiedene Systembereiche unterscheiden (vgl. Abb. 3.4):

Der *Problembereich* ist derjenige, in welchem die Problemzusammenhänge vermutet werden. Die Bereichsgrenzen liegen in der Regel nicht klar vor; man ist gezwungen, sich an sie heranzutasten.

Der *Eingriffsbereich* ist jener Teil des Problembereichs, in welchem die Eingriffsmöglichkeiten zur Lösung des Problems festgestellt oder erwartet werden. Dieser Bereich wird gegenüber dem Problembereich eingeschränkt, weil z.B. keine Eingriffskompetenz über den gesamten Problembereich vorliegt oder keine aussreichenden Ressourcen vorhanden sind.

Im *Lösungsbereich* ist die effektiv entwickelte Lösung angesiedelt. Er kann gegenüber dem Eingriffsbereich, der ja noch alle denkbaren Lösungen beinhaltet, durch die umgesetzte Lösung weiter eingeschränkt sein.

Der *Wirkungsbereich* umfasst schliesslich jenen Bereich, in welchem die implementierte Lösung Auswirkungen zeigt. Sind alle relevanten Wirkungsbeziehungen in der Problemabgrenzung erfasst worden, so ist der Wirkungsbereich identisch mit dem Problembereich. Wurden nicht alle Wirkungszusammenhänge bei der Problemdefinition genügend berücksichtigt, resultiert ein vergrösserter Wirkungsbereich, indem nun Elemente ausserhalb des Problembereichs tangiert werden. Es treten dann ungeplante und unerwünschte negative, manchmal auch positive, Nebenerscheinungen auf.

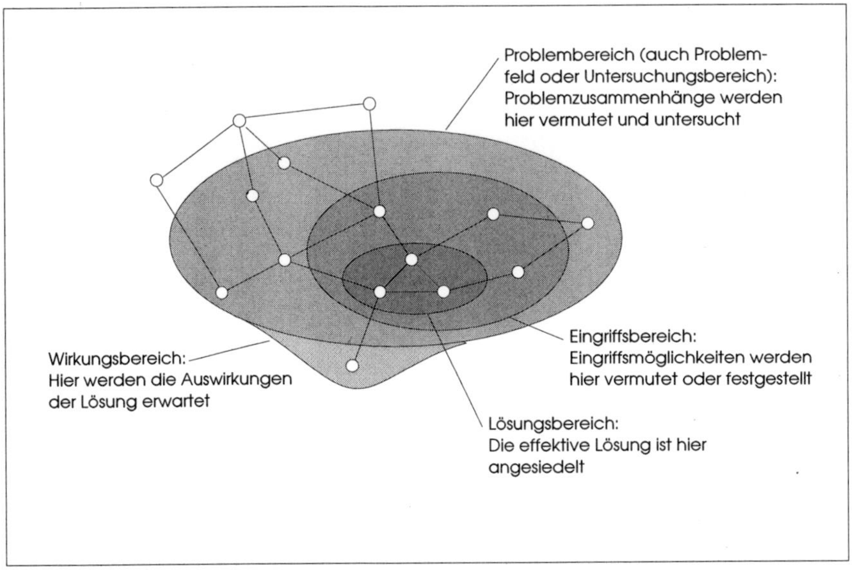

Abb. 3.4 Unterschiedliche Systembereiche

3.3 Wirkungsanalyse

Wie wir bisher gesehen haben, müssen wir uns über Struktur und Verhalten eines Systems im klaren sein, bevor wir dieses richtig planen bzw. zielgerichtet beeinflussen können. Wir lernen das System verstehen, indem wir es analysieren. Erst wenn wir die Systemzusammenhänge kennen, können wir das Erarbeiten von Lösungen angehen. Im folgenden Lehrschritt werden wir uns mit einer spezifischen Art der Analyse von Systemen, der Wirkungsanalyse, befassen.

Bei der Wirkungsanalyse bringen wir die einzelnen Komponenten eines Systems zueinander in Beziehung. Die unterschiedlichen Beziehungen zwischen den Komponenten werden im sogenannten Wirkungsdiagramm visualisiert. Diese Methode erlaubt uns, in kurzer Zeit recht komplexe Systemmodelle aufzustellen. Insbesondere lassen sich damit rasch Kausalketten und Rückkopplungsschleifen erkennen. Die Bewertung der Wirkungszusammenhänge mit Hilfe einer sogenannten Wirkungsmatrix erlaubt uns, den Einfluss der einzelnen Systemkomponenten zu beurteilen und Rückschlüsse auf Eingriffsmöglichkeiten zu ziehen.

Die folgenden Kapitel entsprechen den einzelnen Schritten der Wirkungsanalyse. Zunächst diskutieren wir, wie Systemkomponenten auszuwählen sind. Anschliessend erläutern wir die Erstellung und Bewertung von Wirkungsdiagrammen. Die Beurteilung der Systemdynamik behandeln wir in einem weiteren Unterkapitel. Zum Schluss zeigen wir, wie eine Wirkungsmatrix zu erstellen und zu interpretieren ist.

3.3.1 Auswahl von Systemkomponenten

In einem ersten Schritt ist eine geeignete Auswahl an Systemkomponenten zu treffen. Ausgangsbasis für diesen Schritt ist geeigneterweise eine grobe Systembeschreibung. Nehmen wir beispielsweise an, wir hätten die Verkehrssituation in einer Stadt zu analysieren, dann ist die Problematik zunächst aus verschiedenen Blickwinkeln zu betrachten. So könnten wir uns etwa in die Situation eines Lieferanten versetzen, welcher seine Ware möglichst reibungslos zu den Geschäften bringen möchte. Oder wir hätten uns einen Stadtbewohner vorzustellen, welcher sich über die Lärm- und Abgasbelastung der Pendler ärgert. Im weiteren müssten wir uns Fragen zur Parkplatzsituation stellen oder uns Gedanken über die Verfügbarkeit öffentlicher Verkehrsmittel machen. Insgesamt würden wir bei unserer Betrachtung feststellen, dass die Problematik je nach Blickwinkel unterschiedlich aussieht.

Eine umfassende Betrachtung einer Situation ist also erst möglich, wenn verschiedene Sichtweisen eingenommen werden. Die Berücksichtigung unterschiedlicher Positionen verhindert, dass eine Situation zu eng, zu einseitig oder nur symptombezogen erfasst wird. Im Sinne einer ganzheitlichen Systemanalyse müssen wir deshalb die Komponenten so auswählen, dass alle relevanten Aspekte mitberücksichtigt werden. Eine Teilaufgabe bei der Komponentenwahl besteht somit in der Überprüfung auf vollständige Abdeckung aller für die gegebene Fragestellung relevanten Bereiche. In Anlehnung an die Überlegungen zum Systembegriff geht es hier also um die Frage nach einer sinnvollen Abgrenzung des Systems.

Ausgewählte Komponenten müssen mit einem geeigneten, selbstsprechenden Namen versehen werden. Gleichzeitig muss die Frage nach dem Detaillierungsgrad gestellt werden. Unter Umständen kann es zweckmässig sein, eine zu allgemein formulierte Komponente als Subsystem aufzufassen und sie in weitere Teilkomponenten zu zerlegen. Umgekehrt können mehrere spezifische Komponenten als Teil eines übergeordneten Systems verstanden und zu einer einzigen, allgemeineren Komponente zusammengefasst werden.

Um einen groben Überblick über die Wirkungszusammenhänge in einem betrachteten Problembereich zu erhalten, reicht eine Anzahl von ca. 10 Komponenten. Für eine aussagekräftigere Analyse ist dagegen eine Auswahl von 20 bis 40 Systemkomponenten zweckmässig. Tendenziell steigt die Aussagekraft mit zunehmender Zahl der

Komponenten. Bei einer zu grossen Anzahl wird die Analyse aber unübersichtlich und aufwendig.

Organisation	Aufbauorganisation, Ablauforganisation, Kompetenzen, Verantwortlichkeiten, Logistik
Unternehmens-kultur	Mitarbeiterführung, Entlöhnung und Partizipation, Arbeitszeiten
Mitarbeiter	Qualifikation, Ausbildung, persönliche Fähigkeiten
Produkte	Vielfalt, Strukturen
Energie und Umwelt	Energieverbrauch, Umweltverträglichkeit, Gefahren
Prozesse	Verfahren, Automatisierungsgrad
Produktions-mittel	Maschinen, Werkzeuge

Abb. 3.5 Systemkomponenten für Systeme der Produktion und Automation

Umwelt	Relevante Sphären der Umwelt ausserhalb von Wirtschaft und Technik
Absatzmärkte	Relevante Absatzmärkte, Marktsegmente
Management	Unternehmensleitung inkl. Kapitalgeber
Abteilungsebene	Beschaffung, Produktion und Marketing
Fabrikebene	Beschaffung, Produktion und Vertrieb
Beschaffungs-märkte	Relevante Beschaffungsmärkte
Wettbewerb	Wettbewerbs-, Finanz-, Marktstrategien
Produkte	Ausgestaltung der Marktleistung
Mensch	Unternehmenskultur und Personalwirtschaft
Organisation	Aufbau- und Ablauforganisation, Planung und Entscheidung
Technik	Anlagen, Maschinen, Prozesse, Technologien

Abb. 3.6 Systemkomponenten für Unternehmensanalysen

Wirtschaft	Industrie, Land- und Forstwirtschaft, Rohstoffe und Energie, Dienstleistung, Kapital, Arbeitsplätze, Institutionen
Bevölkerung	Geburten- und Sterberate, Altersstruktur, Dynamik und Veränderung, Arbeitskräfte, Mitarbeiter
Flächennutzung	Verkehrsflächen, Siedlungen, Gewerbe- und Industrieflächen, land- und forstwirtschaftliche Flächen, Brachland, Feuchtgebiete, Abfalldeponien
Humanökologie	Lebensqualität, Gesundheit, Wohlbefinden, Handlungsspielraum, Selbstverwirklichung, Zusammenleben, Sicherheit, Fürsorge, Bildung, Information
Naturhaushalt	Luft, Wasser, Boden, Lebewelt, Ökologie, Regenerationsleistung
Infrastruktur	Verkehrswege, Tourismus, Kommunikation, Medien, Ent- und Versorgung
Gemeinwesen	Regionaler und kommunaler Haushalt, Steuern, öffentliche Massnahmen und Leistungen, Gesetze, Verordnungen, politische Entscheidungsgremien

Abb. 3.7 Systemkomponenten für volkswirtschaftliche Fragestellungen (nach Vester)

Die Auswahl der Komponenten ist für den Erfolg einer Wirkungsanalyse entscheidend. Allgemeine Rezepte existieren diesbezüglich aber leider nicht. Vieles ist der Intuition und Auffassungsgabe des Problemlösers überlassen. Um einen Eindruck zu vermitteln, wie eine Auswahl von Komponenten aussehen könnte, sind in den Abbildungen 3.5 bis 3.7 verschiedene Beispiele zu unterschiedlichen Problembereichen zusammengestellt. Die Bedeutung einer ganzheitlichen Sichtweise wird dadurch hervorgehoben, dass die Komponenten nach unterschiedlichen Aspekten geordnet sind.

3.3.2 Erstellen von Wirkungsdiagrammen

Wir haben im vorangehenden Kapitel ein System definiert als «Menge von Komponenten und Beziehungen». Falls wir uns bei der Auswahl der Beziehungen auf *Wirkungen* beschränken (sprich Komponente X wirkt auf Komponente Y) und die Wirkungen durch

Pfeile darstellen, so können wir bereits wesentliche Aspekte der Systemdynamik zum Ausdruck bringen. In Abb. 3.8 verstehen wir beispielsweise sofort, dass der Lernaufwand eines Studenten sich auf den Erfolg und damit wiederum auf die Motivation auswirkt.

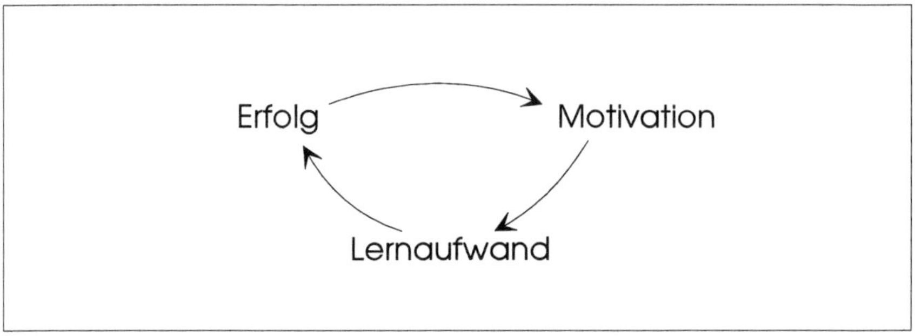

Abb. 3.8 Wirkungsbeziehungen zwischen Systemkomponenten

In Abb. 3.8 ist jedoch erst die Struktur des Systems dargestellt. Es ist aber noch nicht ersichtlich, ob sich der Student auf einer Aufwärtsspirale bewegt (mehr Erfolg führt zu mehr Motivation und damit zu mehr Lernaufwand ...) oder ob sich das System in einem stabilen Zustand befindet.

Das dynamische Systemverhalten kann besser verstanden werden, wenn zwei Wirkungstypen, nämlich gleichgerichtete und entgegengerichtete Wirkungen, unterschieden werden. Von einer *gleichgerichteten Beziehung* wird dann gesprochen, wenn eine Wirkung beschrieben werden kann durch die Aussage: «Je mehr – desto mehr» bzw. «je weniger – desto weniger». Ein entsprechender Wirkungspfeil wird mit einem Plussymbol an der Pfeilspitze versehen (vgl. Abb. 3.9).

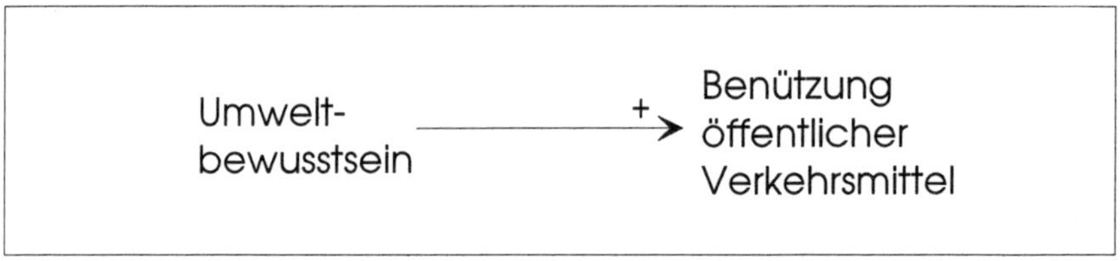

Abb. 3.9 Gleichgerichtete Beziehung zwischen zwei Systemkomponenten

Eine *entgegengerichtete Beziehung* zwischen zwei Systemkomponenten besteht dann, wenn die Beziehung mit «je mehr – desto weniger» bzw. «je weniger – desto mehr» beschrieben werden kann. Ein entsprechender Wirkungspfeil wird mit einem Minussymbol an der Pfeilspitze versehen (vgl. Abb. 3.10).

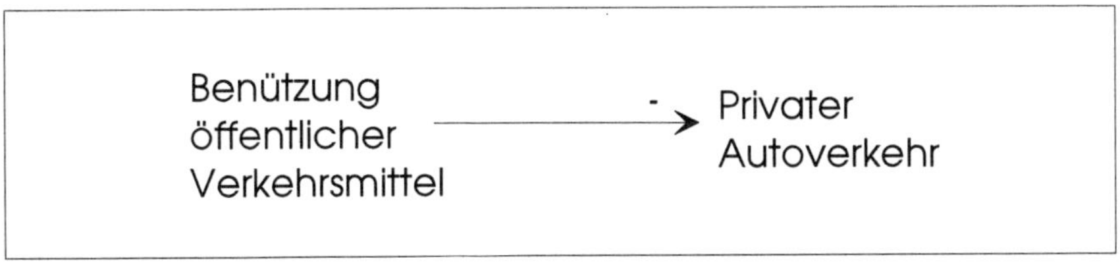

Abb. 3.10 Entgegengerichtete Beziehung zwischen zwei Systemkomponenten

Beziehungen können in dieser Weise nur bewertet werden, wenn die beteiligten Grössen gedanklich quantifizierbar sind (der Autoverkehr hat z.B. ein bestimmtes *Ausmass*). Zur Bewertung einer Wirkung wird dann untersucht, welche Folge die Veränderung des Ausmasses in die eine oder andere Richtung hat. Beispielsweise hat ein *gesteigertes* Umweltbewusstsein die *vermehrte* Benützung der öffentlichen Verkehrsmittel zur Folge, oder die *vermehrte* Benützung der öffentlichen Verkehrsmittel *vermindert* den privaten Autoverkehr.

Kausalketten

Werden zwei oder mehrere Wirkungen in einer Kette hintereinander geschaltet, so sprechen wir von einer *Wirkungs- oder Kausalkette.* Die Gesamtbewertung der Kette entspricht der mathematischen Multiplikation der Einzelbewertungen, wenn + bzw. - als +1 bzw. -1 gesetzt werden. Für das Beispiel in Abb. 3.11 können wir formulieren: Je höher der Schwimmer liegt, desto tiefer befindet sich der Hebel, und je tiefer die Lage des Hebels ist, desto höher ist die Zeigerstellung. Die beiden Beziehungen, diejenige zwischen dem Schwimmer und dem Hebel sowie diejenige zwischen dem Hebel und dem Zeiger, sind also entgegengerichtet. Die mathematische Multiplikation ergibt eine gleichgerichtete Gesamtbewertung für die Kette.

Dies ist plausibel, da ein höher liegender Schwimmer auch eine höhere Lage des Zeigers bedeutet.

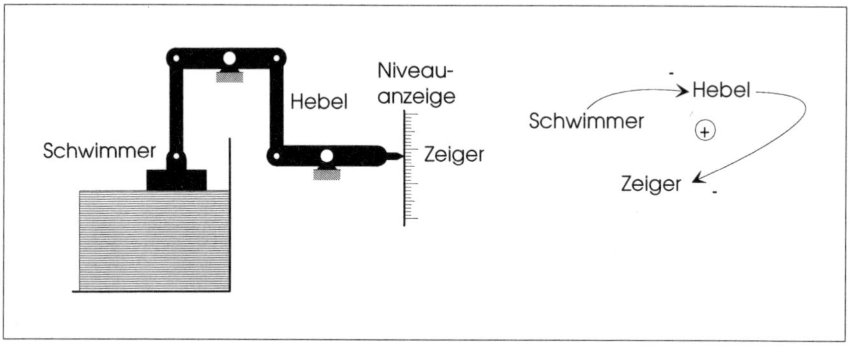

Abb. 3.11 Einfaches Beispiel einer Kausalkette

Rückkopplungen

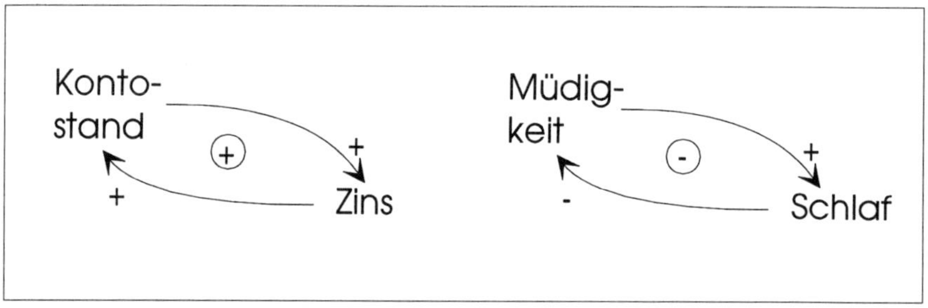

Abb. 3.12 Beispiele direkter Rückkopplungen

Wichtig für die Dynamik von Systemen sind die Rückkopplungen. Wir unterscheiden dabei einerseits zwischen direkter und indirekter bzw. zwischen negativer und positiver Rückkopplung. Von *direkter Rückkopplung* sprechen wir, wenn zwei Grössen sich gegenseitig beeinflussen (vgl. Abb. 3.12). Eine *indirekte Rückkopplung* oder auch Rückkopplungsschleife ist dann gegeben, wenn mehrere Systemkomponenten in einer geschlossenen Kausalkette zusammenwirken (vgl. Abb. 3.14 und Abb. 3.15). Eine *negative Rückkopplung* liegt vor, wenn die Gesamtbewertung der Beziehungen negativ ausfällt. Entsprechend besteht bei positiver Gesamtbewertung eine *positive Rückkopplung*.

Das in Abb. 3.13 dargestellte Beispiel zeigt die Regelung des Wasserstandes in einem Behälter. Ein Schwimmer ist über einen Hebel mit einem Schieber verbunden, der den Wasserzulauf regelt. Je höher der Schwimmer mit dem Wasserspiegel steigt, desto geringer wird der Wasserzufluss. Wenn der Pegel den vorgesehenen Höchststand erreicht, wird der Zulauf geschlossen. Sobald der Wasserspiegel sinkt, sinkt auch der Schwimmer und öffnet dadurch den Zulauf des Wassers wieder.

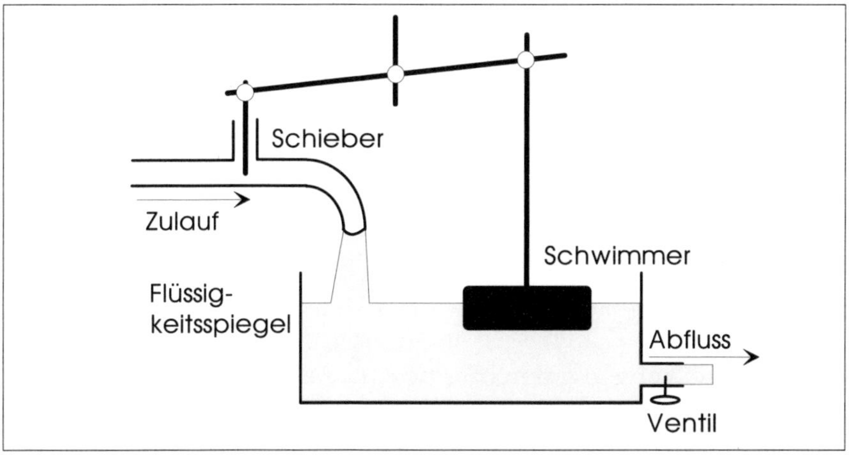

Abb. 3.13 Regelung des Wasserstandes in einem Behälter

Aus dem Wirkungsdiagramm des Beispiels in Abb. 3.14 ersehen wir drei gleichgerichtete und eine entgegengerichtete Beziehung. Die Gesamtbeurteilung des Systems zeigt somit eine negative Rückkopplung. Dass dadurch eine stabilisierende Situation entsteht, wird beim gedanklichen Durchlaufen der Schleife klar. Es gelten die folgenden Überlegungen: Je höher der Schwimmer, desto tiefer der Schieber; je tiefer der Schieber, desto geringer der Zulauf; je geringer der Zulauf, desto tiefer der Flüssigkeitsspiegel; je tiefer der Flüssigkeitsspiegel, desto tiefer der Schwimmer. Beim zweiten Durchlauf drehen sich nun die Tatsachen um: Je tiefer der Schwimmer, desto höher der Schieber etc. Offensichtlich sind wir nach zweimaligem Durchlaufen wieder bei der Ausgangssituation angelangt, und der Regelungsprozess kann von vorne beginnen.

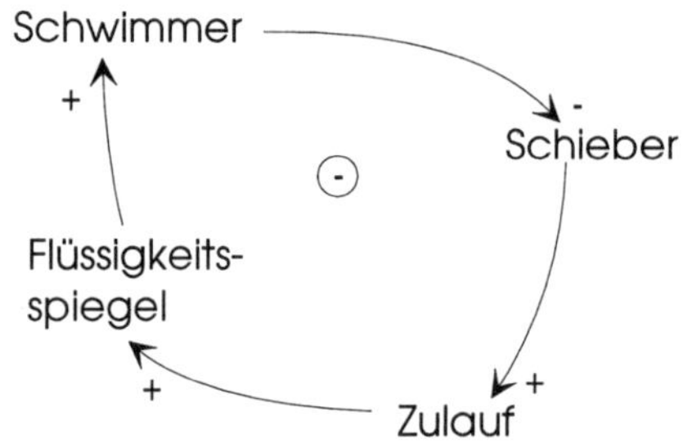

Abb. 3.14 Regelung durch negative Rückkopplung

Eine negative Rückkopplung stabilisiert ein System auf ein Fliessgleichgewicht, während eine positive Rückkopplung eine gleichgerichtete Verstärkung (Eskalation) oder Abschwächung für das Gesamtsystem bedeutet. Eine positive Rückkopplung darf nicht mit einer positiven Entwicklung des Systems gleichgesetzt werden. Wie das Beispiel eines Zeitungsverlages in Abb. 3.15 zeigt, kann sich eine positive Rückkopplung durchaus negativ auf die Systementwicklung auswirken. Man überlege sich beispielsweise, was bei einer rezessionsbedingten Abnahme des Anzeigenaufkommens geschieht.

Negative und positive Rückkopplungen wirken sich überall in unserer Umwelt aus. Insbesondere die negativen Rückkopplungen sind dafür verantwortlich, dass die Welt nicht aus den Fugen gerät. Das Beispiel einer Schaukel demonstriert den Normalzustand der physikalischen Welt: je höher man die Schaukel treibt, je weiter man sie von ihrem Ruhezustand wegbewegt, desto schwerer wird es, sie weiterzutreiben, desto stärker zerrt die Schwerkraft an ihr. Eine Schaukel mit positiver Rückkopplung hätte die interessante Eigenschaft, dass sie nur einmal angestossen zu werden braucht und dann bei jeder Schwingung einen Impuls erhält, der immer stärker wird, je weiter/höher die Schaukel ausschwingt.

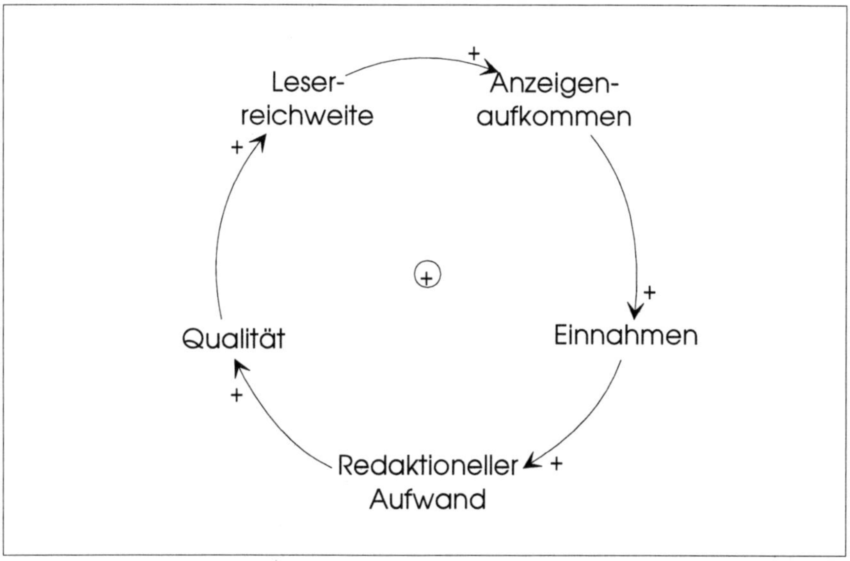

Abb. 3.15 Positive Rückkopplung führt zu Verstärkung oder Abschwächung

Wirkungsgefüge

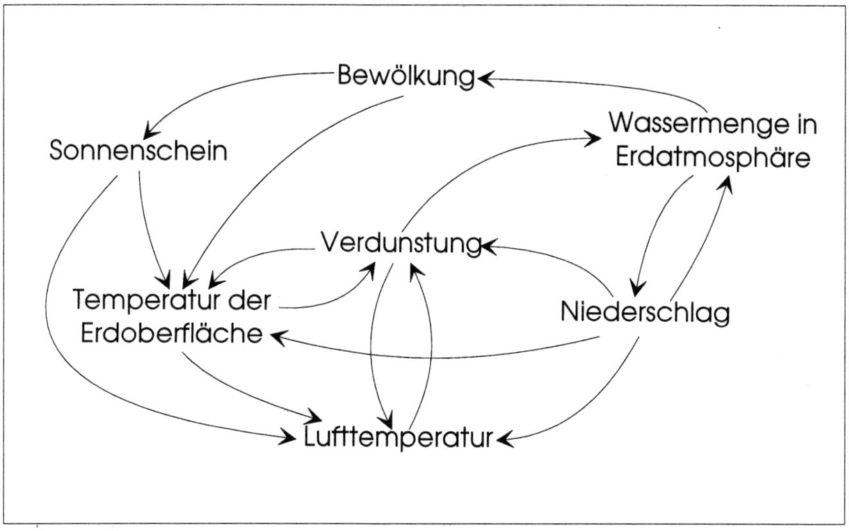

Abb. 3.16 Beispiel eines Wirkungsgefüges: Wasserhaushalt der Erdatmosphäre

Im allgemeinen sind die Beziehungen zwischen den Komponenten eines Systems nicht nur auf Kausalketten beschränkt. Vielmehr können auf eine Komponente mehrere andere Komponenten einwirken, oder umgekehrt kann eine Komponente auf weitere Komponenten wirken. Die graphische Darstellung eines solchen Netzwerkes von Beziehungen wird *Wirkungsgefüge* genannt. In Abb. 3.16 ist das Wirkungsgefüge für den Wasserhaushalt der Erdatmosphäre dargestellt.

3.3.3 Beurteilung von Zustandsveränderungen

Studieren wir den zeitlichen Verlauf von Systemzuständen, so finden wir immer wieder ähnliche Entwicklungsmuster (vgl. Abb. 3.17). Viele natürliche Systeme schwingen zyklisch oder haben stabilisierende Tendenz. Beide Verhaltensformen haben ihre Ursache in negativen Rückkopplungen. Dagegen führen positive Rückkopplungen entweder zu exponentiellem Wachstum (aufschaukelnde Wirkung) oder zu exponentiellem Zerfall (hemmende Wirkung).

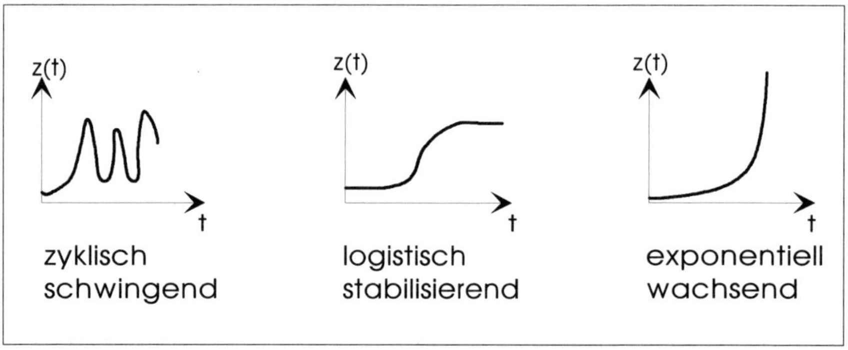

Abb. 3.17 Charakteristische Veränderung von Systemzuständen

Das zeitliche Verhalten eines Systems lässt sich somit qualitativ abschätzen, wenn man alle beteiligten Wirkungen und insbesondere die Rückkopplungsschleifen bewertet. Die Verhältnisse sind aber nicht immer ganz eindeutig. Kommen beispielsweise in einem Wirkungsgefüge sowohl negative wie auch positive Rückkopplungen vor, so ist nicht mehr eindeutig, welche Entwicklungstendenz die Oberhand hat. In einem solchen Fall kann das dynamische Systemverhalten etwa mit einem Simulationsmodell genauer untersucht werden.

Für den zeitlichen Verlauf eines Systemzustandes spielt aber nicht nur die Art der Wirkungen eine Rolle. Ebenso von Bedeutung ist, ob die beteiligten Komponenten sofort oder erst mit Verzögerung reagieren. So kann etwa bei einem gezielten Eingreifen in ein System eine zu schnelle oder zu langsame Reaktion den erwünschten Effekt durchaus in sein Gegenteil verkehren.

Die Bedeutung von Zeitverzögerungen in rückgekoppelten Systemen wird am folgenden Beispiel klar: Ein Auto macht einen leichten Schlenker. Reagiert nun der Fahrer mit zu grosser zeitlicher Verzögerung, so erfolgt die Korrektur nach der einen Richtung immer erst, wenn sie bereits in der anderen Richtung notwendig gewesen wäre. Aus dem leichten Schlenker wird ein Schlingern, aus diesem ein Schleudern, bis der Wagen im Graben landet. Die Gefahr der zu frühen oder zu späten Steuerung beim Autofahren nimmt mit der wachsenden Fahrgeschwindigkeit exponentiell zu! Die negative Rückkopplung - als Gegensteuerung zur Stabilisierung der Situation gedacht - wirkt in der geschilderten Situation nicht dämpfend, sondern verstärkend und erhält damit ähnliche Eigenschaften wie eine positive Rückkopplung (vgl. Abb. 3.18).

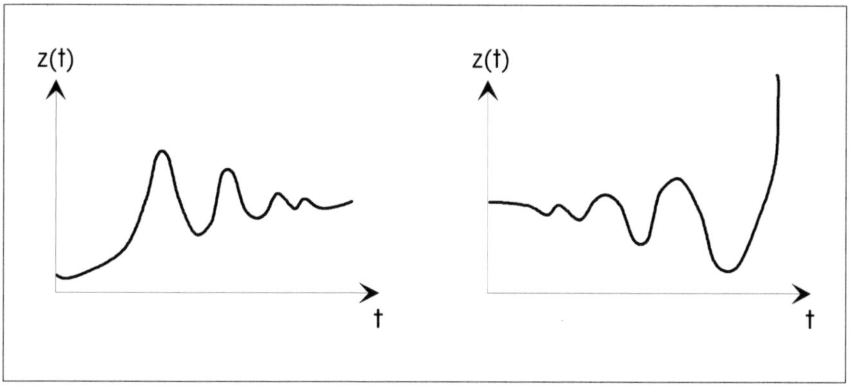

Abb. 3.18 Zeitliches Verhalten negativ rückgekoppelter Systeme: Stabilisierend oder aufschaukelnd wegen verzögerter Reaktion

Die Ergebnisse von dynamischen Prozessen sind prinzipiell erst in einer zeitlichen Betrachtung ersichtlich. Für die Erkennbarkeit der Veränderungen ist jedoch die Reaktionsgeschwindigkeit entscheidend. Unter Umständen sind Prozesse derart langsam, dass wir sie in unserem menschlichen Zeitempfinden nicht erkennen können. Zum Beispiel verändert sich die Zusammensetzung unserer Atmosphäre durch Emissionen der Industriegesellschaften klar messbar, aber für uns Menschen kaum nachvollziehbar. Die dadurch bedingte Klimaveränderung hat via Rückkopplung weiterreichende Konsequenzen: Das Abschmelzen der polaren Eiskappen, das Auftauen von Permafrostgebieten oder das Absterben von Wäldern sind Vorgänge, welche sich über die Temperaturerhöhung selbst verstärken. Durch die Ausdünnung der Ozonschicht wird das Phytoplankton in den Meeren geschädigt, dadurch wird eine gewaltige Kohlenstoffsenke in ihrer Aufnahmefähigkeit beeinträchtigt. Die vorgenannten positiven Rückkopplungsprozesse erhalten einen weiteren Antrieb.

Dass diese Vorgänge nichts anderes sind als eine «Explosion», können wir nicht erkennen, weil sie sich nicht in einem menschlichen, sondern in einem geologischen Zeitmassstab abspielen. Mit einem Kunstgriff lassen sich die Zeitdimensionen deutlich machen: Um den geologischen Ablauf in den menschlichen Erfahrungshorizont zu projizieren, rechnen wir das Alter des Sonnensystems und der Erde (rund 4,6 Mia. Jahre) in ein Menschenalter von 92 Jahren um. Dann erscheinen nach vier Jahren dieses Lebens die ersten Ozeane auf dem nackten und kahlen Planeten, nach zehn Jahren treten die ersten Moleküle auf, die sich verdoppeln können, nach 20 Jahren gibt es die ersten primitiven Zellen und beginnt die Bildung der Ozonschicht, nach 52 Jahren erscheint die erste Zelle mit Zellkern. Nach 82 Jahren steigt das Leben aus dem Wasser und erobert das Land. Die Dinosaurier verschwinden im 91. Lebensjahr, und der Mensch erscheint eine Woche vor Ablauf dieses Lebens auf der Bildfläche. Die Zivilisation beginnt eine Stunde vor dem Ende, für die industrielle Revolution (200 Jahre) bleiben noch zwei Minuten, und die 50 Jahre, in denen sich die augenblicklichen und bevorstehenden Klimaveränderungen abspielen, stellen gerade nur 30 Sekunden dar! Wenn also die genannten Rückkopplungsschleifen, für die es deutliche wissenschaftliche Hinweise gibt, schon wirksam sind und wenn es keine uns bekannten Mechanismen der Gegensteuerung gibt, befinden wir uns in den ersten Sekunden einer Explosion!

3.3.4 Erstellen einer Wirkungsmatrix

Bisher haben wir positive und negative Wirkungen unterschieden und dabei vernachlässigt, dass die *Wirkungsintensität* variieren kann. Wir haben bisher ebenfalls darauf verzichtet, systematisch zu überprüfen, ob allenfalls Wirkungsbeziehungen vergessen worden sind. Diese beiden Aspekte können mit Hilfe einer sogenannten Wirkungsmatrix (vgl. Abb. 3.20) berücksichtigt werden.

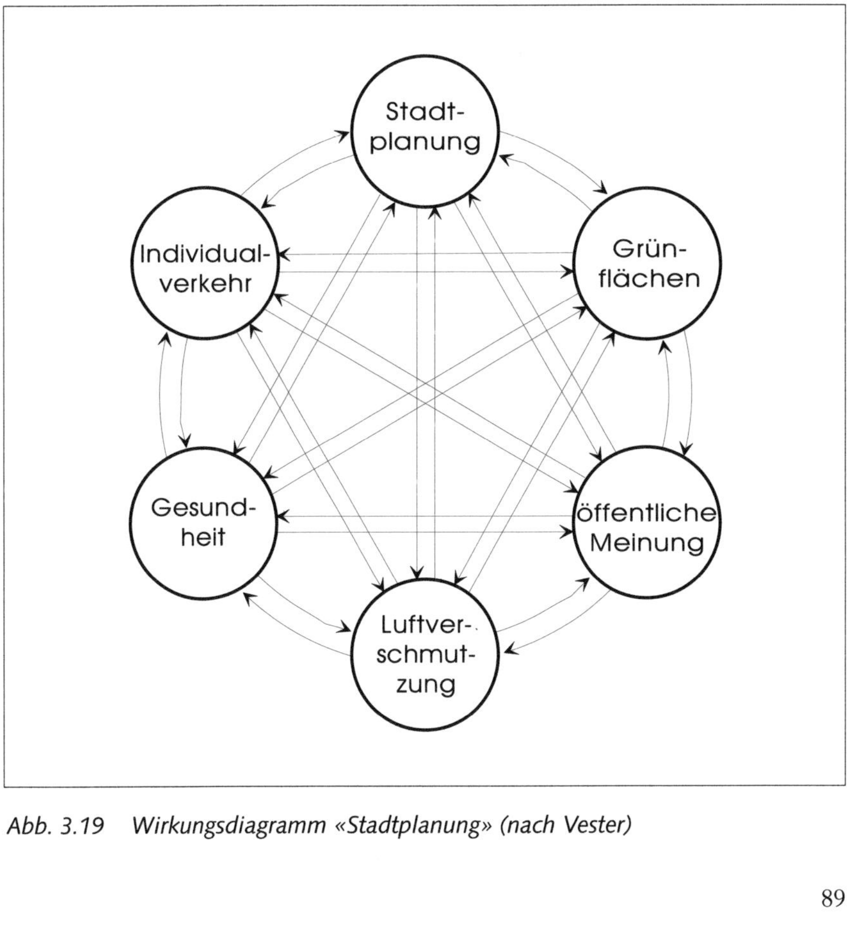

Abb. 3.19 Wirkungsdiagramm «Stadtplanung» (nach Vester)

Wirkung von ∨ auf >		A	B	C	D	E	F	AS	P
Stadtplanung	A		3	0	0	2	1	6	48
Grünflächen	B	0		2	2	0	1	5	25
Luftverschmutzung	C	2	1		3	0	2	8	40
Gesundheit	D	2	0	0		0	1	4	24
Individualverkehr	E	2	0	3	1		1	6	36
öffentliche Meinung	F	2	1	0	1	3		7	42
PS		8	5	5	6	6	6		
Q		0.8	1.0	1.6	0.7	1.0	1.2		

Legende: AS = Aktivsumme
PS = Passivsumme
Q = Quotient (AS/PS)
P = Produkt (AS*PS)

Abb. 3.20 Wirkungsmatrix «Stadtplanung» (nach Vester)

Anhand eines Beispiels soll das Vorgehen zum Erstellen einer solchen Wirkungsmatrix erläutert werden. Abb. 3.19 zeigt das zu analysierende System mit allen theoretisch möglichen Wirkungsbeziehungen. Einige dieser Beziehungen sind gar nicht oder bloss indirekt vorhanden, andere wirken mit geringer, mittlerer oder gar grosser Intensität. In einem ersten Schritt wird folglich entschieden, ob ein Element überhaupt auf ein anderes wirkt, und wenn ja, die Intensität dieser Wirkung beurteilt.

Die Beurteilung der Intensität ist oft schwierig und nicht absolut exakt bestimmbar. Für eine grobe Beurteilung reicht es aber vollkommen aus, wenn die Wirkungen in vier Intensitätsstufen klassifiziert werden:

keine direkte Einwirkung = 0
schwache Einwirkung = 1
mittlere Einwirkung = 2
starke Einwirkung = 3

Die Bewertung der einzelnen Wirkungen wird nun in eine Wirkungsmatrix eingetragen (vgl. Abb. 3.20). Dabei wird die Frage gestellt, wie intensiv ein «Zeilen-Element» auf ein «Spalten-Element» wirkt. In unserem Beispiel wirkt sich etwa die Stadtplanung auf die Grünflächen stark aus. Für jede der $(n*(n-1))$ möglichen Wirkungen wird nun systematisch ein Wert in die Wirkungsmatrix eingetragen. Da es letztlich das Ziel der Wirkungsanalyse ist, eine Aussage bezüglich der Rolle der einzelnen Systemkomponenten machen zu können, berechnen wir vier weitere Grössen:

- Die Summe jeder Zeile ergibt die sogenannte *Aktivsumme* für jede Systemkomponente. Sie gibt Auskunft über die Stärke, mit der eine Komponente die anderen *beeinflusst*. Je höher dieser Wert ausfällt, desto stärker wirkt die Komponente auf andere.
- Die Summe jeder Spalte ergibt die *Passivsumme* für jede Systemkomponente. Sie gibt darüber Auskunft, wie stark eine Komponente von den anderen *beeinflusst* wird. Je höher dieser Wert ausfällt, desto stärker wird diese Komponente von den anderen bestimmt.
- Das *Produkt* von Aktiv- und Passivsumme zeigt die *Vernetzungsintensität* auf. Je höher dieser Wert ausfällt, desto stärker ist die Komponente in das Wirkungsgefüge eingebunden.
- Der *Quotient* als Ergebnis der Division von Aktivsumme durch Passivsumme ergibt den *Aktivitätsgrad* für jede Komponente. Ein kleiner Quotient $(Q<1)$ bedeutet offensichtlich, dass die Einwirkung auf eine fragliche Komponente stärker ist als die Wirkung, welche diese auf andere Komponenten ausübt. Die umgekehrte Aussage gilt für grosse Quotienten.

Bevor wir erläutern, welche Schlussfolgerungen sich nun aus den berechneten Grössen ziehen lassen, gilt es an dieser Stelle, einige einschränkende Bemerkungen zum vorgestellten Verfahren zu machen:

- Die Qualität der Wirkungen wurde vernachlässigt, d.h. die ursprüngliche Berücksichtigung der positiven oder negativen Kopplung wurde bei der Bewertung nicht berücksichtigt. Durch eine Aufteilung in fördernde und hemmende Wirkungen liesse sich dieser Umstand beheben. Der Einbezug einer derart detaillierten Vorgehensweise sprengt aber den Rahmen dieser Einführung.

- In unseren Betrachtungen sind wir davon ausgegangen, dass alle Beziehungen in gleichen Zeiträumen wirken. Die Erfahrung lehrt aber, dass gewisse Einflussgrössen sehr rasche Veränderungen zeitigen können und dass andere erst mit einer recht grossen Zeitverzögerung aktiv werden. In einer verfeinerten Analyse könnte diese zeitliche Dimension berücksichtigt werden, indem die Wirkungen in die drei Kategorien kurz-, mittel- und langfristig eingeteilt und die Auswirkungen auf das Gesamtsystem unter diesem zusätzlichen Aspekt analysiert werden.
- Die Wirkungsbeziehungen wurden bisher als konstant angenommen. Diese Vereinfachung ist aber oft nicht zulässig. Unter Umständen verändert sich eine Beziehung im Verlaufe der Zeit. Beispielsweise reagieren chemische Substanzen desto heftiger, je höher die Temperatur ist; wird aber eine bestimmte Temperatur überschritten, so wird die Reaktion gehemmt. Hier ist eine Beschreibung in der Form «je höher die Temperatur, desto heftiger die Reaktion» nicht angebracht. Derartig variable Wirkungsbeziehungen lassen sich mit dem hier vorgestellten Werkzeug der Wirkungsanalyse nicht beschreiben. Hierzu müssten zum Beispiel moderne Werkzeuge der Computersimulation eingesetzt werden.

3.3.5 Auswerten und Interpretieren

Es stellt sich nun die Frage, welche Schlüsse aus der Wirkungsmatrix gezogen werden können. Grundsätzlich lassen sich gemäss den jeweiligen Quotienten und Produkten vier verschiedene Typen von Systemkomponenten unterscheiden:

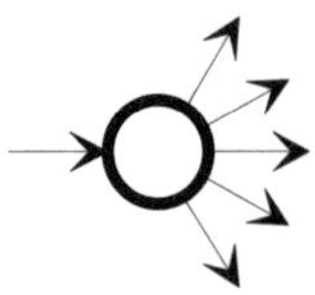

Aktive Komponenten (Q>1):
Von solchen Komponenten gehen sehr viele Wirkungen auf die übrigen Systemkomponenten aus. Sie selbst werden allerdings gleichzeitig kaum von den anderen Komponenten des Systems beeinflusst.

Passive Komponenten (Q<1):
Sie gehören zu den Komponenten, die das betrachtete System sehr schwach beeinflussen, von diesem aber sehr stark beeinflusst werden. Veränderungen im System wirken sich also vornehmlich bei ihnen aus, ohne dass dies dann auf das übrige System verändernd zurückstrahlt.

Stark vernetzte Komponenten (P gross):
Solche Komponenten sind über eine grosse Zahl von Wirkungen in ein System eingebunden. Sie wirken selber stark auf andere Systemkomponenten, sind aber auch von diesen leicht beeinflussbar.

Schwach vernetzte Komponenten (P klein):
Diese Systemkomponenten beeinflussen die übrigen Komponenten und damit das Gesamtsystem nur schwach. Sie werden selber auch nur sehr schwach beeinflusst.

Um den Sachverhalt zu veranschaulichen, werden Produkt und Quotient von jeder Komponente als Koordinatenpaar interpretiert und in ein Koordinatensystem eingetragen (vgl. Abb. 3.21). Links liegen dann offenbar die passiven Komponenten mit kleinem Quotienten, rechts die aktiven mit grossem Quotienten. Die Trennlinie zwischen aktiv und passiv kann einfach gefunden werden. Aktive Grössen weisen einen Quotienten grösser als eins auf, entsprechend ist bei passiven Grössen der Quotient kleiner als eins. Analog liegen im unteren Teil die weniger vernetzten und im oberen Teil die stärker vernetzten Komponenten. Hier ist die Trennlinie schwieriger zu definieren, da der Wertebereich für die Produkte abhängig ist von der Anzahl gewählter Systemkomponenten. Eine Möglichkeit besteht darin, die neutrale Linie durch den Schwerpunkt sämtlicher Produktewerte zu legen.

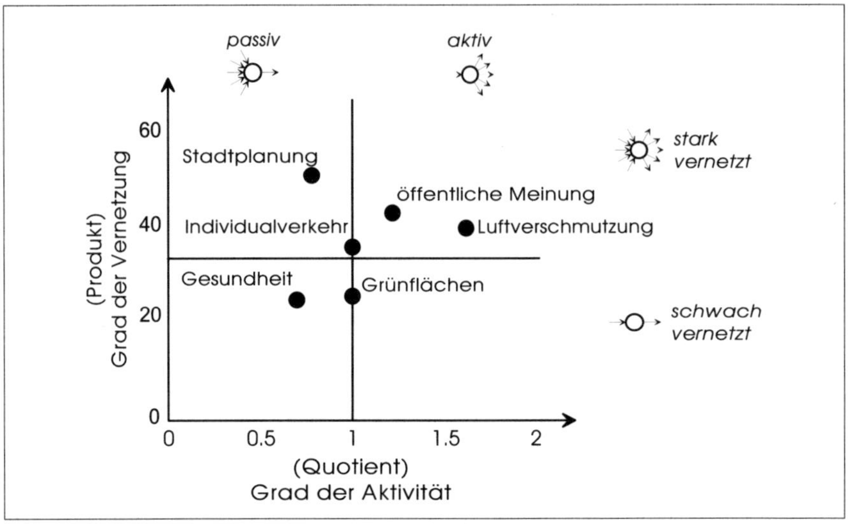

Abb. 3.21 Aktivitäts-Vernetzungs-Diagramm «Stadtplanung»

Das Aktivitäts-Vernetzungs-Diagramm dient uns nun zur Interpretation der verschiedenen Rollen, welche die einzelnen Komponenten im Gesamtsystem spielen können. Zur Charakterisierung der einzelnen Rollen haben wir das Diagramm in vier Felder eingeteilt (vgl. Abb. 3.22). Die Piktogramme sollen die Charakteristik der Komponenten in diesen Feldern hervorheben. Dabei symbolisieren dickere Pfeile eine stärkere, dünnere Pfeile eine schwächere Wirkung.

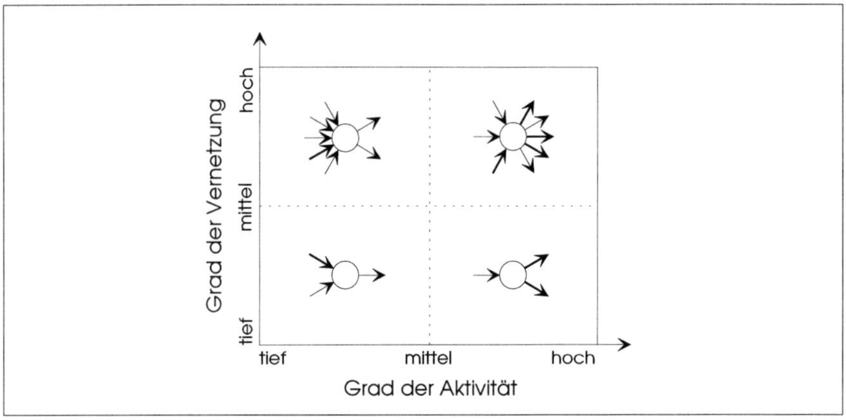

Abb. 3.22 Interpretation von Systemkomponenten

Die nachfolgende Beschreibung ist sehr allgemein gehalten und bloss als Interpretationshilfe gedacht. Von Fall zu Fall ist die Rolle der jeweiligen Komponenten aufgrund der konkreten Gegebenheiten genauer zu untersuchen. Die vier idealtypischen Rollen lassen sich wie folgt charakterisieren:

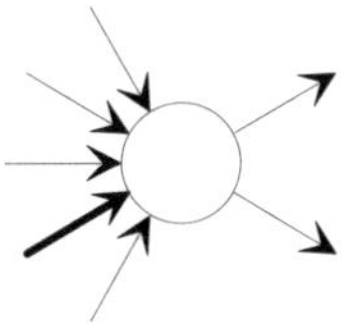

Stark vernetzte, wenig aktive Komponenten:

Auf solche Systemgrössen wird zwar durch andere Komponenten stark eingewirkt, selber geben sie aber die Wirkung nicht entsprechend weiter. Zustandsveränderungen des Gesamtsystems werden bei solchen Komponenten besonders deutlich. Sie können deshalb als Indikatorgrössen sehr nützlich sein. Dies führt aber auch dazu, dass man im Rahmen von Problemlösungen geneigt ist, gezielt bei diesen Komponenten anzusetzen. Wegen ihrer geringen Aktivität bleibt die beabsichtigte Wirkung jedoch oft aus. Diese Komponenten direkt durch Eingriffe zu verändern, kommt daher einer Symptombekämpfung gleich, die für die Gesamtkonstellation des Systems nur selten eine sofortige Verbesserung bringt.

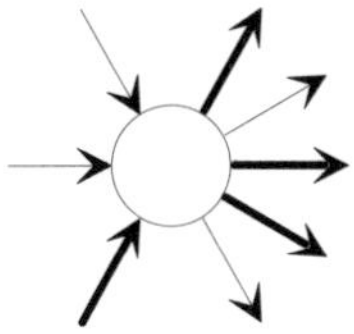

Stark vernetzte, aktive Komponenten:

Solche Komponenten sind über eine grosse Zahl von Wirkungen bzw. über sehr intensive Wirkungen in ein System eingebunden. Sie wirken oft als Beschleuniger von Entwicklungen. Sie aktivieren Prozesse, indem sie vorhandene Energien verstärken und weitergeben. Durch Rückkopplung kann dieser Effekt noch verstärkt sein. Da eine solche Komponente unter Umständen ein unkontrolliertes Aufschaukeln und als Folge gar ein Umkippen des Systems bewirken kann, ist bei einem Systemeingriff besondere Vorsicht geboten. Die Komponente ist möglichst mit «Samthandschuhen» und nach gründlicher Nebenwirkungsanalyse anzufassen, da sich sonst leicht unkontrollierbare Entwicklungen ergeben können.

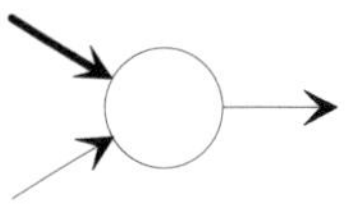

Schwach vernetzte, wenig aktive Komponenten:

Diese Grössen sind in der Regel von anderen Komponenten in geringem Masse abhängig und erzeugen selber wenig Wirkung im System. Einwirkungen auf diese Grössen wirken sich deshalb im System nur wenig und oft mit grosser Zeitverzögerung aus. Es sind diejenigen Komponenten, die auch bei stärkeren Änderungen der Gesamtkonstellation relativ konstant bleiben. Solche Komponenten zu verändern, wäre eine Symptombekämpfung ohne Wirkung auf den Rest des Systems. Hier gilt es aber, besonders auf die Stellung der Komponente innerhalb des Gesamtsystems zu achten. Es ist durchaus möglich, dass eine solche Komponente mit einer stark aktiven Grösse in Beziehung steht. In einem solchen Fall kann sich die Komponente als «Wolf im Schafspelz» auswirken, indem kleine Veränderungen letztlich an einer scheinbar unbedeutenden Stelle im System eine grosse Wirkung zeitigen.

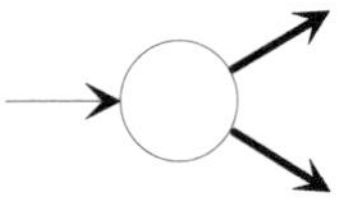

Schwach vernetzte, aktive Komponenten:

Solche Komponenten können zum Unruhestifter werden, wenn sie gezielt und stark auf andere Komponenten einwirken. Im Rahmen einer Problemlösung lässt sich diese Tatsache jedoch oft gewinnbringend nutzen. Dank der schwachen Vernetzung kann mit Hilfe solcher Komponenten eine gezielte Hebelwirkung erzeugt werden, ohne dass dabei unüberblickbare Nebeneffekte entstehen. In diesem Fall ist zu berücksichtigen, dass sich die Grösse aus dem System heraus kaum bewegen lässt und deshalb eher durch Eingriffe von aussen gezielt aktiviert werden muss.

3.4 Problemformulierung

Probleme erfolgreich erfassen und formulieren ist eine anspruchsvolle und heikle Aufgabe. Je breiter der Erfahrungsschatz, das Fachwissen und die Methodenkenntnisse sind, um so einfacher und rascher gelingt dies. Dabei sind Vergangenheit und Zukunft angemessen zu berücksichtigen. Zu starker Vergangenheitsbezug artet in Vergangenheitsbewältigung aus, bei zu starker Berücksichtigung der Zukunft können Lösungen entstehen, die zu wenig den gegebenen Rahmenbedingungen angepasst sind (vgl. Abb. 3.23).

Ziel der Problemformulierung ist es, die Erkenntnisse aus der Situationsanalyse zusammenzustellen und den Problemtyp zu charakterisieren. Damit erarbeiten wir uns eine Arbeitsgrundlage für die weiteren Schritte im Problemlösungszyklus. Auf die Dokumentation der Situationsanalyse als Teil der Problemformulierung gehen wir hier nicht näher ein. Wir richten im folgenden das Augenmerk auf zwei Aspekte der Problemformulierung, welche für die Problemlösung eine entscheidende Grundlage darstellen. Es handelt sich dabei einerseits um die Beurteilung des zugrundeliegenden Systemtyps und andererseits um die Beurteilung von Leistungsfähigkeit und Flexibilität des Systems.

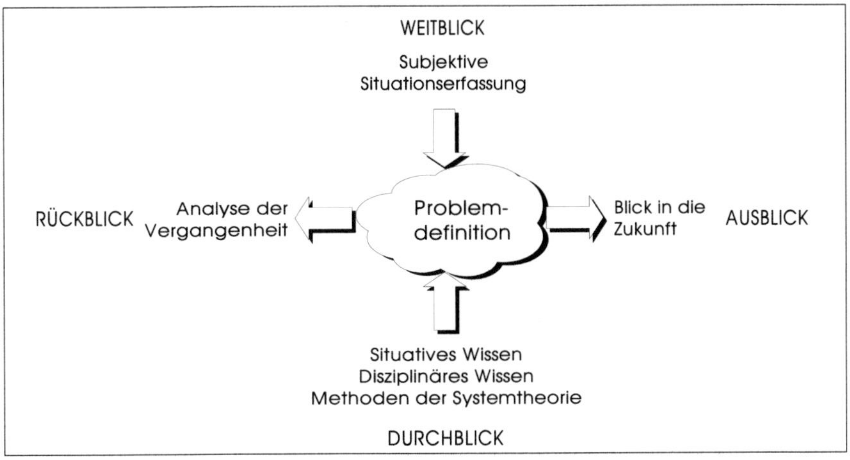

Abb. 3.23 Komponenten einer erfolgreichen Problemformulierung

3.4.1 Beurteilung des Systemtyps

Wie wir bereits früher gesehen haben, lassen sich Systeme nach dem Grad ihrer Kompliziertheit bzw. Komplexität klassifizieren. Da es sich sehr oft um Mischformen handelt, ist es naheliegend, die beiden Merkmale in einem sogenannten Portfolio darzustellen (vgl. Abb. 3.24). Die Charakterisierung der Problemformulierung erfolgt dann anhand dieser Typisierung. Mit Hilfe des Portfolios kann ebenfalls diskutiert werden, in welche Richtung das System weiterentwickelt werden soll. Es stellt sich dann etwa die Frage, ob ein kompliziertes System in seinen Eigenschaften gestärkt werden müsste (Anspruch auf Fehlerfreiheit) oder ob es in Richtung eines komplexen Systems weiterentwickelt werden sollte (Vergrösserung von Flexibilität und Fehlertoleranz).

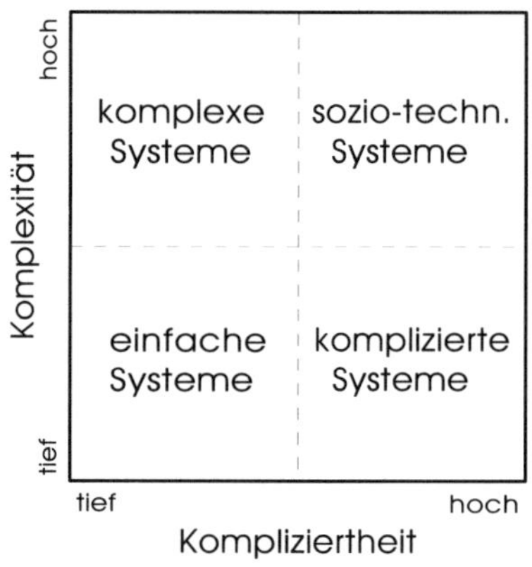

Abb. 3.24 Beurteilung des Systemtyps

Grundsätzlich lässt sich die Problemformulierung für die vier Systemtypen wie folgt charakterisieren:

- *Einfache Systeme:* Ist das System weder kompliziert noch komplex, ist eine systemische Chancen- und Problemformulierung nicht notwendig. Aktivitäten können ad hoc oder mit Routine bzw. Erfahrung vollzogen werden. Das heisst, dass die Methoden der Systemik in diesem Fall zu aufwendig und zeitraubend sind.

oskar weiss zu: « kompliziert oder komplex? »

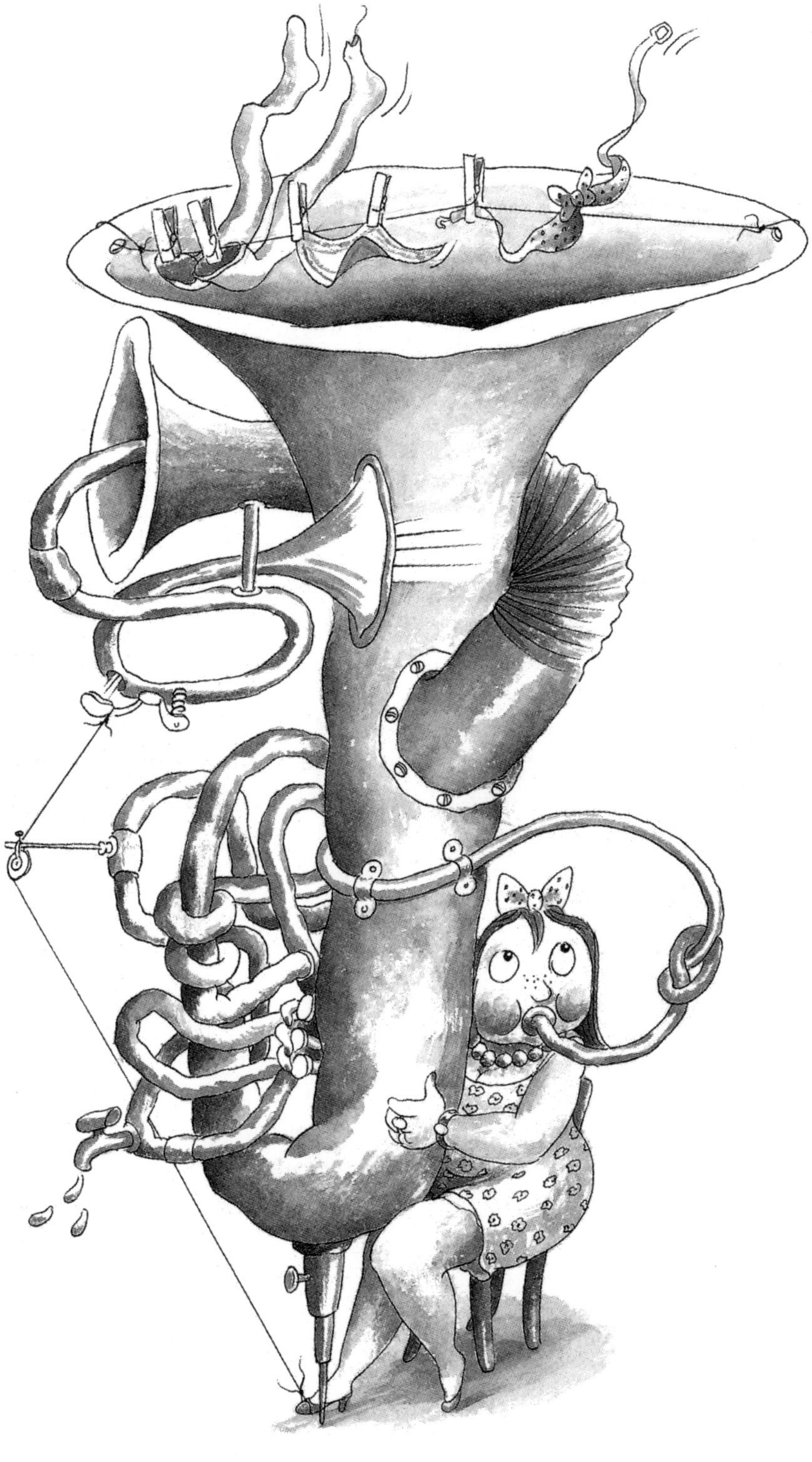

- *Komplizierte Systeme:* Handelt es sich bei unserer Problemsituation um ein rein technisches System, zum Beispiel um einen Computer, so liegen die Chancen im Bereich der Weiter- oder Neuentwicklung, und die Probleme liegen im Bereich des Reparatur- oder Störungsdienstes. Das System ist meist eindeutig abgrenzbar und kann – unter Umständen nach eingehender Analyse – auch klar überblickt werden. Der Einsatz der nachfolgenden Schritte der Systemik ist nur sinnvoll, wenn nach neuen Lösungen gesucht wird. Für reine Reparatur- oder Störungsdienste sind die fachspezifischen Methoden viel effizienter.
- *Komplexe Systeme:* Haben wir es mit einem komplexen System zu tun, zum Beispiel mit einem Arbeitsteam oder mit der Führung eines Projektes, so geht es neben den rein funktionalen Aspekten auch um Dinge wie Ethik, Entwicklung, Lebensfähigkeit, Qualität etc. Darum darf nicht nur eine dieser Ebenen thematisiert werden, das System muss eher allgemein, dafür ganzheitlich angegangen werden. In diesem Fall ist eine systemische Vorgehensweise angebracht.
- *Sozio-technische Systeme:* Handelt es sich um ein technisches System, welches zugleich einen hohen Komplexitätsgrad aufweist, zum Beispiel um die Entwicklung eines Produktes mit einer komplexen Mensch-Maschine-Schnittstelle, so müssen gleichzeitig sowohl technische Details als auch ganzheitliche Zusammenhänge behandelt werden. In diesem Fall ist es besonders wichtig, dass man sich bewusst macht, welche Teile der Problemsituation rein technischer Art sind und welche Teile etwas mit dem Menschen zu tun haben. Häufig wird der Fehler gemacht, dass man den ganzen Problembereich mit einem rein technisch-mechanistischen Denken angeht. Man vergisst oder unterschätzt dabei die Möglichkeit, dass sozio-technische Systeme im Unterschied zu rein technischen Systemen nicht nur ihren Zustand, sondern auch ihre Systemstruktur verändern können. Das bedeutet zum Beispiel, dass sich die Anforderungen eines Benutzers verändern können oder dass plötzlich neue Qualitätsnormen definiert werden. Bei der Problemformulierung sind deshalb vor allem jene Aspekte besonders zu berücksichtigen, welche später bei der Problemlösung auf Anpassbarkeit und Flexibilität hin konzipiert werden müssen.

3.4.2 Beurteilung von Leistungsfähigkeit und Flexibilität

Leistungsfähigkeit und Flexibilität sind zwei charakteristische Merkmale von Problemlösungen. Ihnen muss bei der Problemformulierung besondere Beachtung geschenkt werden. Leistungsfähigkeit eines Systems kann zum Beispiel heissen, dass ein Computer sehr schnell ist, dass eine Heizung eine gute Energiebilanz aufweist, dass mit einer Werkzeugmaschine eine grosse Stückzahl bearbeitet werden kann oder dass in einem Betrieb ein grosser Jahresumsatz gemacht wird. Flexibilität bedeutet dagegen, dass sich die Struktur des Systems an neue Gegebenheiten anpassen lässt. Das heisst zum Beispiel, dass ein Computer mit neuen Technologien ausgestattet werden kann, dass der Brenner einer Heizung sich durch modulare Erweiterung an die neuesten Abgaswerte anpassen lässt, dass die Werkzeugmaschine für neue Produktionsbereiche umrüstbar ist oder dass der Betrieb sich auf eine Marktsituation einstellen kann.

In Abb. 3.25 sind die beiden Merkmale in Form eines Portfolios einander gegenübergestellt. Auch hier besteht die Idee darin, dass im Rahmen der Problemformulierung das bearbeitete System positioniert wird und dass man sich darüber Gedanken macht, in welche Richtung man das System allenfalls verändern möchte. Die vier mit charakteristischen Namen versehenen Konstellationen lassen sich wie folgt beschreiben:

- *Gefahr:* Tiefe Leistung und tiefe Flexibilität bedeutet in der Regel, dass die Lebensfähigkeit des Systems längerfristig gefährdet ist. In einem «Turnaround-Management» muss versucht werden, die kritische Situation zu überwinden. Liegt eine Chance in der Erhöhung der Flexibilität oder eher in der Leistungssteigerung? Beide Qualitäten gleichzeitig zu erreichen, ist meist sehr schwierig.
- *Risiko:* Ist ein gegebenes System leistungsfähig, aber nicht sehr flexibel (z.B. Massenfertigung eines Produktes), liegen die Chancen in der Förderung der Flexibilität: Auf der sicheren Basis der Leistungsfähigkeit kann die Flexibilität verbessert werden. Probleme liegen allenfalls im Bereich der zukünftigen Erhaltung der Leistung. Ein entsprechendes «Risikomanagement» hat bei den

Chancen *und* den Problemen einen «Entwicklungsbedarf nach innen» zu formulieren: Wie erhöhen wir die Flexibilität im System und bewahren gleichzeitig die vorhandene Leistungsfähigkeit nach aussen hin?

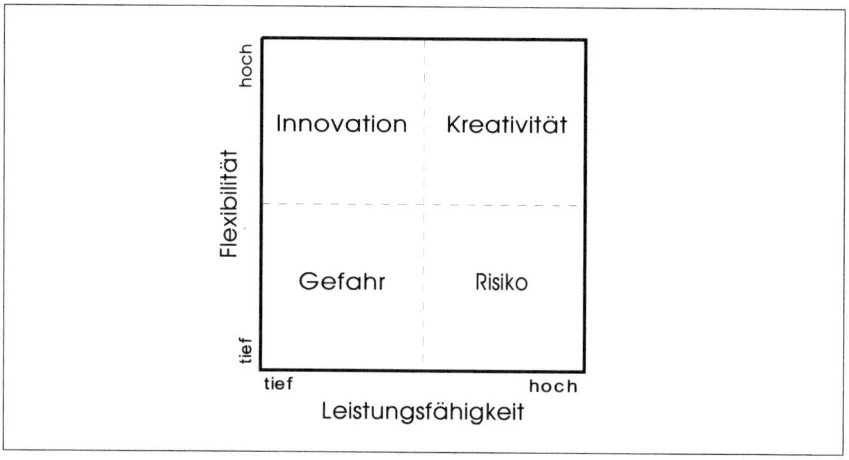

Abb. 3.25 Beurteilung von Leistungsfähigkeit und Flexibilität

- *Innovation:* Ist das System flexibel, aber nicht sehr leistungsfähig (z.B. vorhandenes, schlecht genutztes Know-how), so liegen die Chancen in der Förderung der Leistung. Im «Innovationsmanagement» stellt sich die Frage, wie neue Entwicklungen stabiler und leistungsfähiger werden können. Probleme ergeben sich dabei aber offensichtlich beim Erhalten der Flexibilität, die beim Übergang zu einer Spezialisierung gerne verlorengeht. Die Chancen- und Problemformulierung verfolgt somit den «Entwicklungsbedarf nach aussen»: Wie wird unser System leistungsfähiger und kann dabei trotzdem weiterhin flexibel auf Veränderungen in der Umwelt reagieren?
- *Kreativität:* Haben wir es mit einem System zu tun, das sich durch Flexibilität und Leistung auszeichnet, befinden wir uns in einer beneidenswerten Situation. Wir können kreativ unsere Chancen wahrnehmen und ausbauen. Mögliche Probleme sind in der Tatsache zu finden, dass Flexibilität und Leistungsfähigkeit ohne deren Pflege und Weiterentwicklung nicht erhalten bleiben.

Kontrollfragen

1. Erläutern Sie den Begriff «Problem».

2. Nennen Sie wesentliche Unterschiede zwischen den beiden folgenden Problemen:
   a) Während Sie Ihre Haare trocknen, ist bei ihrem Fön jeweils eine zunehmende Erhitzung des Gehäuses festzustellen.
   b) Die Arbeitsgruppe, in der Sie mitarbeiten, hat Mühe, die Termine einzuhalten.

3. Welche Schwierigkeiten sehen Sie bei der Formulierung von Problemsituationen, welche auf komplexen, vernetzten Systemen beruhen?

4. Nennen Sie verschiedene Tätigkeiten, welche bei einer Situationsanalyse nützlich sein könnten (wie z.B. Sammeln, Ordnen etc.).

5. Beschreiben und kommentieren Sie die wichtigsten Schritte der Situationsanalyse.

6. Bei der Abgrenzung einer Problemsituation kann man verschiedene Systembereiche unterscheiden. Erläutern Sie vier unterschiedliche Bereiche.

7. Welchem Zweck dient die Wirkungsanalyse, und wie wird eine Wirkungsanalyse durchgeführt?

8. Welche grundlegenden Regeln sind bei der Auswahl der Systemkomponenten zu beachten?

9. Beschreiben Sie die Funktionsweise der indirekten negativen und positiven Rückkopplung je anhand eines Beispiels.

10. Gibt es Maschinen, in welchen nur positive Rückkopplungen vorkommen?

11. Den Begriff «Eskalation» finden wir etwa im Zusammenhang mit politischen Entwicklungen. Beschreiben Sie ein Beispiel einer derartigen Eskalation in einem Wirkungsdiagramm.

12. Erläutern Sie ein selbstgewähltes Wirkungsgefüge mit mindestens einer positiven und einer negativen Rückkopplung.

13. Bewerten Sie Wirkungen und Rückkopplungen im folgenden Diagramm:

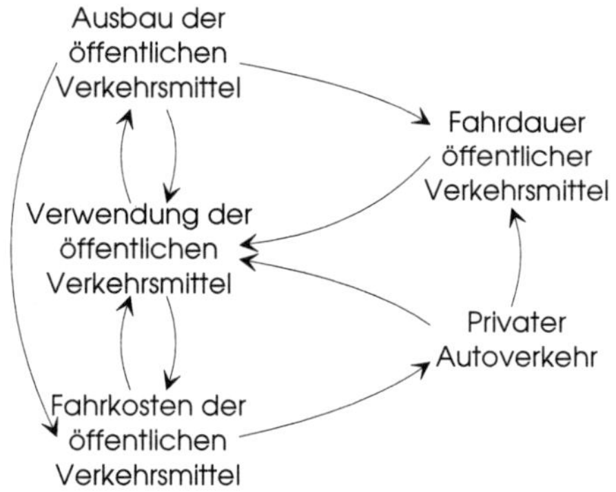

14. Erläutern und charakterisieren Sie den zeitlichen Verlauf des Systemzustandes in einem positiv bzw. negativ rückgekoppelten System.

15. Das folgende Wirkungsnetz stellt Zusammenhänge dar, welche bei der Karriereplanung von Bedeutung sind. Erstellen Sie eine Wirkungsmatrix:

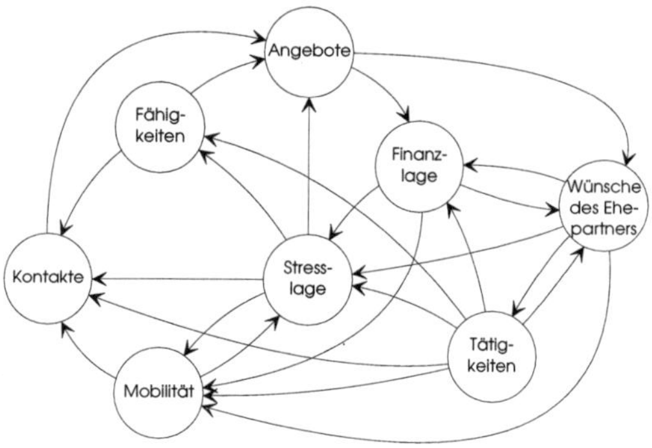

16. Werten Sie folgende Wirkungsmatrix aus:

Wirkung von ↓ auf →		A	B	C	D	E	F	G	H	AS	P
Fähigkeiten	A		2	0	2	1	2	2	2		
Kontakte	B	0		1	1	0	3	1	3		
Finanzlage	C	1	1		2	2	0	2	2		
Stresslage	D	3	3	0		1	0	2	2		
Mobilität	E	0	3	0	1		1	1	1		
Angebote	F	1	2	2	3	1		2	3		
Ehepartner	G	1	1	0	3	0	0		2		
Tätigkeiten	H	2	3	3	3	1	2	2			
PS											
Q											

17. Nennen Sie vier typische Rollen von vernetzten Systemkomponenten, und charakterisieren Sie diese Rollen in bezug auf Vernetzungsintensität und Aktivität.

18. Zeichnen Sie die folgenden Resultate einer Wirkungsanalyse in das Aktivitäts-Vernetzungs-Diagramm ein und interpretieren Sie das Rollenverhalten der vier extremen Elemente.

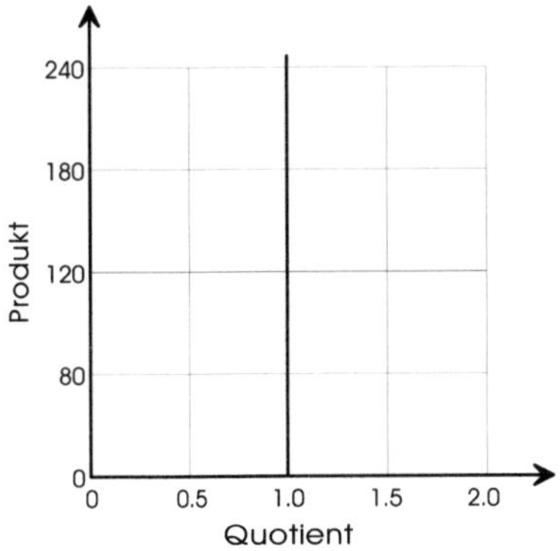

Wirkung von ↓ auf →		AS	P	PS	Q
Fähigkeiten	A	11	88	8	1.4
Kontakte	B	9	135	15	.60
Finanzlage	C	10	60	6	1.7
Stresslage	D	11	165	15	.73
Mobilität	E	7	42	6	1.2
Angebote	F	14	112	8	1.8
Ehepartner	G	7	84	12	.58
Tätigkeiten	H	16	240	15	1.1

19. Die Wirkungsanalyse haben wir durchgeführt, indem wir für die Beschreibung der Wirkungsbeziehungen drei Vereinfachungen angenommen haben. Erläutern Sie diese drei Vereinfachungen.

4 Problemlösung

Nachdem die vier Kollegen der Firma CASH-PROTECT es nach längeren Diskussionen schliesslich doch noch geschafft haben, die Problemsituation zu gliedern und die Wirkungszusammenhänge zu analysieren, stehen sie nun vor der Aufgabe, ihre bereits geäusserten Ideen zu ordnen und zu konkretisieren. Der beigezogene Sibo hat ihnen zum Schluss seiner Beratungstätigkeit noch den Tip gegeben, die trockene Büroatmosphäre einmal zu verlassen und die nächste Besprechung in einer Tiefgarage abzuhalten. Wir befinden uns deshalb zusammen mit dem Projektteam in der Einstellhalle eines grossen Einkaufszentrums.

Carole: «Ganz schön düster diese Atmosphäre, zum Glück habe ich drei Bodyguards bei mir.»

Matz: «Schaut, die haben sich aber immerhin schon etwas gedacht. Da drüben hat es reservierte Parkplätze für Behinderte.»

Luki: «Aber speziell erleuchtete Parkfelder für Frauen sehe ich keine, wie ich sie kürzlich in einer anderen Garage entdeckt habe.»

Rolf: «Richtig, Behinderte und Frauen sind hier wohl von Sicherheitsfragen in erster Linie betroffen. Welche Personengruppen müssen wir denn sonst noch in unsere Überlegungen einbeziehen?»

Matz: «Ich denke, es wäre sinnvoll, wenn wir ein paar Leute über ihre Sicherheitsbedürfnisse befragen würden.»

Nachdem die vier Kollegen mit verschiedenen Benutzern der Tiefgarage angeregte Gespräche geführt haben, treffen sie sich vor dem Ausgang der Garage wieder.

Carole *(nachdenklich)*: «Ich hätte nicht gedacht, dass so viele Leute sich hier unwohl fühlen.»

Rolf: «Ja, nach meinen Gesprächen glaube ich definitiv, dass wir mit unseren Sicherheitsanlagen ein echtes Bedürfnis abdecken könnten.»

Matz: «So werden wir nun doch endlich konkret! Ich brenne darauf, meine Idee mit den Wärmesensoren zu diskutieren.»

Luki: «Ja, aber vergiss bitte unser Projekt 'Künstliche Intelligenz' nicht!».

Rolf: «Halt, halt. Eines nach dem andern. Zunächst sollten wir uns wohl über die Ziele unseres Projektes Klarheit verschaffen, bevor wir einzelne Lösungsvarianten diskutieren.»

Nachdem wir in den vorangehenden Schritten der Situationsanalyse und Problemformulierung unsere Aufmerksamkeit mehrheitlich auf die Gesamtzusammenhänge des Problembereichs gerichtet haben, werden wir uns bei der nun folgenden Phase der Problemlösung eher mit spezifischen Aspekten des Zielsystems befassen. Abb. 4.1 macht deutlich, dass mit der Zielformulierung und der Überprüfung der Lebensfähigkeit die Phase der analytischen Tätigkeiten abgeschlossen wird. Bis zu diesem Zeitpunkt muss also klar sein, welchen Anforderungen die angestrebte Lösung genügen muss bzw. *was* das geplante System leisten soll. Erst in den beiden nachfolgenden Schritten geht es dann um Fragen des Entwurfes, d.h. um die Art und Weise, *wie* wir zu einer Lösung gelangen können.

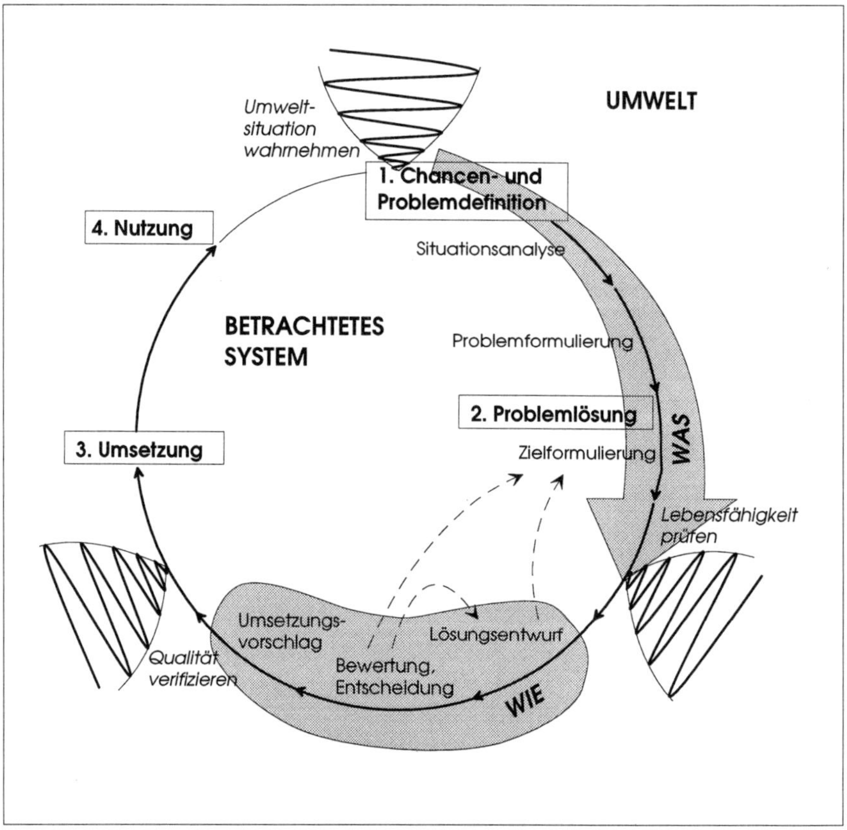

Abb. 4.1 WAS ist das Problem, und WIE lösen wir es?

Entsprechend Abb. 4.1 gliedert sich dieses Kapitel in zwei Teile. In den ersten zwei Kapiteln geht es um die Formulierung von Zielen und deren Überprüfung bezüglich Lebensfähigkeit. In den zwei weiteren Kapiteln werden Methoden des Lösungsentwurfs vorgestellt, und es wird gezeigt, wie man über die Bewertung verschiedener Lösungsvarianten schliesslich zum Lösungsentscheid gelangt.

4.1 Zielformulierung

Die Tätigkeit der Zielformulierung erfolgt im Projektablauf zu einem Zeitpunkt, in dem aufgrund des ursprünglichen Projektauftrages bloss vage Zielvorstellungen vorhanden sind und aus der Situationsanalyse erst allgemeine Randbedingungen für die spätere Problemlösung abgeleitet werden können. Eine umfassende Zielformulierung verfolgt deshalb den Zweck, die unscharfen Vorstellungen zu überprüfen, zu konkretisieren, zu ergänzen und zu bereinigen. Dieser Schritt ist insofern wichtig, als später die Qualität der erarbeiteten Lösungen an den hier formulierten Zielen gemessen wird. Wenn bereits die Ziele unklar sind, kann kein noch so intelligenter oder effizienter Entwicklungsprozess zu einem befriedigenden Ergebnis führen. Nach Lösungen suchen macht wenig Sinn, wenn wir unser Ziel nicht genau kennen. Oder mit Marc AUREL bildlich gesprochen: «Wer seinen Hafen nicht kennt, für den ist kein Wind ein günstiger.»

Im Zusammenhang mit der Zielfindung gilt es, funktionale und nichtfunktionale Ziele auseinanderzuhalten. Funktionale Ziele beschreiben Funktionseigenschaften des zu konzipierenden Systems. Zielformulierung in diesem Sinne bedeutet, gemeinsam mit dem Kunden bzw. Auftraggeber die Anforderungen an die zukünftige Lösung zu konkretisieren. Nichtfunktionale Ziele dagegen beschreiben allgemeine Qualitätsmerkmale der angestrebten Lösung. Sie haben nichts direkt mit der Funktionalität der Lösung zu tun, sondern beschreiben andere Zieldimensionen. Es geht dabei etwa um Fragen der Wartbarkeit, Erweiterbarkeit, Wiederverwendbarkeit oder ganz allgemein um Fragen der Lebensfähigkeit. Solche Fragen werden im nachfolgenden Kapitel 4.2 gesondert behandelt.

Der Aufbau dieses Kapitels orientiert sich an den verschiedenen Tätigkeiten der Zielsuche. In einem ersten Teil machen wir uns einige Gedanken über die am Zielfindungsprozess beteiligten Akteure. In den weiteren Unterkapiteln sprechen wir über Aspekte der Erarbeitung und Analyse. Und zum Schluss fassen wir die wichtigsten Merkmale bezüglich Formulierung und Operationalisierung von Zielen zusammen.

4.1.1 Beteiligte Akteure

Ziele sind nie wertfrei und objektiv bestimmbar. Ihre Formulierung ist immer abhängig von bestimmten Interessengruppen, wie zum Beispiel Kunden, Anwender, Entwickler, Produzenten, Verkäufer, Konsumenten, Geldgeber, Politiker, Umweltschützer etc. Auch der Erreichungsgrad des Ziels bzw. die Qualität der Lösung wird letztlich immer durch die betroffenen Akteure beurteilt. Es ist deshalb sehr wichtig, dass man sich diesbezüglich vor dem Start des Zielfindungsprozesses Gedanken macht. Insbesondere stellt sich die Frage, welche Personen in welcher Form in den Prozess einzubeziehen sind. Um die verschiedenen beteiligten Akteure zu eruieren, könnte man zunächst in einem Brainstorming (vgl. Kap. 4.3.3) eine ungeordnete Liste aller in irgend einer Form betroffenen Personen erstellen. Im Zusammenhang mit dem Bau einer Tiefgarage käme man dann vielleicht unter anderem auf Kinder, Behinderte, Hunde, Rollbrettfahrer, Frauen, Verbrecher, Feuerwehrleute, Graffitikünstler, Raucher, Reinigungspersonal etc. Diese Liste könnte man anschliessend nach Personen ordnen, welche man im Zusammenhang mit der Problemstellung ignorieren kann, und solchen, welche man in die Überlegungen mit einbeziehen muss. Die zweite Kategorie könnte man weiter unterteilen in Personen, welchen man freundlich gesinnt ist (Kinder, Behinderte, Frauen etc.), und solche, welchen man durch geeignete Massnahmen das Leben schwer machen möchte (Verbrecher, Graffitikünstler etc).

Unsere Vorstellungen bezüglich der Ziele werden bereits wesentlich konkreter, wenn wir uns von den potentiellen Benutzern oder Anwendern ein Bild machen können. Noch klarer werden unsere Vorstellungen, wenn wir mit den Beteiligten ins Gespräch kommen und über deren Anforderungen diskutieren. Aufschlussreich, aber leider oft mit viel Aufwand verbunden, ist die Möglichkeit, Wünsche und Ansprüche der Betroffenen durch eigene Erfahrungen aufzudecken. So wäre es für gewisse Architekten sicher heilsam, sich einmal auf einem Rollstuhl in eine Tiefgarage zu begeben. Oder ein Informatiker könnte viel konkretere Vorstellungen über die Anforderungen an eine geplante Buchhaltungssoftware entwickeln, wenn er ein paar Tage mit einem Buchhalter zusammenarbeiten würde.

4.1.2 Erarbeiten

Ziele beschreiben Anforderungen an ein geplantes Produkt oder eine mögliche Dienstleistung. Bei der Erarbeitung von Zielen müssen deshalb Vorstellungen über eine noch nicht existierende Situation entwickelt werden. Allgemeine Visionen werden konkreter, wenn man Funktionen und Eigenschaften des Zielsystems zu beschreiben versucht. Die Konkretisierung der Vorstellungen kann durch den Einsatz von Modellen unterstützt werden. Im folgenden erläutern wir diese Aspekte etwas genauer.

Allgemeine Gedanken über mögliche zukünftige Systemzustände werden etwa als Visionen bezeichnet. Die Hauptschwierigkeit bei der Entwicklung von *Visionen* liegt wohl darin, dass wir in unseren Denkmustern verhaftet sind. Wenn es beispielsweise darum geht, einen Stuhl zu entwerfen, so gehen wir automatisch von Bildern über uns bekannte Stühle aus. Wenn unser Nachdenken über die Zukunft zu stark von Normvorstellungen geprägt ist, so schaffen wir möglicherweise den innovativen Schritt nach vorne nicht. Bei der Entwicklung von Visionen müssen wir deshalb versuchen, auch unkonventionelle Ideen in unsere Überlegungen mit einzubeziehen. Wir werden in den nächsten Kapiteln eine Reihe von Techniken kennenlernen, welche uns diesbezüglich Unterstützung bieten. Es gelingt uns einfacher, uns von konventionellen Denkmustern zu lösen, wenn wir nicht über die Art und Weise eines Produktes nachdenken, sondern über dessen *Funktion.* Bei der Entwicklung eines neuen Stuhles steht ja effektiv nicht die Form im Zentrum, sondern die Tatsache, dass man auf einem Stuhl sitzen möchte. Es kann ein guter erster Schritt bei der Erarbeitung von Zielen sein, die Funktionen des Zielsystems zu definieren. Funktionen sind das «Was» eines Produktes. Es wird damit beschrieben, was mit einem Produkt erreicht werden kann. Eine Übersicht über die gewünschten Funktionen könnte man beispielsweise im Rahmen eines Brainstormings erhalten. Dabei stellen sich etwa folgende Fragen: Welches Produkt wünscht der Kunde? Was möchte der Benutzer mit dem Produkt machen können? Was ist der Zweck des Produkts? Diese Fragen sollen vorerst unabhängig von Überlegungen bezüglich Realisierbarkeit oder Finanzierbarkeit beantwortet werden. Die Antworten sollen auch keine vorzeitigen Annahmen beinhalten. Wenn das Produkt beispielsweise ein Wasserkessel ist und die gewünschte Funktion eine Anzeige für kochendes Wasser, so spielt die Art der Anzeige (akustisch, optisch) vorläufig keine Rolle.

Neben den Funktionen sind die *Eigenschaften* des Zielsystems ein wichtiges Kriterium für die Zielformulierung. Eigenschaften sind vom Kunden gewünschte Charakteristika bzw. Attribute des Zielsystems. Zwei Produkte können genau die gleiche Funktion aufweisen, aber ihre Eigenschaften machen sie komplett unterschiedlich. Ein Ferrari hat mehr oder weniger die gleiche Funktionalität wie ein Fiat, aber ganz unterschiedliche Eigenschaften. Hier kann eine Liste der gewünschten Eigenschaften wiederum mit Hilfe eines Brainstormings erstellt werden. Eigenschaften für den Teekessel könnten beispielsweise sein: benutzerfreundlich, kostengünstig, energiesparend, gut aussehend, handlich, pflegeleicht etc. Bei der Formulierung von Eigenschaften ist darauf zu achten, dass Mehrdeutigkeiten eliminiert werden. So ist beispielsweise unklar, ob sich die Eigenschaft «kostengünstig» auf die Entwicklungskosten, die Herstellungskosten, den Verkaufspreis oder die Wartungskosten bezieht.

Um sich bei der Arbeit mit Funktionen und Eigenschaften von den gängigen Denkmustern zu lösen und die Gedanken trotzdem um ein konkretes Objekt kreisen zu lassen, sind *Modelle* ein nützliches

Hilfsmittel. Wir müssen uns aber immer bewusst sein, dass wir uns mit Modellen alle Vor- und Nachteile eines Phantasieproduktes einhandeln. Wenn wir ein Modell erstellen, sind wir zwar einerseits nicht auf das beschränkt, was bereits existiert, es besteht jedoch andererseits die Gefahr, dass wir Modelle ohne jeglichen Realitätsbezug konstruieren.

Modelle sind eine gute Schnittstelle für die Kommunikation mit dem Auftraggeber oder Anwender (vgl. Kap. 2.3). Anhand von modellhaften Vorstellungen ist es viel einfacher, Missverständnisse bezüglich den Anforderungen aufzudecken und die unterschiedlichen Sichtweisen der beteiligten Personen auf einen gemeinsamen Nenner zu bringen. So kann beispielsweise der Kunde einer Softwarefirma anhand des Prototyps einer Benutzeroberfläche bereits eine gute Vorstellung über das Endprodukt erhalten. Funktionen und Eigenschaften können anhand von simulierten Benutzerabläufen anschaulich diskutiert werden. Ebenso helfen Modelle etwa in der Architektur, Wünsche und Vorstellungen des Kunden zu konkretisieren. Der Kunde kann direkt auf den Entwurf zeigen und sagen: «Ja, genau so möchte ich das haben!» oder «Nein, was soll denn das hier?»

Grundsätzlich kommt für die Modellierung jede Darstellungsform in Frage, welche die wesentlichen Charakterzüge des Zielsystems wiedergibt. Über die Wahl einer ganz spezifischen Modellierungsform wird in den verschiedenen technischen Fachbereichen oft heftig debattiert. Jeder Vertreter eines bestimmten Ansatzes behauptet dann, seine Darstellungsform sei besonders verständlich. Da man grundsätzlich Zugang zu jeder Darstellungsform findet, wenn man sich genügend lange damit beschäftigt, ist diese Argumentation wenig relevant. Vielmehr sollte man sich bei der Wahl eines Ansatzes nach der Einfachheit richten. Da es sich bei vielen der am Zielfindungsprozess beteiligten Personen um Laien handelt, sollten möglichst allgemeinverständliche Werkzeuge gewählt werden. Modelle bringen in den frühen Projektphasen dann den grössten Nutzen, wenn jeder Beteiligte sie rasch verstehen kann.

Die Verwendung von Modellen während der Zielsuche führt gerne dazu, dass die modellierten Vorstellungen mit den realen Systemanforderungen verwechselt werden. Wenn sich die beteiligten Personen zu lange mit Modellen befassen, glauben sie mit der Zeit, dass Modell und Realität identisch sind. Weil Anforderungen nur bezüglich der Realität formuliert werden können, macht der Einsatz von Modellen im Zielfindungsprozess nur dann Sinn, wenn die Gültigkeit der Modelle laufend überprüft wird. Bei einer zu grossen Abweichung zwischen Realität und Modell kann eine alte Pfadfinderregel zu Rate gezogen werden: «Wenn die Karte und das Territorium nicht übereinstimmen, dann richte dich immer nach dem Territorium.»

4.1.3 Analysieren

Nachdem nun Funktionen und Eigenschaften des Zielsystems bekannt sind, müssen diese überprüft und analysiert werden. Es geht in diesem Schritt noch nicht darum, die Ziele abschliessend zu bestimmen. Vielmehr möchten wir uns aus der Menge der möglichen Teilziele eine Übersicht über den Zielraum verschaffen. Zudem muss dieser Zielraum aufgrund von allfälligen Zielkonflikten bzw. Kundenpräferenzen eingeschränkt werden.

In einem ersten Schritt werden aus den vorangehend erarbeiteten Eigenschaften potentielle *Teilziele* gewonnen. Dazu tragen wir zu jeder Eigenschaft die möglichen Merkmalsausprägungen zusammen. Nehmen wir als Beispiel wiederum den Teekessel mit der Funktion «Wasser zum Kochen bringen» und den Eigenschaften «benutzerfreundlich» und «gut aussehend». Ausprägungen der Eigenschaft benutzerfreundlich könnten sein, dass der Teekessel einen integrierten Deckel hat, dass er direkt am Stromnetz angeschlossen werden kann oder dass wir gar mit einem flexiblen Heizstab das Wasser in einem beliebigen Krug erhitzen können. Die Eigenschaft gut aussehend könnte man dahingehend interpretieren, dass teure Materialien, ausgefallene Farben oder spezielle Formen verwendet werden.

Die einzelnen Ausprägungen von Eigenschaften können als Teilziele verstanden werden. Die Menge aller Kombinationen von Teilzielen spannt den *Zielraum*, d.h. den Raum aller potentiellen Gesamtziele, auf. Da dieser Zielraum mit zunehmender Zahl von Teilzielen rasch ins Unermessliche wächst, ist ein Überblick über alle möglichen Ziele kaum realistisch. Ein Herumspielen mit möglichen Kombinationen vermittelt aber eine Charakterisierung des Zielraumes und kann durchaus zu neuen Ideen bezüglich der beabsichtigten Lösung führen. Erst wenn wir uns ein umfassendes Bild bezüglich des gesamten Zielraumes gemacht haben, werden einzelne Ziele beurteilt.

Bei der *Beurteilung* von Zielen sind einerseits Fragen der Machbarkeit und andererseits Zielkonflikte zwischen den Teilzielen zu berücksichtigen. Die Beziehung zwischen zwei Zielen kann komplementär, konkurrenzierend oder indifferent sein. Eine Zielbeziehung nennt man komplementär oder unterstützend, wenn durch die Erreichung des einen Ziels der Erfüllungsgrad des andern Ziels gesteigert wird. Führt hingegen die Erfüllung des einen Ziels zu einer Minderung des Zielerfüllungsgrades des zweiten Ziels, so spricht man von einer konkurrenzierenden Zielbeziehung (vgl. Abb. 4.2). Beeinflussen sich zwei Ziele gegenseitig nicht, so liegt eine indifferente oder neutrale Zielbeziehung vor. Besteht zwischen zwei Zielen eine Konkurrenz, so wird eine Gewichtung der beiden Ziele notwendig.

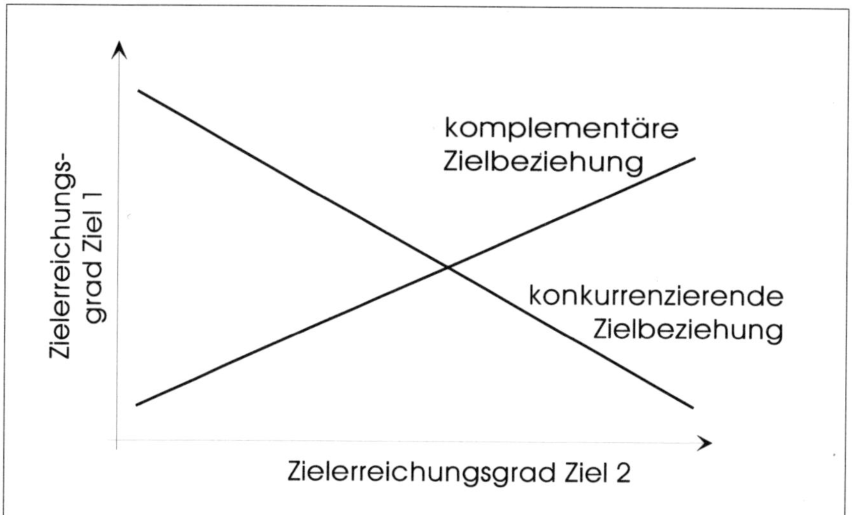

Abb. 4.2 Komplementäre und konkurrenzierende Zielbeziehung

4.1.4 Formulieren

Sobald Klarheit über die zu erreichenden Ziele herrscht, müssen diese möglichst klar und präzise formuliert und dokumentiert werden. Grundsätzlich ist die Zielformulierung so abzufassen, dass ein angestrebter Zustand oder eine Wirkung beschrieben wird, ohne die Art und Weise der Lösung zu präjudizieren. Umfangreichere Ziele werden sinnvollerweise hierarchisch geordnet. Sehr nützlich für die Zielabgrenzung ist auch eine Unterscheidung von Muss- und Sollzielen. Und schliesslich müssen die Ziele operationalisiert werden, damit am Ende eines Projektes der Grad der Zielerreichung bestimmt werden kann.

Sofern mehrere Ziele vorliegen, erweist sich der Aufbau einer *Zielhierarchie* als geeignetes Hilfsmittel (vgl. Abb. 4.3). Indem man zwischen Ober- und Unterzielen unterscheidet, schafft man Übersicht und deckt allfällige Doppelspurigkeiten auf. Gleichzeitig wird damit die Vorarbeit für eine allfällige spätere *Gewichtung* der Ziele geleistet. Die Aufteilung der Ziele in Unterziele hat auch grosse Bedeutung für die Projektführung. Erst durch die Bildung von Zielhierarchien können für einzelne Organisationseinheiten und Mitarbeiter konkrete Zielvorgaben erstellt werden.

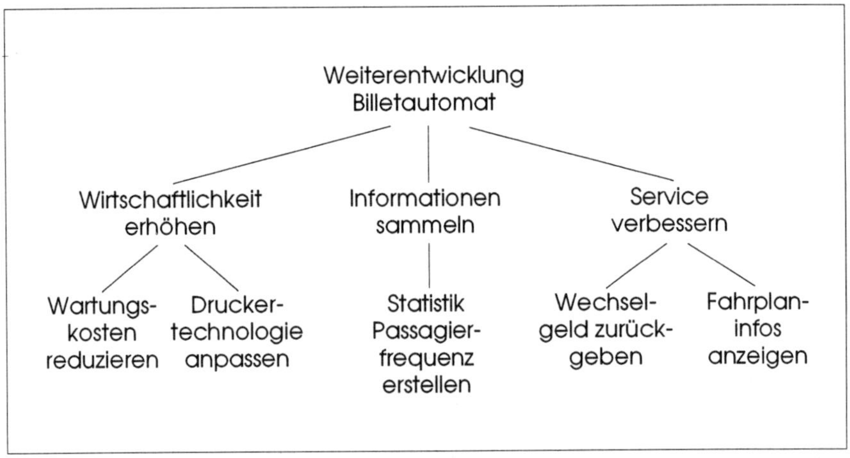

Abb. 4.3 Zielhierarchie für die Weiterentwicklung eines Billetautomaten

Bei der Zielformulierung kann meistens zwischen *Musszielen* (Mindestanforderungen) und *Sollzielen* (Zusatzanforderungen) unterschieden werden. Mussziele sind die minimalen, an ein System oder eine Lösung gestellten Anforderungen. Sie spielen später bei der Beurteilung von Lösungsvarianten eine grosse Rolle. Varianten, welche diese Ziele nicht erfüllen, fallen von vornherein ausser Betracht. Sollziele sind zwar ebenso verbindlich wie Mussziele, lassen jedoch einen gewissen Interpretationsspielraum offen. Sie sollen innerhalb einer bestimmten Bandbreite möglichst gut erfüllt werden. Bei der Beurteilung von Lösungsvorschlägen werden jene Varianten bevorzugt, welche die Sollziele optimal erfüllen. So könnte es beispielsweise bei der Herstellung eines Produktes ein Mussziel sein, dass die Produktionskosten einen gewissen Betrag nicht überschreiten. Aus mehreren Lösungsvorschlägen ist aber jene Variante zu bevorzugen, welche z.B. folgende Sollziele optimal erfüllt: die Abhängigkeit von den Lieferanten soll möglichst gering sein, und es soll ein hoher Anteil an rezyklierbarem Material verwendet werden.

Da später die Qualität der erarbeiteten Lösungen unter anderem an den ursprünglich formulierten Zielen gemessen wird, muss die Messbarkeit des Zielerreichungsgrades bereits zum Zeitpunkt der Zielformulierung sichergestellt werden. Dies geschieht durch die Definition von Messkriterien. Wenn Ziele durch Kriterien messbar gemacht werden, spricht man von einer *Operationalisierung* der Ziele. Ein Beispiel für eine schlechte Operationalisierung wäre folgende Aussage: «Die Software soll eine möglichst gute Benutzerschnittstelle aufweisen.» Hier wird weder gesagt, was man sich unter dem Begriff «Benutzerschnittstelle» vorzustellen hat, noch ist die Bewertung «gut» objektiv beurteilbar. Besser wäre hier zum Beispiel die Formulierung: «Die Benutzerdialoge sind nach dem Standard von Microsoft zu gestalten.» Wenn Ziele schlecht operationalisierbar sind, so heisst dies nicht notwendigerweise, dass es sich dabei um schlechte oder unwichtige Ziele handelt. Wie operationalisiert man beispielsweise das Ziel, dass ein Produkt dem ästhetischen Empfinden eines zukünftigen Kunden entsprechen soll? Hier wäre es fatal, dieses Ziel mangels Messkriterien fallenzulassen, spielen doch Fragen der Ästhetik für den Erfolg vieler Produkte eine entscheidende Rolle.

Sorgfältig operationalisierte Ziele weisen mehrere *Dimensionen* auf:

- der *Zielinhalt* bestimmt, was erreicht werden soll (qualitativer Aspekt),
- das *Zielausmass* sagt aus, wieviel oder wieweit der Zielinhalt zu erreichen ist (Ausmass der Veränderung, quantitativer Aspekt),
- der *zeitliche Bezug* hält fest, wann oder bis wann eine Wirkung zu erreichen ist (Zeithorizont, zeitlicher Aspekt),
- die *örtliche Dimension* präzisiert allenfalls noch, wo sich die Wirkung einer Lösung bemerkbar machen soll.

4.2 Lebensfähigkeit

Das Thema Lebensfähigkeit ist ein zentrales Anliegen der Systemik. Es wird hier nicht zufälligerweise direkt anschliessend an die Zielformulierung behandelt. In Kapitel 4.1 haben wir ausschliesslich über funktionale Ziele gesprochen, das heisst über Anforderungen bezüglich der Funktionalität des Zielsystems. Bei den meisten Problemstellungen können aber auch nichtfunktionale Ziele definiert werden. Bei diesen handelt es sich um Ziele, welche oft fälschlicherweise gar nicht oder nur zum Teil explizit formuliert werden.

Beispielsweise ist es beim Bau eines Hauses selbstverständlich, dass die Pläne nach den gängigen Normen gezeichnet werden. Bei der Entwicklung von Software ist es oft eine implizite Anforderung, dass der Programmaufbau bestimmte Qualitätsmerkmale aufweist. Oder bei der Konstruktion eines neuen Maschinenbauteils ist es ein zweckmässiges, aber oft nicht ausdrücklich formuliertes Ziel, dass Fragen der Änderbarkeit oder Erweiterbarkeit bereits in den Entwicklungsprozess mit einbezogen werden. Alle drei Beispiele teilen nicht bloss die Tatsache, dass sie nichtfunktionale Ziele beschreiben, sondern auch den Umstand, dass dabei Aspekte der Lebensfähigkeit eine zentrale Rolle spielen. Ohne eine saubere Dokumentation des Hausbaus wird es später schwierig sein, sich beispielsweise im Gewirr der Installationen zurechtzufinden. In einem schlecht strukturierten Programm ist eine Wartung bzw. Änderung sehr aufwendig. Oder ohne

Berücksichtigung der Erweiterbarkeit des Maschinenbauteils entstehen später unnötige Kosten für eine grundsätzliche Neuentwicklung. In den folgenden zwei Kapiteln sollen verschiedene Aspekte des Begriffs «Lebensfähigkeit» diskutiert werden. Zunächst möchten wir die Spannweite des Begriffs anhand von möglichen Massnahmen zur Verbesserung der Lebensfähigkeit von Systemen plausibel machen. Anschliessend werden diese Massnahmen anhand von Beispielen konkretisiert, und es wird gezeigt, dass die Zielformulierung sinnvollerweise durch Anforderungen bezüglich der Lebensfähigkeit des Systems ergänzt werden sollte.

4.2.1 Grundregeln zur Verbesserung der Lebensfähigkeit

Wenn man über die Lebensfähigkeit von Systemen spricht, so denkt man unweigerlich an natürliche, lebende Systeme. Wir möchten den Begriff hier jedoch ausdrücklich auf alle Systeme beziehen, welche im Rahmen einer Problemlösung für uns von Bedeutung sind. Trotzdem ist es offensichtlich, dass uns die Betrachtung natürlicher Systeme nützliche Hinweise für die Auseinandersetzung mit dem Begriff «Lebensfähigkeit» geben kann. Wie bewährt die natürlichen Organisationsformen sind, zeigt nicht nur die Lebensdauer der «Firma Natur», die immerhin ohne Bankrott gut 3 Milliarden Jahre lang über die Runden gekommen ist, sondern auch die Art und Weise, wie beispielsweise die gewaltigen Mengen von jährlich mehreren hundert Milliarden Tonnen Kohlenstoff und Sauerstoff umgesetzt werden, die Tatsache, dass die Firma weder Energie- noch Abfallsorgen kennt, oder die Eigenart, dass weder Arbeitslose noch Schulden existieren. In den paar Milliarden Jahren seit ihrer Gründung hat die Firma ihre Organisationsprinzipien auf Lebensfähigkeit hin optimiert. Diese Optimierung ging jedoch nicht ganz ohne Verluste über die Bühne. Komponenten, welche die Grundregeln der Lebensfähigkeit nicht erfüllten, wurden schonungslos aus dem System eliminiert. Auf uns Menschen wartet zweifelsohne das gleiche Schicksal, sollten wir es nicht schaffen, unser Verhalten systemverträglich zu gestalten.

	**Wartbarkeit und Flexibilität sichern:** Das System soll so konzipiert werden, dass auftretende Schwierigkeiten einfach behoben werden können und dass die Anpassbarkeit an geänderte Rahmenbedingungen gewährleistet ist.
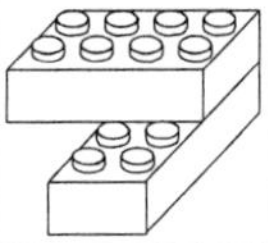	**Komponenten mehrfach nutzen:** Funktionsfähige Teile der Problemlösung sollen derart beschaffen sein, dass sie sich wiederverwenden lassen bzw. dass sie in anderem Zusammenhang genutzt werden können.
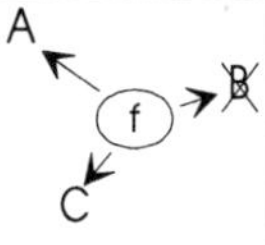	**Produkte durch ihre Funktion definieren:** Produkte sind vergänglich, die von ihnen zu erfüllende Funktion bleibt jedoch bestehen. Für die Lebenserwartung eines Produktes ist entscheidend, wie gut eine bestimmte Funktion erfüllt wird.
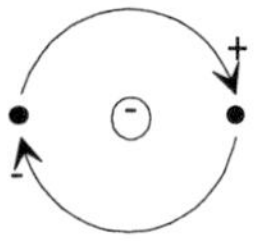	**Stabile Strukturen einbauen:** Bei der Gestaltung von Systemen ist die Systemdynamik hinreichend zu berücksichtigen. Negative Rückkopplungen tragen zur Stabilisierung eines Systems bei.
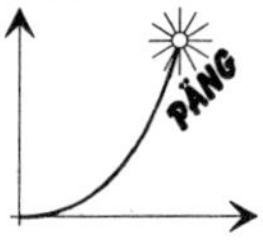	**Qualitatives Wachstum fördern:** Permanentes quantitatives Wachstum ist wegen der Beschränktheit der Ressourcen eine Illusion. Qualitative Veränderungen können dagegen zur Verbesserung der Lebensfähigkeit beitragen.
	**Vorhandene Kräfte nutzen:** Da Systemveränderungen Energie benötigen und diese in beschränktem Masse verfügbar ist, sollen nicht bloss eigene Mittel eingesetzt, sondern auch vorhandene Kräfte genutzt werden.
	**Kreisläufe schliessen:** Das in der Natur bewährte Prinzip der geschlossenen Kreisläufe von Materie und Energie erhöht auch die Lebensfähigkeit in den von uns Menschen geschaffenen Systemen.
1 + 2 = 4	**Synergien nutzen:** Das gegenseitige Nutzen von verschiedenartigem Wissen und Infrastruktur führt zu qualitativ neuartigen Systemen und kann die Ressourcen schonen.
Coke	**Identität schaffen:** Die Identität eines vom Menschen konzipierten Systems ist bestimmt durch dessen Sinn und Zweck. Das Erkennen und Kommunizieren der Identität stärkt die Existenzgrundlage des Systems.
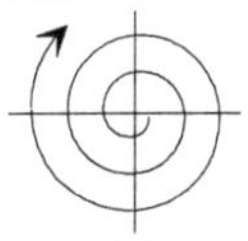	**Selbstorganisation fördern:** Optimal lebensfähig sind Systeme, welche sich an veränderte Umweltbedingungen autonom anpassen können. Im Idealfall ist das System lernfähig und verändert seine Struktur selbständig.

Abb. 4.4 Zehn Schritte zur Verbesserung der Lebensfähigkeit

Die Lebensfähigkeit von Produkten, Dienstleistungen oder ganzen Firmen beinhaltet eine Vielzahl unterschiedlicher Aspekte. Diese sind vergleichbar mit den menschlichen Rahmenbedingungen für die Lebensfähigkeit. Ebenso wie Nahrung, Wasser oder Luft die Grundlage jeglichen Lebens darstellt, hat ein zu konzipierendes System gewisse Grundanforderungen zu erfüllen. Lebensfähigkeit bedeutet aber mehr als blosses Überleben. Der Begriff beinhaltet auch die Weiterentwicklung, Entfaltung und Evolution des Systems. Ein System ist nur dann lebensfähig, wenn es sowohl Eigenschaften der Stabilität wie auch der Veränderlichkeit in geeignetem Masse aufweist. Extrem unveränderliche wie auch extrem veränderliche Systeme sind längerfristig nicht lebensfähig. Die von uns konzipierten Systeme müssen also nicht bloss stabil, sondern auch flexibel sein, sie sollen sowohl wartbar wie auch änderbar sein, und Aspekte der Wiederverwendbarkeit sind ebenso wichtig wie Fragen der Erweiterbarkeit. Diese und weitere Eigenschaften lebensfähiger Systeme sind in Abb. 4.4 als Grundregeln zur Verbesserung der Lebensfähigkeit zusammengestellt. Sie werden im nächsten Kapitel anhand von Beispielen konkretisiert.

Wenn wir hier von Grundregeln sprechen, so muss betont werden, dass es sich dabei nicht um Rezepte handelt, welche die Lebensfähigkeit von Systemen auf unbeschränkte Zeit sicherstellen. Derartige Rezepte würden – in Analogie zur Fabelwelt ausgedrückt – einem Jungbrunnen für Systeme entsprechen. Obwohl für uns weltliche Wesen das ewige Leben ein Traum bleiben muss, können wir unsere Lebenserwartung durch das Einhalten gewisser Verhaltensregeln immerhin verbessern. Die Formulierung von Grundregeln zur Verbesserung der Lebensfähigkeit von Systemen ist denn auch in Analogie zu solchen Verhaltensregeln zu verstehen.

4.2.2 Lebensfähigkeit als zusätzliche Zieldimension

In diesem Kapitel zeigen wir anhand von zwei Beispielen, dass sich je nach Problembereich unterschiedliche Zielsetzungen bezüglich der Lebensfähigkeit ergeben. Das erste Beispiel bezieht sich auf die Entwicklung eines lebensfähigen technischen Produktes, das zweite auf die Voraussetzungen für die Lebensfähigkeit eines Arbeitsteams. Aufgrund der Erkenntnisse aus den beiden Beispielen wird gefolgert, dass die Lebensfähigkeit eine zusätzliche Zieldimension darstellt.

Eine Firma, etwa aus dem Bereich der Unterhaltungselektronik, kann die Lebensfähigkeit ihrer Produkte – und damit auch ihre eigene Überlebenswahrscheinlichkeit – unter Berücksichtigung der oben erwähnten Grundregeln wesentlich verbessern. So ist beispielsweise die Wartbarkeit der Produkte ein entscheidender Aspekt. Jedes technische Gerät unterliegt der Alterung, was früher oder später zu einem Teil- oder Totalausfall führen kann. Auch Fehlfunktionen sind bei wachsender Kompliziertheit unvermeidlich. Ausfälle und Fehler verärgern jedoch die Kundschaft. Letztlich kommen diese Probleme der Firma teuer zu stehen, falls sie nicht rasch behoben werden können. Die Wartbarkeit muss deshalb von vornherein durch geeignete Massnahmen sichergestellt werden. Dies könnte etwa durch eine modulare Bauweise geschehen, welche ein einfaches und rasches Austauschen der defekten Komponenten ermöglicht. Eine modulare Bauweise steigert aber nicht nur die Wartbarkeit, sondern auch die Flexibilität eines Produktes. Kundenwünsche sind umgehend erfüllbar, falls bloss die betroffene Systemkomponente anzupassen ist.

Um den Entwicklungsaufwand eines neuen Gerätes zu minimieren, ist die Nutzung vorhandener Kräfte sinnvoll. Dies könnte etwa bedeuten, dass gewisse Geräteteile nicht neu entwickelt, sondern von Lieferanten zugekauft werden. Möglicherweise sind die notwendigen Teile aber bereits früher im eigenen Betrieb entwickelt worden. Sofern sie die nötige Flexibilität aufweisen, können sie problemlos an die neuen Ansprüche angepasst werden. Falls jedoch eine Neuentwicklung unabdingbar ist, hat die Firma darauf zu achten, dass eine Mehrfachnutzung der Komponenten möglich ist. Bezogen auf die Entwicklung eines CD-Spielers bedeutet dies etwa, dass Systemteile wie der Plattenantrieb, die Verstärkerschaltung oder die Stromversorgung so gestaltet werden, dass sie auch in anderen Geräten einsetzbar sind. Damit eine Mehrfachnutzung von Komponenten bereits in einem sehr frühen Stadium der Entwicklung sichergestellt werden kann, muss die Firma ihre Produkte durch deren Funktion definieren. Beispielsweise steht zunächst nicht die Entwicklung eines Netzteils im Vordergrund, sondern die Sicherstellung der Energieversorgung des Gerätes. Möglicherweise lassen sich in diesem Zusammenhang Synergien nutzen, wenn etwa nach raffinierten Lösungsansätzen in nicht direkt verwandten Bereichen gesucht wird. Synergien können sich aber auch ergeben, wenn aussenstehende Personen wie z.B. Kunden oder Lieferanten in den Entwicklungsprozess einbezogen werden.

Jede Firma, so auch unsere Elektronikfirma, ist Teil eines dynamischen Umfeldes. Ein technisch noch so gutes Produkt ist wenig wert, wenn dieses Umfeld nicht hinreichend berücksichtigt wird. Die dynamischen Prozesse lassen sich, wie wir gesehen haben, im Rahmen einer Wirkungsanalyse untersuchen. Um die Lebensfähigkeit sicherzustellen, sind etwa Veränderungen im Umfeld anhand von Indikatorgrössen im Auge zu behalten. Bei allfälligen Anpassungen an Veränderungen sind die Systemzusammenhänge hinreichend zu berücksichtigen. Unvorsichtige Anpassungen führen unter Umständen zu einer sehr instabilen Situation. Grundsätzlich ist ein harmonisches Gleichgewicht zwischen Bewahrung und Wandel anzustreben. Eine kontrollierte Entwicklung lässt sich möglicherweise durch eine gezielte Nutzung von negativen Rückkopplungen erreichen.

Ein wichtiger Aspekt im Umfeld eines Produktes ist der Markt. Ein Produkt wird vom Kunden nur dann gekauft, wenn sein Preis in einem guten Verhältnis zu seinem Nutzen steht. Bei der Entwicklung eines lebensfähigen Produktes sind deshalb die Produktionskosten zu berücksichtigen. Auch die Identität eines Produktes stellt einen entscheidenden Marktfaktor dar. Ein Produkt unterscheidet sich letztlich von seiner Konkurrenz nur durch seine Identität. Die Identität kann etwa durch das äussere Erscheinungsbild, durch die Materialwahl oder durch den Namen hervorgehoben werden.

Eine verantwortungsvolle Firma hat sich aber nicht bloss darüber Gedanken zu machen, wie sie ihr Produkt möglichst gewinnbringend vermarkten kann, sondern sie hat auch ökologische Aspekte in ihre

Überlegungen mit einzubeziehen. Die Berücksichtigung von ökologischen Gesetzmässigkeiten führt zu umweltverträglicheren Produkten und bewirkt nicht zuletzt auch eine grössere Akzeptanz beim Kunden. So ist es beispielsweise sinnvoll, dass funktionstüchtige Komponenten aus defekten Geräten ausgebaut und in neue Produkte eingebaut werden. Ebenfalls denkbar ist die Aufbereitung von Abfallprodukten zu Rohstoffen, welche dann für die Herstellung neuer Teile verwendet werden können. Ein anderer umweltgerechter Ansatz besteht darin, nur Materialien zu verwenden, welche auf natürlichem Wege abbaubar sind.

Etwas anders liegen die Schwerpunkte, wenn es darum geht, die Lebensfähigkeit eines Arbeitsteams sicherzustellen. Ein wichtiger Aspekt für den Zusammenhalt in der Gruppe ist die Identifikation mit dem Sinn und Zweck der Teamarbeit. Ohne klare Zielvorgaben hat eine Arbeitsgruppe wenig Überlebenschancen. Erfolgreiche Teams wachsen an ihrer Aufgabe und verbessern dadurch zusehends die Gruppenidentität. Dieser Prozess wird durch eine bewusste Pflege der Arbeitskultur unterstützt, indem eine laufende Reflexion und Verbesserung der Gruppenarbeit erfolgt.

Eine erfolgreiche Reflexion der Teamarbeit bedingt die Fähigkeit zur Selbstorganisation. Diese kann durch die Förderung von Eigenverantwortung und Autonomie gestärkt werden. Falls ein Team über ein gesundes Mass an selbstregulatorischen Fähigkeiten verfügt, ergibt sich die «Wartung» und Weiterentwicklung des Teams auf natürliche Weise. Eine erfolgreiche Gruppe vermag ohne fremde Hilfe mit Konflikten umzugehen. Soziale Prozesse werden von den Mitgliedern wahrgenommen, Störungen werden erkannt, offengelegt und diskutiert. Die Lösung von Konflikten geschieht nicht durch faule Kompromisse oder eine Einigung auf dem tiefsten gemeinsamen Nenner. Durch die konstruktive Auseinandersetzung unter den Teammitgliedern ergibt sich eine einheitliche Willensrichtung. Die im Konflikt freigesetzte «Reibungshitze» kann als Antriebskraft für die gezielte Entwicklung der Gruppe verstanden werden.

Wichtig für eine erfolgreiche Teamarbeit ist neben der Selbstreflexion bezüglich sozialer Prozesse auch eine kritische Überprüfung der Arbeitsmethodik. Sofern die Art und Weise der inhaltlichen Tätigkeiten fortlaufend überdacht wird, lassen sich nicht bloss Fehler beheben, sondern auch wiederkehrende Verhaltensmuster verbessern. Ähnlich wie sich bei technischen Anwendungen gewisse Grundkomponenten mehrfach nutzen lassen, können bewährte Grundmuster des Lösungsprozesses in einem anderen Zusammenhang wieder zum Einsatz gelangen. Eine systematische Aufarbeitung des Erkenntnisprozesses ist aufwendig und setzt Lernfähigkeit voraus. Letztlich führt die Wiederverwendung von methodischen Grundmustern jedoch zu einer Optimierung des Arbeitsprozesses im Hinblick auf Zeit und Qualität.

Erfolgreiche Arbeitsgruppen verstehen es, Synergien gewinnbringend zu nutzen. Die einzelnen Mitglieder sind sich bewusst, dass die Stärke des Teams im Zusammenwirken aller vorhandenen Fähigkeiten liegt. Die Verschiedenartigkeit der Mitglieder wird als Chance verstanden. Es wird kein Anspruch auf geistiges Eigentum erhoben, Informationen werden uneingeschränkt weitergegeben. Die Bereitschaft zur vorbehaltlosen Zusammenarbeit wird durch stabile Strukturen im Team gefördert. Stabilität wiederum ist abhängig von verschiedenen Faktoren der sozialen, ideellen und materiellen Bindung. Von Bedeutung sind diesbezüglich etwa Zugehörigkeitsgefühl, Anerkennung, Status, Selbstwertgefühl oder materielle Sicherheit.

Wie aus den beiden Beispielen ersichtlich wird, muss die Frage der Lebensfähigkeit von Fall zu Fall neu geprüft werden. Je nach Situation stehen unterschiedliche Aspekte im Vordergrund. Um die Lebensfähigkeit eines in Bearbeitung stehenden oder geplanten Systems sicherzustellen, müssen geeignete Massnahmen bereits zu einem frühen Zeitpunkt im Projektablauf diskutiert werden. Es erscheint zweckmässig, das Thema Lebensfähigkeit spätestens im Zusammenhang mit der Zielformulierung aufzugreifen. Sofern eine ähnlich gründliche Analyse und Definition wie bei der Zielformulierung erfolgt, ergeben sich daraus nicht bloss brauchbare Leitlinien für den nachfolgenden Lösungsentwurf, sondern auch geeignete Kriterien für die Beurteilung von Lösungsvarianten. So gesehen, kann die Formulierung von Anforderungen bezüglich der Lebensfähigkeit als zusätzliche Dimension der Zielformulierung verstanden werden.

4.3 Lösungsentwurf

Wie wir bereits früher erläutert haben, gilt es bei jeder Problemlösung, von einem gegebenen Ausgangszustand in einen gewünschten Zielzustand zu gelangen. Wenn wir uns bisher vorwiegend mit der Analyse der Ausgangssituation bzw. mit der Formulierung der Zielvorstellungen befasst haben, so steht nun der Brückenschlag zwischen diesen beiden Polen im Zentrum unserer Betrachtungen. Im Vorgehensmodell (Abb. 4.1) wird mit den gestrichelten, rückwärtsgerichteten Pfeilen zwischen den Schritten Zielformulierung, Lösungsentwurf und Bewertung/Entscheidung verdeutlicht, dass es sich dabei in der Regel um einen zyklischen Prozess handelt, welcher uns in mehreren Durchgängen schrittweise einem Umsetzungsvorschlag näherbringt.

Für den Problemlösungsprozess existieren keine allgemeingültigen Vorgehensregeln. Es ist weitgehend unbekannt, wie die Brücke zwischen Ausgangs- und Zielsituation geschlagen werden muss. Man spricht etwa von der «Differenzierung der Gestaltungsidee» und meint damit, dass sich ein Lösungsansatz in mehreren Schritten sukzessive konkretisiert. Aber das ist bloss ein bescheidener Versuch, einen geheimnisvollen, schöpferischen Prozess in Worten zu umschreiben. Ganz sicher sind an diesem Prozess verschiedene Faktoren beteiligt. Sachverstand und Fachwissen sind eine Grundvoraussetzung, damit er überhaupt in Gang kommen kann. Die umfassende Situationsanalyse und klare Zielformulierung spielen ebenfalls eine wichtige Rolle. Und schliesslich sind Intuition, Kreativität und visionäre Vorstellungskraft entscheidende Faktoren, um den Brückenschlag zu schaffen.

Obwohl wir hier die «Ars inveniendi», die seit alters gesuchte Kunst des Erfindens und Entdeckens, nicht präsentieren können, möchten

Oskar Weiss zu: « kreative Phase »

wir im folgenden über einige Aspekte im Zusammenhang mit dem Problemlösen sprechen. Zunächst befassen wir uns mit den wichtigsten Schritten im Lösungsprozess, dann diskutieren wir Rahmenbedingungen des schöpferischen Denkens, und schliesslich erläutern wir Methoden zur kreativen Unterstützung des Lösungsentwurfs.

4.3.1 Lösungsprozess

	Wohlstrukturierte Probleme	Schlechtstrukturierte Probleme
Merkmale	· Völlige Kenntnis über alle Problemelemente · Problemelemente stehen in gesetzmässigen Zusammenhängen · Der Problemlösungszyklus ist sicher, zwingend, systematisch und logisch · In der Regel nur eine Lösung denkbar · Die Lösung kann als Optimum oder Maximum nachgewiesen werden	· Nicht alle Problemelemente sind bekannt · Wenig oder gar keine Gesetzmässigkeiten erkennbar · Die Suche nach Lösungen ist eher ungerichtet, intuitiv, zufallhaft · Viele alternative Lösungen sind möglich · Die optimale Lösung ist nicht eindeutig bestimmbar. Es lässt sich nur die relativ beste unter den gefundenen Lösungen ermitteln
Beispiele	· Berechnung des Wirkungsgrades einer Maschine · Ermittlung der Statik eines Gebäudes · Dimensionierung eines Überseekabels · Hochrechnung einer statistischen Erhebung	· Entwurf eines Kongresszentrums · Entwicklung neuer Verfahren zur Metallbeschichtung · Konzeption verkaufsfördender Massnahmen · Entwurf einer benutzergerechten Software

Abb. 4.5 Wohl strukturierte und schlecht strukturierte Probleme

Die Fülle der täglichen Aufgaben und Probleme lässt sich schematisch in zwei Kategorien einteilen (vgl. Abb. 4.5). Zum einen haben wir es mit *wohlstrukturierten Problemen* zu tun, für deren Lösung meist eine sichere, zwingend zum Ziel führende Vorgehensweise bekannt ist. Die fachspezifischen Methoden zur Behandlung derartiger Routineprobleme sollen hier nicht weiter behandelt werden. Zum andern sind wir häufig mit Problemen konfrontiert, bei welchen der

Lösungsweg nicht auf der Hand liegt. Wir bezeichnen solche Aufgabenstellungen als *schlecht strukturierte Probleme*. Sie lassen sich mit rein rationalen Mitteln kaum mehr bewältigen. Innovation und Kreativität sind hier gefragt. Dem Bearbeiter wird eine originäre, schöpferische Lösungsfähigkeit abverlangt. Optimale Lösungen existieren meist nicht. In einem Evaluationsverfahren lässt sich allenfalls die relativ beste unter verschiedenen Lösungsvarianten ermitteln.

Der Vorgang des Lösens von schlecht strukturierten Problemen kann unterschiedlich komplex sein. Er läuft jedoch stets in ähnlicher Weise ab. Nach einer intensiven Beschäftigung mit dem Problem folgt eine Phase der Entfernung vom Problem. Die Erkenntnis über die Art und Weise der Problemlösung taucht dann oft spontan auf. In einer letzten Phase wird diese sodann verifiziert und ausgearbeitet. Die einzelnen Schritte im Lösungsprozess sind in Abb. 4.6 dargestellt.

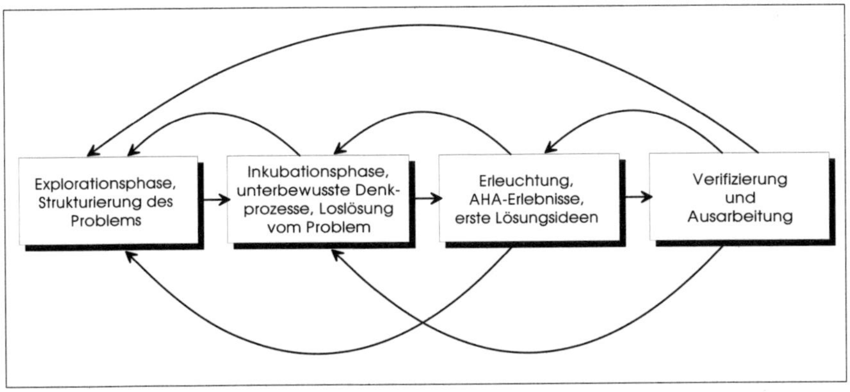

Abb. 4.6 Schritte im kreativen Lösungsprozess

In der ersten Phase, der *Explorationsphase*, wird das Problem erkannt, identifiziert und vorläufig formuliert. In dieser Phase wird die Problemsituation unter verschiedenen Aspekten genauer analysiert. Es werden möglichst viele Informationen zusammengetragen, die sich auf das Problem beziehen. Der Problemlöser versucht, sich wesentliche Zusammenhänge des Problems transparent zu machen und aktiviert sein problemrelevantes Wissen, um es später zu einer Lösung für das Problem zu verarbeiten.

Die *Inkubationsphase* liegt zwischen dem Aufstellen der ersten Hypothese und dem Finden der endgültigen Lösung. In dieser Phase spielen unterbewusste Denkprozesse eine entscheidende Rolle. Der Problemlöser entfernt sich vom Problem und beschäftigt sich mit Themen, die nichts oder scheinbar wenig mit der ursprünglichen Fragestellung zu tun haben. Die Inkubationszeit lässt sich also als unterbewusste Problemverarbeitung erklären, die auch dann stattfindet, wenn wir uns nicht direkt mit dem Problem beschäftigen.

Die Inkubationsphase endet häufig mit dem Erlebnis spontan auftauchender Lösungsmöglichkeiten, der *Erleuchtung*. Diese erscheint oft überraschend, zufällig oder von aussen kommend und wird vom Betroffenen als erleichternd, entspannend erlebt. Viele Problemlöser sehen im Glücksgefühl, welches durch das Aufdecken eines Lösungsweges hervorgerufen werden kann, gar die Hauptmotivation für ihre Tätigkeit.

Die aufgetauchten Lösungsansätze werden nun *verifiziert*, d.h. es wird gedanklich überprüft, ob sie den Gegebenheiten und Anforderungen an die Problemsituation auch gerecht werden. Zudem werden die Ideen präzisiert und in den Details ausgearbeitet. Der Lösungsprozess muss nicht immer ideal in der beschriebenen Reihenfolge ablaufen. Oft werden die einzelnen Phasen mehrmals durchlaufen, oder gewisse Phasen werden übersprungen.

Kompliziertere Problemstellungen können häufig nicht als Ganzes behandelt werden. In diesem Fall wenden wir oft intuitiv ein Prinzip an, welches sich bereits bei den römischen Herrschern zur Verwaltung der immensen, europaweiten Kaiserreiche bewährt hat. Das Organisationsprinzip *divide et impera* (teile und herrsche) ist so zu verstehen, dass ein Problem solange in Teile zerlegt wird, bis die Teilprobleme überblickbar sind. Sobald für die Teilprobleme eine Lösung gefunden worden ist, erfolgt die Integration der Teillösungen zu einer Gesamtlösung. Diese Vorgehensweise hat, wie wir bereits früher gesehen haben, sehr viel mit Systemdenken zu tun (vgl. Abb. 2.18). Der Schritt der Zerlegung des Ganzen in einzelne Teile wird als *Top Down*-Vorgehensweise bezeichnet, die Integration von Teilen zu einem

Ganzen umgekehrt als *Bottom Up*-Prinzip. Häufig treffen wir bei der Problemlösung auf Situationen, wo gewisse Teillösungen bereits bekannt sind und andere erst neu geschaffen werden müssen. In einer solchen Situation bezeichnen wir die Vorgehensweise etwa als *Middle Out*.

Ein wesentlicher Aspekt eines umfassenden Lösungsentwurfs ist die Ausarbeitung verschiedener *Lösungsvarianten*. Es wird nicht die erstbeste Lösung, welche alle gesteckten Ziele erfüllt, zur Weiterverarbeitung vorgeschlagen, sondern zunächst ein Überblick über verschiedene Lösungsmöglichkeiten erarbeitet. Danach wird im Rahmen eines Variantenvergleichs die optimale Lösung ausgewählt. Durch diesen Vergleich gewinnen wir an Vertrauen und Sicherheit, dass wir eine brauchbare Lösung für unsere Aufgabenstellung gefunden haben. Damit die erarbeiteten Varianten als echte Alternativen miteinander verglichen werden können, müssen sie auf gleicher logischer Ebene stehen. Ansonsten ist eine vergleichende Analyse nicht sinnvoll.

Obwohl eine vorübergehende Variantenvielfalt bei der Lösungssuche erwünscht ist, muss die Zahl der Varianten aus Gründen der Einhaltung von Kosten und Zeit fortlaufend beschränkt werden. Es ist deshalb zweckmässig, Varianten, welche die Mussziele nicht erfüllen, umgehend ohne detailliertere Analyse zu eliminieren. Unter Umständen können bereits auch Varianten ausgeschieden werden, welche die Sollziele wesentlich schlechter erfüllen als andere. Die verbleibenden Varianten werden weiter bearbeitet und erst später, im Rahmen einer umfassenden Bewertung, einander gegenübergestellt.

4.3.2 Rahmenbedingungen schöpferischen Denkens

Es ist offensichtlich, dass für die Erarbeitung von neuartigen Lösungsvarianten kreative Fähigkeiten gefragt sind. *Kreativität* ist ein moderner, weithin gebrauchter, aber oftmals schillernder Begriff. DREVDAHL definiert Kreativität als «die Fähigkeit von Menschen, Kompositionen, Produkte oder Ideen gleich welcher Art hervorzubringen, die in wesentlichen Merkmalen neu sind und dem Schöpfer vorher unbekannt waren. Sie kann in vorstellungshaftem Denken bestehen oder in der Zusammenfügung von Gedanken, wobei das Resultat mehr als eine reine Aufsummierung des bereits Bekannten darstellt. Kreativität kann das Bilden neuer Muster und Kombinationen aus Erfahrungswissen einschliessen ... Das kreative Ergebnis muss nützlich und zielgerichtet sein und darf nicht in reiner Phantasie bestehen ... Es kann jede Form des künstlerischen oder wissenschaftlichen Schaffens betreffen ...».

	Förderungsmöglichkeiten	**Ergebnisse**
Sachwissen	· Offene Informations- und Kommunikationsbeziehungen · Weiterbildung · Zugang zu relevanten Veröffentlichungen, Daten und Informationen	· Erweiterung des Problemlösungspotentials
Methodenwissen	· Methoden zur Ideenfindung und Kreativitätsentwicklung · Analysemethoden · Entscheidungstechniken · Arbeitstechniken	· Erhöhung der unmittelbaren Problemlösungsfähigkeit · Effizientes Problemlösen · Richtiges Entscheiden
Motivation	· Delegation - Autonomie der Sachbearbeitung · Partizipation an der Zielbildung	· Problemsensitivität · Interesse und Engagement · Identifikation

Abb. 4.7 Grundbedingungen für die kreative Tätigkeit

Die Fähigkeit zu kreativem Verhalten beruht im wesentlichen auf drei elementaren Komponenten: Sachwissen, Methodenwissen und Motivation (vgl. Abb. 4.7). Je umfangreicher das *Sachwissen* eines Menschen ist, um so besser ist er in der Lage, vielfältige und komplexe Probleme zu meistern. Durch Neuordnung der ihm bereits bekannten Wissenselemente ist er fähig, neue und originelle Denkverbindungen aufzubauen. Wesentlich ist in diesem Zusammenhang die Bereitstellung und Aufbereitung des für die kreativen Leistungen notwendigen Wissens.

Das *Methodenwissen* kann zu einer effizienteren Gestaltung des Lösungsprozesses beitragen. Unter anderem ist es wichtig, dass die Mechanismen der Wissensverarbeitung und Problemlösung bekannt sind. Beispielsweise ist eine freie, unbelastete Arbeitsatmosphäre eine wichtige Rahmenbedingung für einen kreativen Lösungsprozess. Als Konsequenz aus dieser Tatsache hat der Problemlöser sein Verhalten darauf auszurichten, kreativitätshemmende Faktoren in seinem Arbeitsumfeld zu reduzieren (vgl. Abb. 4.8).

Hemmung der Kreativität durch	
persönliche Einflussfaktoren	**äussere Einflussfaktoren**
· Suche nach dem absolut Richtigen · Neigung zu gewohnten Vorgehensweisen · Zu schnelle Meinungsbildung · Neigung, andern nachzugeben · Erlebte Enttäuschungen, Resignation · Hemmungen, sich zu äussern · Unsicherheit über mögliche Negativfolgen aus neuen Ideen · Zu wenig Vertrauen in eigenes Wissen und eigene Fähigkeiten · Zufriedenheit mit dem Erreichten · Scheu vor der alleinigen Verantwortung	· Zu viele Routinearbeit; zu wenig Zeit für Schöpferisches · Zu viele Komitees und Gremien, Zerreden neuer Vorhaben · Bürokratische Starrheit; viele Vorschriften; Anonymität · Mangelnde Objektivität durch Interessenkonflikte · Entmutigung, Kritik und Anzweifelungen durch Dritte · Mangelnde Anerkennung neuer Ideen und kreativen Verhaltens · Zu geringer eigener Verantwortungsspielraum · Tabus, heilige Kühe, Traditionen · Zu hoch vorgegebene Ziele und Anforderungen · Wenig Anregungen aus zu einseitiger Tätigkeit

Abb. 4.8 Kreativitätshemmende Faktoren

Die *Motivation* der beteiligten Personen ist die psychodynamische Triebfeder für den kreativen Prozess schlechthin. Ihre Wurzeln liegen in der kreativen Person selbst. Beteiligte Faktoren sind etwa Neugierverhalten, der Wunsch nach Selbstverwirklichung, Identifikationsbereitschaft oder individuelle Bedürfnisse. Diese Triebkräfte stehen aber in enger Wechselwirkung mit äusseren Einflüssen wie Rollenzuweisung, Anerkennung, Einbindung in die Verantwortung oder sozial wirksamen Repressionen. Kreativitätsfördernde Massnahmen, welche über diese psychologischen Mechanismen wirken, dürften sich zwar langfristig als die nutzbringendsten erweisen, setzen aber bei allen Beteiligten eine hohe Bereitschaft für soziale Lernprozesse voraus. Anreize zur Entfaltung von Kreativität geben heisst auch, neue Arbeitsformen zu finden. Einzelkämpfertum hat ausgedient. Gefragt ist vielmehr Teamarbeit, mit Betonung der gegenseitigen Kooperation und Information (vgl. Abb. 4.9).

	Förderungsmöglichkeiten	Ergebnisse
Integration	· teamorientiertes Arbeiten · gruppendynamisches Verhaltens- und Teamtraining	· Abbau von Rivalitäten und Egoismen · Synergetisches Problemlösen · Positives Arbeitsklima · Reduktion von Desinteresse
Kooperation	· Methoden zur Ideenfindung und Kreativitätsentwicklung · Arbeits- und Präsentationstechniken	· Effizienteres, synergetisches Problemlösen · Koordination der vorhandenen Energien
Information	· Offene Kommunikationsstrukturen · Optimieren der Informationssammlung und -verteilung	· Koordination · Akzeptanz · Integrales Denken · Stimulanz

Abb. 4.9 Motivation durch Integration, Kooperation und Information

4.3.3 Kreativitätsmethoden

Um möglichst rasch zu kreativen Ergebnissen zu gelangen, werden oft Kreativitätsmethoden angewandt. Es handelt sich dabei um Verfahren, welche in geordneter Weise möglichst viele originelle Ideen hervorbringen sollen. Der Teamgedanke steht dabei im Vordergrund, Einzelinteressen sind zurückzustellen. Die meisten Methoden leben von der gegenseitigen Befruchtung. Bei der kreativen Teamarbeit kommt einmal mehr ein Hauptmerkmal von dynamischen Systemen zum Ausdruck, nämlich die Tatsache, dass das Gesamtsystem mehr ist als die Summe seiner Teile. Beispielsweise wären viele unserer technischen Errungenschaften als Einzelleistungen nie möglich gewesen, sie sind vielmehr das Ergebnis einer kreativen und konstruktiven Zusammenarbeit im Team.

Unabhängig von der gewählten Methode sind bei einer Kreativ-Sitzung vier Schritte zu durchlaufen:

- *Problem definieren:* Wie bereits früher gezeigt, kommt einer sauberen Definition des Problems im Problemlösungsprozess eine entscheidende Bedeutung zu. Zwei Hauptfehler bei der Problemformulierung sind: Das Problem ist nicht treffend formuliert (zu allgemein), oder die Fragestellung betrifft nicht den zentralen Aspekt des Problems. Bei der Formulierung gilt zu beachten, dass das Problem zwar abgegrenzt, der Rahmen dabei aber nicht zu eng gesteckt wird.
- *Spontanlösungen festhalten:* Vor der eigentlichen Phase der kreativen Lösungssuche werden bekannte Lösungen genannt und festgehalten. Der Sinn dieses Vorgehens besteht darin, den Kopf freizubekommen und Blockaden abzubauen. Erst wenn die Teilnehmer die gängigen Ansätze überwunden haben, ist der Weg frei für neue Ideen.
- *Lösungsideen erarbeiten:* Auf der Grundlage der Problemformulierung und der gesammelten Spontanlösungen werden neue Lösungsideen erarbeitet. Je nach Kreativitätsmethode ergeben sich hier spezifische Tätigkeiten. Eine Beurteilung und Bewertung erfolgt erst in einem weiteren Schritt. Vielfach sind wir allzu schnell geneigt, eine Idee, die uns als abwegig erscheint, zu verwerfen, ohne sie einer näheren Betrachtung zu unterziehen. Gerade solche Ideen können aber oft zu überraschenden Lösungen führen.
- *Lösungen bewerten:* Damit die gefundenen Lösungen den Boden der Realität nicht verlassen, ist ein Rückbezug auf die Wirklichkeit notwendig. Folgende Fragen haben sich als nützlich erwiesen:
  - Wird das Problem durch die gefundenen Ergebnisse gelöst?
  - Ist die Lösung politisch, institutionell, in der zur Verfügung stehenden Zeit, mit den gegebenen finanziellen Mitteln etc. realisierbar?
  - Wird die Verwirklichung der Lösung dadurch erleichtert, dass auf bereits vorhandene Ansätze zurückgegriffen werden kann?

Kreatives Arbeiten erfordert ein anregendes Arbeitsumfeld. Die meisten Kreativitätstechniken werden, wie bereits erwähnt, sinnvollerweise in einem Team umgesetzt. Damit sich brauchbare und verwertbare Resultate ergeben, müssen gewisse Spielregeln eingehalten werden. Abb. 4.10 enthält eine Reihe solcher Verhaltensregeln.

Quantität vor Qualität:
Bei allen Kreativitätsmethoden geht es zunächst darum, möglichst viele Ideen zu produzieren. Die Qualität spielt erst in der Phase der Beurteilung eine Rolle.

Alles ist erlaubt:
Bei der Suche nach Lösungsansätzen sollen keine äusseren oder inneren Beschränkungen gesetzt werden. Alle Lösungsideen, seien sie noch so abenteuerlich, lächerlich oder scheinbar falsch, sollten genannt werden.

Geistiges Eigentum existiert nicht:
Ideen anderer können eigene Ideen provozieren. Kreativitäts-Sitzungen leben von der gegenseitigen Befruchtung. Wenn alle Ideen ungehindert ausgetauscht werden, kann die Gruppe gemeinsam neue und originelle Lösungen erarbeiten.

Voreilige Kritik ist verboten:
Unmittelbare Kritik durch sogenannte Killerphrasen hemmt und führt zu Denkblockaden. Werden in der Folge nur noch "vernünftige" Ideen produziert, fallen neue und erfolgversprechende Ansätze unter den Tisch.

Ideen nicht breit austreten:
Durch zu ausführliche Formulierung von Ideen wird der Gedankenfluss gehemmt. Die Ideen sind kurz und knapp zu beschreiben. Nicht durcheinander reden und genügend Zeit für das Aufschreiben lassen.

Abb. 4.10 Verhaltensregeln bei Kreativsitzungen

Kreativitätstechniken können nach verschiedenen Gesichtspunkten geordnet werden. Gängig ist eine Unterteilung in intuitive und systematische Methoden. Die intuitiven Methoden bezwecken eher, neue Ideen durch kreative Unordnung herbeizuführen, während systematische Methoden eher das Aufsuchen und Umorganisieren von Ordnungsmustern beinhalten. In vielen Kreativitätsmethoden finden wir eines oder mehrere der folgenden Prinzipien:

- *Assoziationen suchen:* Hier geht es darum, über die freie Verknüpfung von Vorstellungen und Gedanken möglichst viele mit dem Problem zusammenhängende Aspekte zu finden. Wir suchen also nach den im System beteiligten Komponenten.
- *Analogien bilden:* Gesucht sind hier Bilder, Vorgänge oder Tatbestände, welche einem andern Wirklichkeitsbereich entstammen als das eigentliche Problem, diesem aber sehr ähnlich sind. Hier suchen wir also nach ähnlichen Strukturen.

- *Zufallsanregung:* Dabei geht man bei der Lösungssuche von zufällig gefundenen oder zusammengestellten Wörtern oder Begriffen aus. Aus deren Beschreibung bzw. Kombination werden Anregungen für die Lösungsidee gewonnen.
- *Systematische Bedingungsvariation:* Hierbei wird ein grundlegender Bereich des bisherigen Lösungsansatzes systematisch und konsequent verändert. Beispielsweise können die bisherigen Ansätze auf das in ihnen vorherrschende Prinzip untersucht und dieses durch ein anderes ersetzt werden.

Nach der knappen Übersicht über den Einsatz von Kreativitätsmethoden sollen im folgenden zwei häufig angewandte Vertreter näher vorgestellt werden. Aus der grossen Zahl von Methoden haben wir eine intuitive und eine systematische ausgewählt, nämlich das Brainstorming und den morphologischen Kasten.

Brainstorming

Die wesentliche Idee des Brainstormings besteht darin, dass die Teilnehmer spontan Lösungsvorschläge für das gestellte Problem nennen, die dann für alle Gruppenmitglieder sichtbar notiert werden. Während dieser Phase der Ideenfindung ist jegliche Kritik bzw. Bewertung der Vorschläge untersagt. Die Nennungen sollen möglichst knapp und kurz gefasst werden. Die spontane Äusserung von Einfällen und Vorschlägen führt zur gegenseitigen Anregung und zur Produktion neuer Ideen. Die Qualität der genannten Ideen ist nicht ausschlaggebend. Jeder Beitrag ist erwünscht, und der Phantasie sind keine Grenzen gesetzt. Jede Assoziation soll genannt werden, Blödeln ist erlaubt, Vernunft und Logik spielen keine Rolle. Jede Brainstormingsitzung muss geplant und moderiert werden.

Idealerweise läuft eine Sitzung in folgenden Schritten ab:

- Der Moderator vergewissert sich, dass alle Teilnehmer eine einheitliche Auffassung des Problems haben.
- Das Problem wird allenfalls geklärt und neu formuliert.

- Die Regeln des Brainstormings werden nochmals erläutert. Die Teilnehmer versuchen dann, möglichst viele Ideen zu finden. Die vorgebrachten Ideen werden stichwortartig und für alle Teilnehmer sichtbar auf Flip-Charts o.ä. festgehalten. Die Sitzungsdauer soll sich nicht nur nach der Zeit (15 bis 20 Minuten), sondern auch nach dem Ideenfluss richten. Der Ideenfluss soll nicht zu früh unterbrochen werden.
- Nach Beendigung der kritiklosen Phase werden die genannten Ideen geordnet und bewertet. Dies erfolgt im Anschluss an die Brainstormingsitzung gemeinsam mit allen Teilnehmern oder später durch eine andere Gruppe.

Morphologischer Kasten

Komponenten	Ausprägungen						
Energiequelle	Hand	Erschütterung	Druckschwankung	Temperaturschwankung	Photozelle	Batterie	Stromnetz
Energiespeicher	Spiralfeder	Bimetallfeder	Druckbehälter	Akku	Kondensator	Gewicht	kein Speicher
Motor	Federmotor	Elektromotor	pneumat. Motor	hydraul. Motor	Explos.-motor		
Impulsgeber	Unruh	Pendel	Stimmgabel	Netzfrequenz	Quarzresonator	Atomresonator	
Regelung	Fliehkraftregler	elektronischer Regelkreis	keine				
Impulszählung	mechanisch (Getriebe)	elektronische Zählschaltung					
Anzeige	Zeiger	Schieber	Fenster	elektronisch	Bildschirm	akustisch	

Abb. 4.11 Beispiel für einen morphologischen Kasten

Unter «Morphologie» verstehen wir im Zusammenhang mit dem Problemlösungsprozess ein ordnendes und gestaltendes Schematisieren des Problems. Das Prinzip des morphologischen Kastens besteht darin, dass das vorliegende Problem in Komponenten gegliedert wird und dass für jede einzelne Komponente verschiedene Lösungs-

Oskar Weiss zu: « Brainstorming »

alternativen gesucht werden. Dabei ist man bestrebt, zunächst für alle Komponenten die möglichen Lösungsansätze vollständig zu erfassen und diese dann systematisch miteinander zu kombinieren. Dieses Vorgehen veranschaulicht das Beispiel in Abb. 4.11. Die erste Spalte links enthält die Komponenten der Lösung, während der rechte Teil des Schemas die verschiedenen möglichen Ausprägungen beinhaltet. Wird nun je Komponente eine Ausprägung ausgewählt, so ergibt deren Kombination eine spezifische Lösung des Problems. Jede denkbare Kombination der Ausprägungen führt also zu einer potentiellen Lösungsvariante.

Festzuhalten ist, dass die Aufstellung der Komponenten und Ausprägungen die wichtigste und zugleich schwierigste Aufgabe des Verfahrens ist. Dabei kann von herkömmlichen Lösungsansätzen ausgegangen werden, oder es können intuitive Techniken wie das Brainstorming zur Ideenfindung herangezogen werden. Bei der Anwendung des Verfahrens ist insbesondere darauf zu achten, dass

- die Komponenten möglichst grosse Unabhängigkeit besitzen,
- die Anzahl der Komponenten möglichst klein ist,
- die Komponenten die charakteristischen Merkmale des Systems beschreiben, und
- die Ausprägungen wichtige Unterschiede deutlich machen.

4.4 Bewertung und Entscheidung

Nachdem beim Lösungsentwurf verschiedene Varianten ausgearbeitet worden sind, müssen wir uns für die detailliertere Ausgestaltung der Lösung auf eine einzige Variante beschränken. Dies bedeutet, dass wir die Lösungsalternativen unter Berücksichtigung verschiedener Kriterien bewerten müssen. In diesem Kapitel befassen wir uns zunächst mit diesen Bewertungskriterien, anschliessend erläutern wir verschiedene Verfahren zur systematischen Entscheidungsfindung, und zum Schluss diskutieren wir eine Methodik zur Beurteilung möglicher zukünftiger Entwicklungen.

4.4.1 Kriterien der Bewertung

In erster Linie geht es bei der Bewertung von Lösungsalternativen um die Beurteilung des Zielerfüllungsgrades. Gemäss Systemdenken müssen von einem Lösungsvorschlag aber auch dessen Funktionsfähigkeit und Eignung zur Integration in das übergeordnete System überprüft werden. Im weiteren ist die Lebensfähigkeit der vorgeschlagenen Lösung zu überdenken. Und schliesslich ist nach den Voraussetzungen und Konsequenzen einer möglichen Realisierung zu fragen. Diese Aspekte sollen im folgenden etwas detaillierter diskutiert werden.

Wenn wir den *Zielerfüllungsgrad* beurteilen wollen, so nehmen wir sinnvollerweise die früher im Problemlösungsprozess formulierten Ziele zur Hand. Die Mussziele dienen bekanntlich der Vorauswahl. Jede Alternative, die die Mussziele nicht erfüllt, ist ohne weitere Analyse auszuscheiden. Da die Sollziele mehr Interpretationsspielraum offenlassen, haben wir diesbezüglich zu beurteilen, welche Variante die Sollziele optimal erfüllt. Bei dieser Beurteilung spielt die Operationalisierung der Ziele eine wesentliche Rolle. Wenn die Ziele ungenügend operationalisiert worden sind, wird eine objektive Beurteilung sehr schwierig.

Um die *Funktionsfähigkeit* des geplanten Zielsystems sicherzustellen, untersuchen wir sinnvollerweise die dynamischen Abläufe der einzelnen Lösungsvarianten. Wir richten also den Blick nach innen, auf die Komponenten und Beziehungen des Systems. Zur Überprüfung der Funktionsabläufe ist es zweckmässig, den Informations-, Material- oder Energiefluss zwischen den einzelnen Komponenten zu verfolgen.

Gemäss Systemdenken ist der Blick auch nach aussen zu wenden und das Mass der *Integrationsfähigkeit* der einzelnen Lösungsvorschläge zu überprüfen. Zum Zeitpunkt der Beurteilung dieses Aspektes sollte das Umfeld des Zielsystems aufgrund der vorherigen Situationsanalyse ausreichend bekannt sein. Es stellt sich folglich die Frage, wie gut sich die verschiedenen Vorschläge in dieses Umfeld integrieren lassen. Fragen nach den Beziehungen zwischen System und Umwelt bzw. nach der Schnittstelle zwischen Innen und Aussen stehen hier im Zentrum der Überlegungen.

Als wichtiger nichtfunktionaler Aspekt ist die *Lebensfähigkeit* der einzelnen Lösungsvorschläge zu beurteilen. Wenn wir im Zusammenhang mit der Zielformulierung bereits Kriterien für die Beurteilung der Lebensfähigkeit unseres Zielsystems definiert haben, so gilt es nun, diese Definition mit den Lösungsvorschlägen zu vergleichen. Unter anderem ist etwa zu prüfen, bei welchen Komponenten Probleme auftauchen könnten, wie diese allenfalls zu beheben wären, ob Teile der Lösung für spätere Zwecke wiederverwendbar sind, inwiefern Synergien genutzt werden oder ob die zukünftige Weiterentwicklung des Zielsystems sichergestellt ist.

Schliesslich gilt es im Zusammenhang mit der Lebensfähigkeit auch zu beurteilen, ob die *Voraussetzungen* für die Realisierung einer Lösung gegeben sind bzw. welche *Konsequenzen* ein Lösungsvorschlag allenfalls mit sich bringt. Hierbei geht es um Aspekte, welche oft nicht explizit in den Zielen formuliert worden sind, welche aber als Randbedingungen für den Problemlösungsprozess eine grosse Bedeutung haben. Es handelt sich etwa um Fragen bezüglich Wissensstand, Infrastruktur, Kosten, Zeit oder Personal.

4.4.2 Systematisch entscheiden

Eine Entscheidung kann ad hoc oder aufgrund einer systematischen Entscheidungsanalyse getroffen werden. In einfachen Situationen sind intuitive Entscheide sicher zweckmässig, oft sind jedoch methodisch unterstützte Entscheide von Vorteil. Die Treffsicherheit bei der Wahl der richtigen Alternative steigt, der Entscheid wird objektiver, die Beurteilung nachvollziehbar und der Entscheidungsprozess transparenter.

Es ist zweckmässig, eine Entscheidungssituation schrittweise anzugehen. Zunächst stellt sich die Frage, was mit dem Entscheid bezweckt wird. Danach muss beurteilt werden, ob eine ad hoc-Entscheidung oder ein systematisches Vorgehen sinnvoll ist. Eventuell muss als Entscheidungsgrundlage zusätzliche Information beschafft werden. Und schliesslich ist das gewählte Verfahren auszuführen. Im folgenden sollen drei gängige Entscheidungsverfahren erläutert werden: Argumentenbilanz, Nutzwertanalyse und Risikoanalyse.

Argumentenbilanz

Die Grundidee dieses einfachen Verfahrens besteht darin, die Vor- und Nachteile einzelner Lösungsvarianten einander in tabellarischer Form gegenüberzustellen. In Abb. 4.12 findet sich als Beispiel einer Argumentenbilanz die Beurteilung eines transportablen Notebook-Computers im Vergleich zu einem Tischgerät. Obwohl die Argumentenbilanz eine sehr einfache Methode ist, ermöglicht sie durch die Ordnung der Argumente eine gewisse Objektivierung der Situation. Es ist jedoch zu beachten, dass das Gewicht der Argumente vernachlässigt wird und dass unklar bleibt, welche Argumente als Vor- und Nachteile einander direkt gegenüberstehen. Das Verfahren eignet sich lediglich für sehr einfache Situationen.

Varianten	Notebook-Computer	Tischcomputer
Vorteile	- Überall einsetzbar - geringer Platzbedarf - integrierter Trackball	- ergonomische Tastatur - zwei Diskettenlaufwerke - übersichtlicher Bildschirm
Nachteile	- mangelhafte Bildschirmqualität - zu kleine Tastatur - beschränkte Ausbaufähigkeit	- grosses Gehäuse - lauter Ventilator - Bildschirm flimmert

Abb. 4.12 Beispiel einer Argumentenbilanz

Nutzwertanalyse

Die Nutzwertanalyse können wir als Erweiterung der Argumentenbilanz verstehen. Es werden ebenfalls Argumente aufgeführt; die Methode zwingt aber dazu, die Bedeutung der Argumente zu gewichten. Die Argumente werden sinnvollerweise aus den im vorangehenden Kapitel erläuterten Bewertungskriterien abgeleitet. Meist haben nicht alle Kriterien dasselbe Gewicht. Es ist deshalb eine Gewichtung vorzunehmen. Gewichten bedeutet, dass die Kriterien in eine Rangreihe gebracht werden und dass ihre relative Bedeutung zueinander festgelegt wird.

Ein wesentlicher Aspekt der Methode liegt darin, dass der Zielerreichungsgrad einer Lösungsvariante pro Kriterium benotet wird. Für die Benotung eignet sich beispielsweise die folgende Notenskala:

5 = sehr gute Erfüllung des Kriteriums
4 = gute Erfüllung
3 = normale, durchschnittliche Erfüllung
2 = schlechte Erfüllung
1 = sehr schlechte Erfüllung

Aus der Multiplikation des Notenwertes mit dem Gewicht des entsprechenden Kriteriums errechnet sich der Nutzwert je Kriterium. Die Summe ergibt das Mass der Gesamtzielerfüllung, d.h. den Gesamtnutzwert je Variante. Diejenige Entscheidungsalternative, die die höchste Nutzwertzahl erreicht, ist die bestmögliche Lösung zur Erreichung der gesteckten Ziele. Es empfiehlt sich, im Rahmen einer Sensitivitätsanalyse zu untersuchen, ob sich die Rangfolge der Varianten bei einer anderen Gewichtung der Ziele oder einer anderen Benotung ändert. Dies hilft, die Entscheidungssituation transparenter zu machen, und verhindert blinde Methodengläubigkeit.

In Abb. 4.13 ist eine Nutzwertanalyse für das vorherige Beispiel einer Computer-Evaluation dargestellt. Hierbei entsprechen die Kriterien den Soll-Zielen der Evaluation. Varianten, welche die Muss-Ziele nicht erfüllen, sind von vornherein gar nicht in die Überlegungen einbezogen worden. Auch Wunsch-Ziele, wie etwa die Transportfähigkeit, sind nicht in den Kriterienkatalog aufgenommen worden. Aufgrund der berechneten Nutzwerte müssten wir uns in diesem Beispiel für die Variante Tischcomputer entscheiden.

Kriterien	Gewicht	Varianten			
		Notebook-Computer		Tischcomputer	
		Note	Note*Gewicht	Note	Note*Gewicht
Benutzerfreundlichkeit	50	3	150	4	200
Ausbaubarkeit	20	2	40	5	100
Verhältnis Preis/Leistung	20	2	40	4	80
Platzbedarf	10	5	50	2	20
Nutzwert	100		**280**		**400**

Abb. 4.13 Beispiel einer Nutzwertanalyse

Risikoanalyse

Falls bei den verschiedenen Lösungsvarianten mit Risiken oder Folgeproblemen zu rechnen ist, empfiehlt sich eine zusätzliche Risikoanalyse. Es sind dann etwa die folgenden Fragen zu analysieren und zu beurteilen: Was könnte eintreten, was könnte schiefgehen, oder was wären allfällige Folgen? Man kann auch hier ein Verfahren in Form einer Bewertungsmatrix verwenden. Die Kriterien, die wir je Variante zu beurteilen haben, sind die möglichen Risiken bzw. die potentiellen Probleme. Bewertet wird je Variante und Risiko die Wahrscheinlichkeit des Eintretens eines Problemfalls bzw. im Falle eines Eintretens die Tragweite des Problems.

Eine Risikoanalyse umfasst somit die folgenden Schritte:

- Ermitteln der möglichen Probleme oder Risiken
- Bestimmen der Wahrscheinlichkeit W des Eintretens (W liegt zwischen 0 und 1)
- Abschätzen der Tragweite T im Falle eines Eintretens (T z.B. zwischen 0 und 10)
- Berechnen des Risikowertes $R = W * T$
- Bestimmen des Gesamtrisikos aus der Summe der Risikowerte
- Interpretieren der Ergebnisse

In Abb. 4.14 ist die Risikoanalyse für die Beschaffungsfrage des vorangehenden Beispiels dargestellt. Der späte Liefertermin des Tischcomputers stellt hier im Vergleich zur sofortigen Lieferbarkeit des Notebook-Computers ein Problem dar. Dieser ist umgekehrt aufgrund von Testberichten als etwas störungsanfälliger einzustufen. Ersatzteile sind wiederum für das Tischgerät einfacher zu erhalten. Insgesamt ergibt sich somit in der Beurteilung ein etwas höheres Gesamtrisiko für den Notebook-Computer.

Probleme Risiken	**Varianten**					
	Notebook-Computer			Tisch-Computer		
	W	T	W*T	W	T	W*T
Liefertermin	0	0	0	0.5	3	1.5
Störungen	0.4	5	2.0	0.2	5	1.0
Ersatzteile	0.6	7	4.2	0.4	7	2.8
Gesamtrisiko			**6.2**			**5.3**

Abb. 4.14 Beispiel einer Risikoanalyse

Zum Schluss dieses Kapitels über Entscheidungsverfahren stellt sich grundsätzlich die Frage nach der Objektivität der einzelnen Methoden. Es ist kein Geheimnis, dass diese bei allen hier präsentierten Ansätzen recht gering ist. Auch wenn bei den letzten beiden Verfahren durch die Quantifizierung des Entscheids eine scheinbare Genauigkeit vorgetäuscht wird, bleibt die Auswahl der Kriterien, Gewichte, Noten oder Wahrscheinlichkeiten stets subjektiv. Trotzdem sprechen gute Gründe für den Einsatz der genannten Entscheidungsverfahren. Sie zwingen einen nämlich dazu, eine Entscheidungssituation durch Strukturierung transparenter zu machen und generell über die einem Entscheid zugrundeliegenden Wertvorstellungen nachzudenken. Damit werden rein intuitive oder willkürliche Entscheidungen verhindert. Die Begründung eines Entscheids wird noch deutlicher offengelegt, wenn die Überlegungen in umgangssprachlicher Form dokumentiert werden. So ist es beispielsweise sinnvoll, die einzelnen Kriterien, Gewichte oder Noten parallel zur Matrixdarstellung in Worte zu fassen. Meistens sind es ja ausformulierte Argumente und weniger die nackten Zahlen, welche für die verschiedenen, in den Entscheid involvierten Instanzen von Interesse sind. Zudem ist es für den Fall von späteren Unklarheiten bei der Umsetzung nützlich, wenn der Gang der Entscheidungen möglichst lückenlos nachvollzogen werden kann.

4.4.3 Zukünftige Entwicklungen beurteilen

Ein wesentlicher Aspekt bei der Bewertung eines Lösungsvorschlages ist die Beurteilung zukünftiger Entwicklungen. Das Motto «Agieren statt Reagieren» ist ja ein wichtiger Grundsatz der Systemik, und für eine aktive Gestaltung der Zukunft ist eine Vorbereitung auf mögliche Entwicklungen unabdingbar. Wenn wir im folgenden eine Methode zur Beurteilung zukünftiger Entwicklungen präsentieren, so machen wir dies mit allen bereits angebrachten Vorbehalten gegenüber der Voraussagbarkeit von komplexen Systemen.

Viele Prognostiker basieren ihre Voraussagen auf der Vergangenheit, bekanntlich oft mit mässigem Erfolg. Im Sinne einer aktiven Systemgestaltung scheint es uns dagegen sinnvoll, den Spiess umzudrehen. Eine intensive Auseinandersetzung mit der Zukunft stellt sicher, dass man auf mögliche Überraschungen vorbereitet ist. Wir schlagen deshalb vor, dass anstelle von Prognosen verschiedene Szenarien durchzuspielen sind. Ein *Szenario* ist die Beschreibung eines möglichen Weges in die Zukunft, d.h. eine hypothetische Abfolge von zukünftigen Systemzuständen. Szenarien ermöglichen gegenüber üblichen Prognosen die gleichzeitige Berücksichtigung unterschiedlicher Aspekte eines sich alternativ entwickelnden Problemfeldes. Zudem erlauben sie die kreative Auseinandersetzung mit zukünftigen Situationen.

Zur Erarbeitung von Szenarien sind grundsätzlich zwei Vorgehensweisen denkbar: Entweder beschreiben wir, ausgehend von der gegenwärtigen Situation, die verschiedenen Szenarien als «Baum der möglichen Entwicklungen». Oder wir wählen als Ausgangspunkt einen zukünftigen Systemzustand und versuchen, rückwärts eine Kette von Konsequenzen für die Erreichung dieses Ziels zu erarbeiten (vgl. Abb. 4.15). Die Schwierigkeiten mit dem ersten Ansatz liegen auf der Hand. Falls eine zu beurteilende Situation eine grosse Zahl von Alternativen aufweist, verzweigt sich der Entscheidungsbaum bald ins Unermessliche. Unter Umständen kommen dabei auch neue Varianten ins Spiel, welche für die Problemlösung gar keine Relevanz haben. Dagegen minimiert der zweite Ansatz nicht bloss die Zahl der zu berücksichtigenden Entwicklungsäste, sondern bezieht ausschliesslich die bereits erarbeiteten Lösungsvarianten in die Überlegungen mit ein.

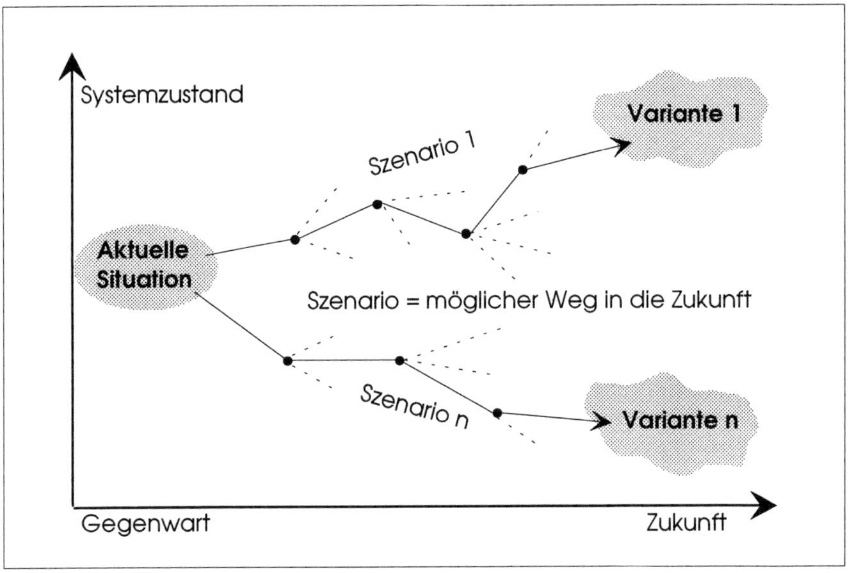

Abb. 4.15 Szenarien als Abfolge zukünftiger Systemzustände

Das folgende Vorgehen scheint folglich zur Erarbeitung von Szenarien zweckmässig: In einem ersten Schritt haben wir uns die verschiedenen *Varianten* nochmals in allen Details vor Augen zu führen. Dabei kann es durchaus sinnvoll sein, dass wir unsere Vorstellungskraft mit verschiedenen Hilfsmitteln anregen. Modelle oder Rollenspiele sind diesbezüglich besonders geeignet. Eine realitätsnahe Beschreibung der möglichen zukünftigen Systemzustände erlaubt zudem nochmals eine intuitive Überprüfung der verschiedenen Lösungsalternativen.

In einem weiteren Schritt sind die einzelnen *Szenarien* im Detail zu erarbeiten. Ausgehend von einer bestimmten Lösungsvariante, haben wir uns durch Rückwärtsverfolgung der Entwicklungsäste zu überlegen, welche Rahmenbedingungen und Entscheidungen letztlich zur Erreichung des Ziels notwendig sind. Grundsätzlich ist es zweckmässig, möglichst viele der in den Problemlösungsprozess involvierten Personen an diesem Arbeitsschritt zu beteiligen. Ein Konstruktionsingenieur, ein Designer, ein Verkäufer oder ein Betriebsleiter sehen unter Umständen ganz unterschiedliche Hürden auf dem Weg zur Lösung eines Problems.

Nachdem die verschiedenen Szenarien erarbeitetet worden sind, muss schliesslich eine *Beurteilung* erfolgen. Zunächst ist zu überprüfen, ob die einzelnen Szenarien überhaupt relevant sind. Es stellt sich dabei die Frage, ob die für die Entwicklung notwendigen Entscheidungen in der eigenen Hand liegen und ob ungeeignete Rahmenbedingungen allenfalls in gewünschter Weise beeinflussbar sind. Unter den relevanten Szenarien ist im weiteren die bevorzugte Variante zu eruieren. Hierbei ist zu beurteilen, welche Variante sich aufgrund der gegebenen Bedingungen am besten realisieren lässt. Bei der Beurteilung sind auch Überlegungen bezüglich der Lebensfähigkeit der einzelnen Varianten anzustellen. Falls die Varianten gemäss ihrer Beurteilung in eine Rangreihe gebracht werden, so finden wir am einen Ende der Skala schliesslich das Best Case- und am anderen Ende das Worst Case-Szenario.

Die *Vorteile* der Szenariotechnik lassen sich wie folgt zusammenfassen: Dank dem informellen Charakter der Methode kann eine relativ grosse Zahl von Mitarbeitern in den Prozess eingebunden werden. Insbesondere bei einer interdisziplinären Zusammensetzung des Teams kann aus der Arbeit mit Szenarien ein breites Verständnis für die verschiedenen Varianten resultieren. Sofern als Folge des Variantenentscheids Veränderungen einzuleiten sind, finden diese letztlich eine grössere Akzeptanz unter den Mitarbeitern. Die Szenariotechnik ist auch für die Beurteilung der Lebensfähigkeit prädestiniert. Fragen bezüglich Wartbarkeit, Erweiterbarkeit, Qualität oder Entwicklungsfähigkeit werden idealerweise im Zusammenhang mit zukunftsorientierten Überlegungen behandelt. Zugleich können die Voraussetzungen und Konsequenzen eines Lösungsvorschlages überprüft werden. Hier stellen sich Fragen bezüglich Infrastruktur, Kosten, Zeit oder Personal. Und schliesslich ermöglicht die Auseinandersetzung mit einer Reihe von unterschiedlichen Szenarien eine bessere

Vorbereitung auf unvorhergesehene Entwicklungen. Im Falle einer überraschenden Veränderung der Rahmenbedingungen kann aufgrund der gedanklichen Vorarbeit sofort reagiert und auf eine alternative Variante umgestellt werden.

Kontrollfragen

1. Im Rahmen des Problemlösungszyklus folgt die Zielformulierung auf die Situationsanalyse und Problemformulierung. Welche Aufgabe kommt der Zielformulierung im Gegensatz zu den beiden vorangehenden Schritten zu?

2. Was versteht man unter einem funktionalen, was unter einem nichtfunktionalen Ziel. Erläutern Sie die Begriffe anhand eines geeigneten Beispiels.

3. Bei der Erarbeitung von Zielen ist es zweckmässig, zwischen Funktionen und Eigenschaften des Zielsystems zu unterscheiden. Erläutern Sie Bedeutung und Unterschied der beiden Begriffe anhand eines Beispiels.

4. Nehmen Sie Stellung zur Aussage von M:
   «Gegenläufige Ziele im Sinne einer Zielkonkurrenz sind unter allen Umständen zu vermeiden.»

5. Welche Zieldimensionen kann eine Zielformulierung aufweisen? Ist diesbezüglich das folgende Ziel klar formuliert: «Die neue Software muss einen hohen Benützungskomfort aufweisen»?

6. Eine Unternehmung verfolgt folgende Ziele:
   - Reduktion der Kosten
   - Erhöhung des Gewinns
   - Elimination aller umweltbelastenden Stoffe in der Produktion
   - Förderung der Weiterbildung der Mitarbeiterinnen und Mitarbeiter

   Welche Beziehungen bestehen zwischen diesen Zielen?

7. Erläutern Sie den Begriff «Zielhierarchie» anhand eines selber gewählten Beispiels.

8. Was verstehen Sie unter der Lebensfähigkeit eines Systems? An welchen Stellen im Vorgehensmodell haben Sie dem Thema «Lebensfähigkeit» besondere Beachtung zu schenken?

9. Beschreiben Sie kurz ein System aus Ihrem Erfahrungsbereich und erläutern Sie verschiedene Massnahmen zur Verbesserung von dessen Lebensfähigkeit.

10. Erläutern Sie die charakteristischen Merkmale eines wohl strukturierten und eines schlecht strukturierten Problems anhand eines Beispiels aus Ihrem Erfahrungsbereich.

11. In welchem Zusammenhang steht das Organisationsprinzip «teile und herrsche» mit dem Systemdenken?

12. Welche Vorteile sehen Sie darin, bei der Entwicklung einer Problemlösung verschiedene Lösungsvarianten einander gegenüberzustellen?

13. Kreativität kann durch verschiedene persönliche und äussere Einflussfaktoren gehemmt werden. Nennen Sie je vier kreativitätshemmende Faktoren.

14. Nennen Sie vier wichtige Phasen bei der Durchführung von Kreativ-Sitzungen, und beschreiben Sie kurz deren Inhalt.

15. Erläutern Sie vier Verhaltensregeln für Kreativsitzungen.

16. Erläutern Sie an einem selber gewählten Beispiel das Prinzip des morphologischen Kastens.

17. Nach welchen Kriterien haben wir eine erarbeitete Lösungsvariante zu beurteilen?

18. Konstruieren Sie eine Entscheidungssituation, bestehend aus zwei Lösungsvarianten. Vergleichen Sie die Varianten in einer Nutzwertanalyse anhand von 4 bis 5 Kriterien.

19. Welchen Beitrag kann der Einsatz von Entscheidungsmethoden für die Entscheidungsfindung leisten?

20. Erläutern Sie kurz den Begriff «Szenario». Die Entwicklung von Szenarien kann vorwärts oder rückwärts geschehen. Vergleichen Sie die beiden Ansätze miteinander.

21. Worin sehen Sie die Vorteile der Szenariotechnik?

5 Umsetzung

Während der Phase der Problemlösung sind unsere vier Kollegen von der Firma CASH-PROTECT ganz schön ins Schwitzen geraten. Es sind Ziele definiert, Aspekte der Lebensfähigkeit diskutiert und verschiedene Varianten evaluiert worden. Unter anderem sind folgende Ideen zur Diskussion gekommen:

- *Videokamera mit automatischer Bildverfolgung: Das vorhandene Wissen könnte gut eingebracht werden, nachteilig ist jedoch der hohe Personalbedarf für die Überwachung.*
- *Architektonische Massnahmen (Farbgebung, Beleuchtung, Einbau eines Kiosks etc.): Bei dieser Idee kann das eigene Know-how zu wenig vermarktet werden.*
- *Parkieren im Stapelsystem (Paternoster): Dieser Vorschlag würde die Gefahrenquelle ganz ausschalten. Das Übel wäre somit bei der Wurzel gepackt. Solche Systeme sind aber bloss bei neuen Anlagen realisierbar und zudem sehr teuer.*
- *Chauffeur bringt Auto auf Parkplatz: Die Lösung besticht durch ihre Einfachheit, bringt aber keinen Gewinn für CASH-PROTECT, und die Stadt ist auch nicht an einer Finanzierung dieser Dienstleistung interessiert.*

Während der Auseinandersetzung mit den verschiedenen Lösungsvarianten ist das Team zum Schluss gekommen, dass das Ziel umfassender formuliert werden muss. Personen mit einem Sicherheitsbedürfnis gibt es nicht bloss in Tiefgaragen, sondern auf dem ganzen Stadtgebiet. Anlässlich eines Kreativitätsseminars sind sie schliesslich auf den Lösungsvorschlag gestossen, welcher bei der abschliessenden Bewertung obsiegte: die persönliche Alarmzentrale im Taschenformat. Ein Tastendruck aktiviert nicht bloss einen charakteristischen Alarmton, das Gerät ortet auch via GPS (Global Positioning System) den aktuellen Standort und alarmiert die nächste Polizeipatrouille. Dank einem modularen Konzept wären spätere Erweiterungen möglich, etwa hinsichtlich der Übermittlung von allgemeinen Informationen (aktuelle Veranstaltungen, freie Parkplätze, Verkehrsstaus etc.). Als Übergangslösung für das Sicherheitsproblem finanziert CASH-PROTECT Chauffeure, welche in verschiedenen Tiefgaragen auf Wunsch gratis die Autos parkieren. Dies gibt der Firma neben der Publizität auch gleich die Möglichkeit, mit potentiellen Kunden ins Gespräch zu kommen und das neue Produkt vorzustellen.

Der Tatendrang ist riesig, das Team möchte sofort mit der Umsetzung beginnen. Rolf – beeindruckt von den positiven Erfahrungen mit dem systemischen Ansatz – warnt dagegen vor überstürztem Handeln:

Rolf:	«Mit unserer Superidee sind wir noch überhaupt nicht am Ziel. Jetzt geht es darum, ein kostengünstiges und qualitativ hochstehendes Produkt zu entwickeln.»
Carole:	«Ja, wie sieht es eigentlich mit unseren finanziellen Möglichkeiten aus?»
Luki:	«Und wie steht es mit unserem Know-how bezüglich GPS? Müssten wir hier nicht Synergien nutzen und einen geeigneten Partner suchen?»
Matz:	«Mit der Polizei müssten wir natürlich auch baldmöglichst Kontakt aufnehmen!»
Rolf:	«Hört - im Zusammenhang mit unserem weiteren Vorgehen habe ich mir folgendes überlegt. Eigentlich haben wir nicht bloss unser Produkt systemisch zu entwickeln. Auch unser ganzes Projekt kann als System verstanden werden!»
Matz:	«Das musst du mir genauer erklären!»
Carole	*(nachdenklich):* «Ja doch – ich glaube, er hat recht. Müssen wir bei der Umsetzung nicht eine Vielzahl vernetzter Aspekte bezüglich Qualität, Kosten oder Zeit unter Kontrolle halten?»
Rolf:	«Richtig! – Und die guten Erfahrungen in den ersten Projektphasen sprechen dafür, dass wir mit dem systemischen Ansatz weiterfahren sollten. – Vielleicht ist es sogar zweckmässig, den Zyklus in unserem Vorgehensmodell ein zweites Mal zu durchlaufen!?»

In zahlreichen Bereichen des Produktions- und Dienstleistungssektors ist seit einigen Jahren die folgende Entwicklung im Gange: Steigende Kosten und grösserer Preisdruck wirken sich negativ auf das Leistungsangebot aus. Durch den zunehmenden Leistungsabbau werden Billiganbieter vermehrt konkurrenzfähig, und der Wettbewerbsdruck erhöht sich. Aus dieser Situation resultiert wiederum ein grösserer Druck auf die Kosten und ein verstärkter Zwang zum Abbau der Leistungen. Gleichzeitig nimmt aber das Qualitätsbewusstsein der Kunden zu. Produkte oder Dienstleistungen werden vermehrt bezüglich ihres Preis/Leistungs-Verhältnisses verglichen.

Aspekte wie Wartung oder Kundenbetreuung gewinnen an Bedeutung. Die Nachfrage nach umweltverträglicheren Produkten wächst. Insgesamt trifft der Kunde aus dem bestehenden Angebot vermehrt eine selektive, bedürfnisgerechte Wahl.

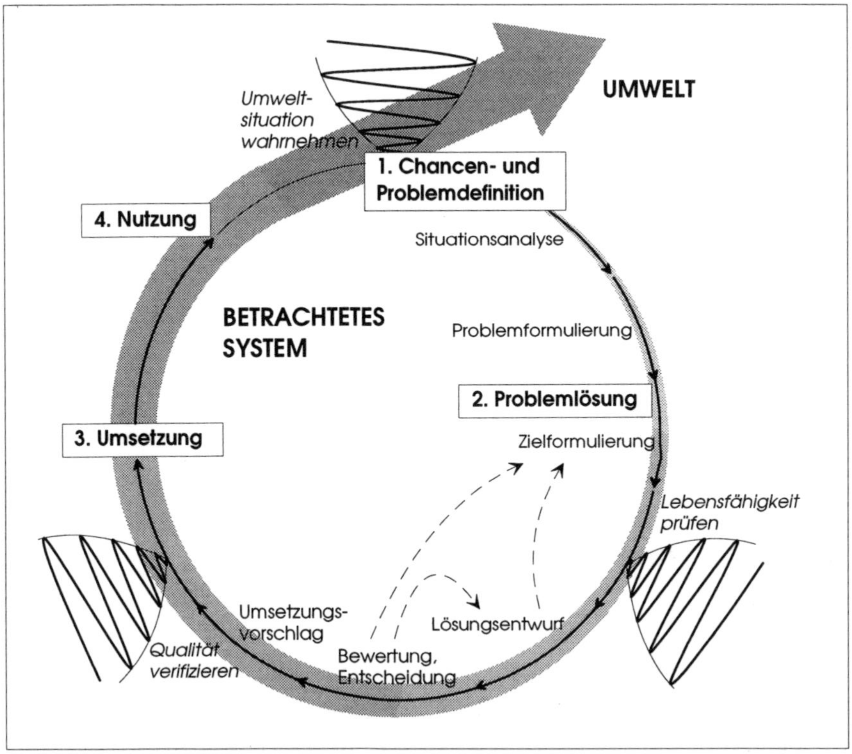

Abb. 5.1 *Qualität ist während des gesamten Projektablaufs ein Thema; im Zusammenhang mit Fragen der Lebensfähigkeit und Weiterentwicklung bleibt deren Bedeutung auch über den Projektrahmen hinaus aktuell*

Im aufgezeigten Spannungsfeld zwischen Kosten und Qualität gilt es für den systemischen Problemlöser, sicherzustellen, dass das Zielsystem nicht bloss umfassend geplant wird, sondern dass dessen Lebensfähigkeit und Qualität auch während der Umsetzung und Nutzung gewährleistet bleibt. Im folgenden setzen wir uns deshalb zunächst mit dem Qualitätsbegriff auseinander und zeigen auf, mit welchen Massnahmen Qualität erzielt werden kann. Anschliessend diskutieren wir Aspekte einer systemischen Projektführung. Themen sind die Definition der Projektziele, die Analyse und Beeinflussung der Projektdynamik, die Organisation des Lösungsprozesses und die Gestaltung des Vorgehensmodells.

In Abb. 5.1 sind zwei wesentliche Kernaussagen des folgenden Kapitels mit einem grauen Pfeil untermalt. Einerseits wird mit dem Pfeil angedeutet, dass Qualität nicht erst am Ende des Projektzyklus ein Thema ist. Andererseits wird hervorgehoben, dass der Zyklus mit der Nutzung nicht abgeschlossen ist. Das realisierte Produkt lebt weiter und muss – ganz im Sinne der Lebensfähigkeit – auch gewartet und weiterentwickelt werden.

5.1 Qualität

Wie oben dargelegt, hat die Erfüllung von Kundenanforderungen in gleichem Masse an Bedeutung gewonnen, wie der wirtschaftliche Wettbewerb härter geworden ist. Eine verstärkte Kundenorientierung der Unternehmen hat dazu geführt, dass die Zahl der Vereinbarungen zur Sicherstellung der verlangten Qualität in den letzten Jahren stetig angestiegen ist. Qualitätssicherung bedeutet aber nicht bloss die Einhaltung von technischen Normen. In zunehmendem Masse enthalten Qualitätsvereinbarungen auch die Forderung, ein umfassendes Qualitätsmanagementsystem aufzubauen und umzusetzen. Wird ein solches System zudem von einer neutralen Stelle überprüft und zertifiziert, so schafft dies für das Unternehmen eine zusätzliche Vertrauensbasis sowohl gegenüber den Kunden wie auch gegenüber Banken, Versicherungen oder Behörden. Von Bedeutung ist neben solch formalen Aspekten des Qualitätsbegriffs aber immer mehr auch ein ganzheitliches Qualitätsverständnis, welches in der Belegschaft als selbstverständlicher Teil der Unternehmenskultur zu verankern ist. Bevor wir uns nun aber mit Fragen des Qualitätsmanagements näher auseinandersetzen, soll der Begriff «Qualität» etwas genauer beleuchtet werden.

5.1.1 Was ist Qualität?

Der Qualitätsbegriff, wie er heute im betrieblichen Bereich verwendet wird, ist eng mit der International Organization of Standardization (ISO) verbunden. Aufgrund des allgemeinen Bedürfnisses zur Standardisierung von Qualitätsvorstellungen wurden Mitte der 80er Jahre die Qualitätsnormen der ISO 9000er-Reihe erarbeitet. Heute sind diese Normen von mehr als 80 Ländern übernommen worden, und über 500 000 Firmen aller Branchen und Grössen haben weltweit ihre Organisation auf die Normanforderungen ausgerichtet.

Nach ISO lässt sich *Qualität* wie folgt definieren: «Qualität ist die Gesamtheit von Eigenschaften und Merkmalen eines Produkts oder einer Dienstleistung, die sich auf deren Eignung zur Erfüllung festgelegter oder vorausgesetzter Bedürfnisse beziehen.» Wenn wir unter einem Produkt jede Art von Waren, Geräten, Rohstoffen, aber auch von Konzepten, Dienstleistungen, Arbeitsabläufen etc. verstehen, so können wir etwas vereinfacht sagen: Qualität ist die Gesamtheit aller Eigenschaften eines Produktes, welche zur Erfüllung der Bedürfnisse beitragen. Oder noch einfacher formuliert: Qualität ist das, was die Kundenbedürfnisse erfüllt. Alle drei Varianten der Begriffsdefinition werfen dieselben Fragen auf: Wer hat Bedürfnisse? Was sind diese Bedürfnisse? Mit welchen Mitteln ist deren Erfüllung sicherzustellen? Und schliesslich, wie beurteilen wir den Erfüllungsgrad von Bedürfnissen?

In allen drei Definitionen kommt zum Ausdruck, dass gewisse Bedürfnisse zu erfüllen sind, ohne dass dabei etwas über den *Träger der Bedürfnisse* ausgesagt wird. Wenn Bedürfnisse vorhanden sind, so muss irgend jemand diese kundtun, sei es eine Person, eine Institution oder ein Vertreter der Allgemeinheit. Qualität zu erzeugen, ohne dass dafür ein nachweisbares Bedürfnis besteht, ist sinnlos. Je nach Standpunkt können die qualitätsrelevanten Bedürfnisse dabei aber recht unterschiedlich ausfallen. Zur Veranschaulichung dieses Umstandes sind in Abb. 5.2 mögliche Bedürfnisse für drei verschiedene Interessenträger aufgezeigt.

Verbraucher	Hersteller	Allgemeinheit
Gebrauchstauglichkeit und Zuverlässigkeit des Produkts	Marktakzeptanz des Produkts	Gefahrenbegrenzung für Dritte
Termintreue der Lieferung	Fehlerfreiheit der Produktionsprozesse (Produktivität)	Umweltverträglichkeit
Technischer Service	Begrenzung des Risikos aus Garantie und Produkthaftpflicht	Schonung der natürlichen Ressourcen
Preiswürdigkeit	Auskömmlicher Gewinn	Soziale Aspekte

Abb. 5.2 Qualitätsrelevante Bedürfnisse verschiedener Interessengruppen

Wenn die Bedürfnisträger bekannt sind, stellt sich als nächstes die Frage nach der *Erfassung von Bedürfnissen.* In der ISO-Definition des Qualitätsbegriffs ist in diesem Zusammenhang von «festgelegten oder vorausgesetzten» Bedürfnissen die Rede. Sofern ein Problemlösungsprozess gemäss unserem Vorgehensmodell abgewickelt wird, werden die Bedürfnisse soweit möglich im Rahmen der Anforderungsanalyse untersucht und in der Zielformulierung festgehalten. Dabei sollten insbesondere auch versteckte Bedürfnisse aufgedeckt werden. Wie wir im Kapitel «Lebensfähigkeit» erläutert haben, wird bei der Zielformulierung häufig eine Reihe von nichtfunktionalen Anforderungen vernachlässigt. Wir sind der Meinung, dass die Qualität eines Produktes oft gerade durch die eben da genannten Aspekte entscheidend geprägt wird.

Qualität kommt nun aber offenbar nicht bloss dadurch zustande, dass die Bedürfnisse aller Betroffenen festgehalten werden. *Qualität muss geschaffen werden!* Diese Thematik wird im nächsten Kapitel eingehender behandelt. Hier seien vorerst bloss einige Überlegungen im Zusammenhang mit der Definition des Qualitätsbegriffs gemacht. Gemäss Definition ist Qualität die «Gesamtheit von Eigenschaften und Merkmalen eines Produkts». Mit dieser Formulierung wird zum Ausdruck gebracht, dass mehrere Aspekte zur Qualität eines Produkts beitragen. Entscheidend ist etwa die Auswahl von Werkzeugen, Methoden oder Konzepten. Von Bedeutung sind aber auch organisatorische Massnahmen wie die Definition von Schnittstellen, die Organisation von Produktionsabläufen oder der Einsatz von Testverfahren. Weitere qualitätsrelevante Aspekte sind etwa Sicherheit, Verfügbarkeit, Zuverlässigkeit, Wartbarkeit, Wirtschaftlichkeit oder Umweltverträglichkeit. Wie aus dieser unvollständigen Aufzählung ersichtlich wird, genügt es also nicht, ein technisch einwandfreies Produkt auf den Markt zu bringen. Der Preis, der Zeitpunkt der Markteinführung, die Verträglichkeit mit der Natur usw. sind weitere Merkmale, die erfüllt sein müssen.

Wie messen wir nun aber den *Erfüllungsgrad von Bedürfnissen*? Gemäss den vorangehenden Überlegungen lässt sich die Qualität eines Produkts nur dann abschliessend beurteilen, wenn eine vollständige und eindeutig operationalisierte Anforderungsspezifikation vorliegt. Wie wir gesehen haben, lassen sich aber Anforderungen nicht immer eindeutig operationalisieren. Aspekte wie etwa Ästhetik, Schönheit, Behaglichkeit oder Annehmlichkeit sind schlecht quantifizierbar. Zudem sind diesbezügliche Wertvorstellungen sehr individuell. Und schliesslich fällt ein Kunde sein Urteil über die Qualität eines Produktes letztlich subjektiv aufgrund des individuellen Nutzens.

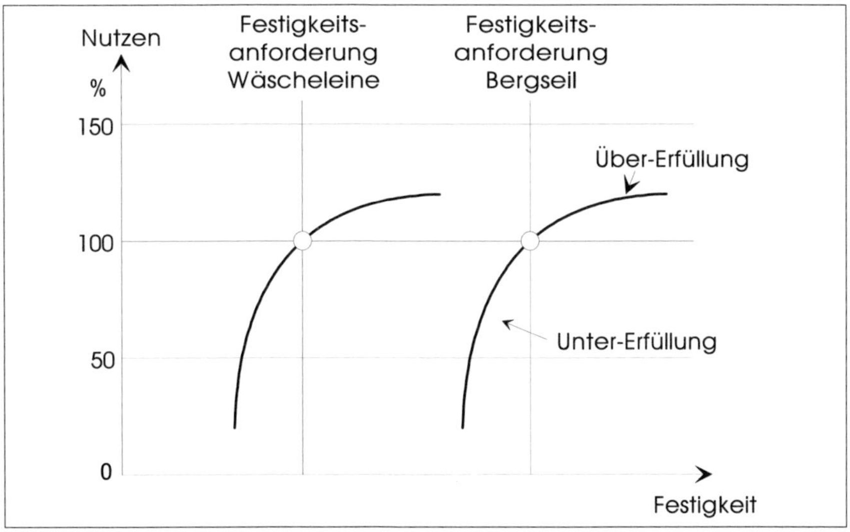

Abb. 5.3 Relativer Nutzen eines Produkts am Beispiel eines Seils

Bildlich lässt sich der *Kundennutzen* für ein Merkmal etwa gemäss Abb. 5.3 darstellen. Ein Nutzen von 100% entspricht der subjektiven Vorstellung des Anwenders, dass das Produkt seinen Ansprüchen genüge. Wenn seine Anforderungen nicht erfüllt werden (Unter-Erfüllung), kauft der Kunde das Produkt nicht oder nur zu einem erheblich niedrigeren Preis. Entsprechend sinkt die Nutzenfunktion rasch ab. Andererseits bedeutet aber eine Über-Erfüllung für den Kunden keinen entsprechenden Wertezuwachs. Er wird kaum bereit sein, den Mehraufwand des Herstellers zu berappen.

In diesem Zusammenhang gilt es, die *Relativität des Qualitätsbegriffs* hervorzuheben. Mit Qualitätsvorstellungen wird oft fälschlicherweise ein Absolutheitsanspruch verbunden. Als qualitativ hochstehend wird etwas beurteilt, das keine Fehler hat. Gemäss unserer Definition ist Qualität jedoch nicht absolut zu verstehen. Der Kunde möchte mit einem Produkt «bloss» seine individuellen Bedürfnisse decken. Wenn er beispielsweise Wäsche aufhängen möchte, benötigt er nicht die Festigkeit eines Bergseils, und umgekehrt erfüllt eine Wäscheleine nicht die Qualitätsanforderungen eines Bergsteigers (vgl. Abb. 5.3). Qualität kann also nicht absolut, sondern bloss relativ zu den Kundenwünschen definiert werden.

Zusammen mit dieser Relativierung des Qualitätsbegriffs sei abschliessend nochmals auf die Bedeutung und Problematik der Kundenorientierung hingewiesen. Am Beispiel der Kundschaft eines Seilproduzenten wird offensichtlich, dass jeder Kunde seine Bedürfnisse optimal befriedigt haben möchte. Für den Produzenten ergibt sich dadurch das Problem der unterschiedlichen Anforderungen. Er kann dieses Problem etwa durch Segmentierung des Angebots lösen. Wenn er sich beispielsweise für die Produktion von zwei Seilkategorien entscheidet, kann er sowohl in der Kategorie Wäscheseile als auch bei den Bergseilen Qualität anbieten. Es handelt sich aber eben nicht um absolute Qualität, sondern um eine Qualität, welche relativ zu den unterschiedlichen Erwartungen und Ansprüchen der jeweiligen Kundschaft definiert ist.

5.1.2 Wie wird Qualität geschaffen?

Abb. 5.4 Verschiedene Tätigkeitsbereiche bei der Schaffung von Qualität

Ein häufiges Missverständnis im Zusammenhang mit dem Qualitätsbegriff liegt in der Annahme, dass Qualität durch geeignete Prüfverfahren zu bewerkstelligen sei. Qualitätssicherung darf sich jedoch nicht auf das Prüfen der Qualität am Ende eines Prozesses beschränken. Vielmehr müssen vorbeugende Massnahmen getroffen werden, damit Qualität am Ort der Entstehung von Produkten oder Dienstleistungen geschaffen wird. Qualitätsmanagement betrifft folglich alle Schritte eines Projektablaufs, von der Situations- und Anforderungsanalyse über die Entwicklung von Lösungsvarianten, bis hin zur Umsetzung und Nutzung. Im Sinne eines derart umfassenden Qualitätsverständnisses müssen also nicht bloss Qualitätsziele definiert und geprüft werden, notwendig ist auch die Planung und Anwendung von Methoden und Techniken zu deren Erreichung.

Das Qualitätswesen einer Organisation wird somit bestimmt durch die Qualitätsziele sowie durch die spezifischen Konzepte und Verfahrensweisen zur Schaffung eines qualitativ hochstehenden Produktes. Nach ISO lässt sich deshalb ein umfassendes Qualitätssystem einteilen in die Bereiche Qualitätsmanagement, Qualitätssicherung und

Qualitätsbeherrschung (vgl. Abb. 5.4). Im Rahmen des Qualitätsmanagements werden übergeordnete Qualitätsziele festgelegt und Massnahmen zu deren Erreichung durchgesetzt. Die Qualitätssicherung ist für die methodischen Überlegungen bezüglich der Schaffung und Prüfung von Qualität zuständig. Und der Bereich Qualitätsbeherrschung umfasst die operationellen Techniken und Tätigkeiten zur Erfüllung der Qualitätsanforderungen.

Das *Qualitätsmanagement* hat die Aufgabe, die Qualitätspolitik des Unternehmens festzulegen und dafür zu sorgen, dass diesen Zielsetzungen nachgelebt wird. Ganzheitliches Qualitätsmanagement geht davon aus, dass jeder Mitarbeiter eines Unternehmens für die Qualität der Erzeugnisse oder Dienstleistungen seinen Beitrag leistet. In diesem Sinne wird etwa auch von Total Quality Management (TQM) gesprochen. Um einen maximalen Wirkungsgrad zu erreichen, sind folglich alle Beteiligten mit den Qualitätsgrundsätzen bekanntzumachen.

Unter *Qualitätssicherung* versteht man alle Aktivitäten zur Planung, Lenkung und Prüfung der Qualität. So müssen vor Beginn eines Projektes Qualitätsmerkmale definiert und Massnahmen zur Erfüllung dieser Merkmale festgelegt werden. Die Massnahmen müssen dann während des Projekts überwacht und auf ihre Wirksamkeit hin überprüft werden. Allenfalls ist auf den Entwicklungsprozess lenkend einzuwirken. Und schliesslich sind die Ergebnisse hinsichtlich ihrer Qualität zu prüfen. Die Qualitätssicherung befasst sich also bloss indirekt mit der Schaffung von Qualität, indem sie Verfahren, Methoden oder Standards definiert und deren Einhaltung überwacht. Oft werden diese Aktivitäten von einer unabhängigen Qualitätsgruppe ausgeführt. Diese ist weniger Kontrollorgan als vielmehr Fachstelle für methodische Fragen bei der Entwicklung und Umsetzung. In Abb. 5.5 sind einige exemplarische Aktivitäten aufgeführt, welche typischerweise von einer Qualitätsgruppe ausgeübt werden.

Der Begriff *Qualitätsbeherrschung* soll zum Ausdruck bringen, dass man Qualität nicht allein durch die Erarbeitung von methodischen Konzepten, sondern erst durch deren Umsetzung in den Griff bekommt.

Die Konzepte geben zwar Leitlinien und helfen bei der Strukturierung des Entwicklungsprozesses. Effektiv geschaffen wird Qualität aber letztlich an der Basis, dort, wo ein Produkt entsteht oder wo eine Dienstleistung zum Tragen kommt.

- Festlegen von Qualitätsmerkmalen
- Erarbeiten von Normen und Methoden
- Ausbilden der aktiv am Prozess beteiligten Personen
- Überwachen der Qualitätsvereinbarungen
- Durchführen unabhängiger Reviews und Tests
- Aufdecken der Gründe für Qualitätsmängel
- Sicherstellen der Dokumentation
- Überprüfen und Anpassen der Normen und Methoden

Abb. 5.5 Einige Aktivitäten aus dem Bereich der Qualitätssicherung

Bei der Aufteilung in die Bereiche Qualitätssicherung und Qualitätsbeherrschung haben wir die eher planerischen von den mehr operativen Tätigkeiten unterschieden. Eine andere nützliche Einteilung ergibt sich durch Unterscheidung von Massnahmen, welche den Entwicklungsprozess betreffen, und Massnahmen, welche der Beurteilung des Ergebnisses dienen. Erstere werden etwa als konstruktive, letztere als analytische Massnahmen bezeichnet. Diese Unterscheidung betont nochmals die Erkenntnis, dass Qualität nicht allein durch eine Qualitätsprüfung am Ende eines Projektes sichergestellt werden kann, sondern dass Qualität insbesondere vor und während des Projekts geschaffen werden muss.

Als *konstruktive Massnahmen* bezeichnen wir all jene Verfahren, welche die einzelnen Entwicklungsaktivitäten in geregelte Bahnen lenken sollen. Bei derartigen Qualitätsmassnahmen geht es in erster Linie um die Auswahl von Konzepten, Methoden, Modellen oder Werkzeugen. Die Massnahmen werden vor Beginn des Entwicklungsprozesses festgelegt, um die Planungs- und Ausführungsqualität für alle Phasen eines Projektes sicherzustellen. Notwendig ist eine saubere Dokumentation, zum Beispiel im Rahmen des Pflichtenheftes. Die Dokumentation schreibt nicht bloss die Rahmenbedingungen für die Erreichung qualitativ hochstehender Resultate fest, sondern dient auch als Qualitätsbeleg nach aussen.

Während konstruktive Massnahmen klar vor Projektbeginn festzulegen sind, kommen *analytische Massnahmen* während der Entwicklung oder nach der Fertigstellung zum Einsatz. Sie dienen der Überprüfungen der Qualität und haben in der Regel die Form von Reviews oder Tests. Beim Review wird ein Arbeitsergebnis von Sachverständigen hinsichtlich der Erfüllung von Vorgaben geprüft. Beim Test handelt es sich um eine systematische Beurteilung der Funktionsfähigkeit des Produkts.

Wir haben hier aus Gründen der Verständlichkeit versucht, eine klare Abgrenzung zu machen zwischen Qualitätssicherung und Qualitätsbeherrschung bzw. zwischen analytischen und konstruktiven Massnahmen. Diese Unterscheidung nach verschiedenen Gesichtspunkten darf aber nicht darüber hinwegtäuschen, dass die einzelnen Bereiche eng miteinander gekoppelt sind. Obwohl der Bereich Qualitätssicherung eher für die Planung, Lenkung und Prüfung zuständig ist, müssen sich die entsprechenden Aktivitäten klar an den praktischen Gegebenheiten orientieren. Umgekehrt ist eine Qualitätsbeherrschung ohne die Auseinandersetzung mit methodischen und konzeptionellen Aspekten kaum denkbar. Und beide Bereiche haben sich mit der Planung und Durchführung sowohl von konstruktiven als auch von analytischen Massnahmen zu befassen.

5.2 Systemische Projektführung

Qualität alleine ist nicht entscheidend für den Erfolg eines Produktes. Ein Produkt, das zu spät oder zu teuer auf den Markt kommt, wird auch dann scheitern, wenn seine Qualität ausgezeichnet ist. So gesehen stellt hohe Qualität also kein absolutes Ziel dar. Vielmehr muss ein optimales Verhältnis zwischen Mitteln, Terminen und Qualität angestrebt werden. Aufgabe der Projektführung ist es deshalb, das Projekt mit den vorgesehenen Mitteln (Personal, Kosten, Ressourcen), innerhalb der vorgegebenen Termine und mit einem Resultat im Rahmen der geforderten Qualität zu einem erfolgreichen Abschluss zu führen.

Projektführung in diesem Sinne bedingt offenbar, dass laufend Fortschritte erfasst, Abweichungen beurteilt und allfällige Korrekturmassnahmen eingeleitet werden. Dabei werden leider oft elementare Grundlagen der Systemik vernachlässigt. So werden etwa Krisensituationen mangels Frühwarnindikatoren zu spät erkannt. Es werden Symptome bekämpft, statt Ursachen angegangen. Oder übermässige Eingriffe werden am falschen Ort getätigt. Die Missachtung der gegebenen Wechselwirkungen kann im Extremfall gar dazu führen, dass ein Projekt ganz aus dem Gleichgewicht gerät.

Aufgrund dieser Ausführungen wird klar, dass es für den Projektverantwortlichen zweckmässig ist, das gesamte Projekt als System zu verstehen. Eine systemische Projektführung hat den Vorteil, dass alle bisher erarbeiteten Grundlagen anwendbar sind. So wissen wir bereits, dass es wenig Sinn macht, bei jenen Grössen anzusetzen, welche im System kaum etwas bewirken. Auch ist uns klar, dass Systemveränderungen nur im Gleichklang mit den vorherrschenden Wirkungsbeziehungen zu erreichen sind.

Im folgenden soll auf einige Aspekte einer systemischen Projektführung eingegangen werden. In einem ersten Kapitel erläutern wir wichtige Zielgrössen von Projekten. Anschliessend befassen wir uns mit dynamischen Aspekten der Projektführung. Dann zeigen wir, dass bei der Projektarbeit je nach Anforderungsgrad und Komplexität unterschiedliche Verhaltensmuster sinnvoll sind. Und schliesslich diskutieren wir verschiedene Gestaltungsformen des Vorgehensmodells.

5.2.1 Projektziele definieren

Für eine sinnvolle Projektführung ist die Festlegung von Projektzielen unabdingbar. Analog zur Definition von Sachzielen sind die übergeordneten Ziele eines Projektes zu umschreiben. Während

Sachziele die Anforderungen an das zu entwickelnde Produkt oder an die geplante Dienstleistung umfassen, beinhalten die Projektziele *alle* Anforderungen an das Projekt. In der Fachliteratur werden als zentrale Projektziele die drei Zielgrössen Qualität, Kosten und Zeit genannt. Gemäss den Ausführungen im vorangehenden Kapitel ist klar, dass mit Qualität im wesentlichen die Einhaltung der Sachziele gemeint ist. So gesehen können die Sachziele als integraler Bestandteil der Projektziele verstanden werden.

Die drei Zielgrössen Qualität, Kosten und Zeit stehen offensichtlich in einem Konkurrenzverhältnis zueinander. Sie können nicht beliebig maximiert bzw. minimiert, sondern bestenfalls optimiert werden. Aufgrund der Konkurrenzsituation werden diese drei Grössen in der einschlägigen Literatur gerne in einem Dreieck dargestellt. In Abb. 5.6 haben wir den Bereich Qualität durch zwei weitere Aspekte bezüglich Lebensfähigkeit ergänzt. Mit dieser Darstellung wird nochmals betont, dass für den Erfolg eines Produktes neben der Einhaltung von funktionalen Sachzielen auch nichtfunktionale Ziele von Bedeutung sind.

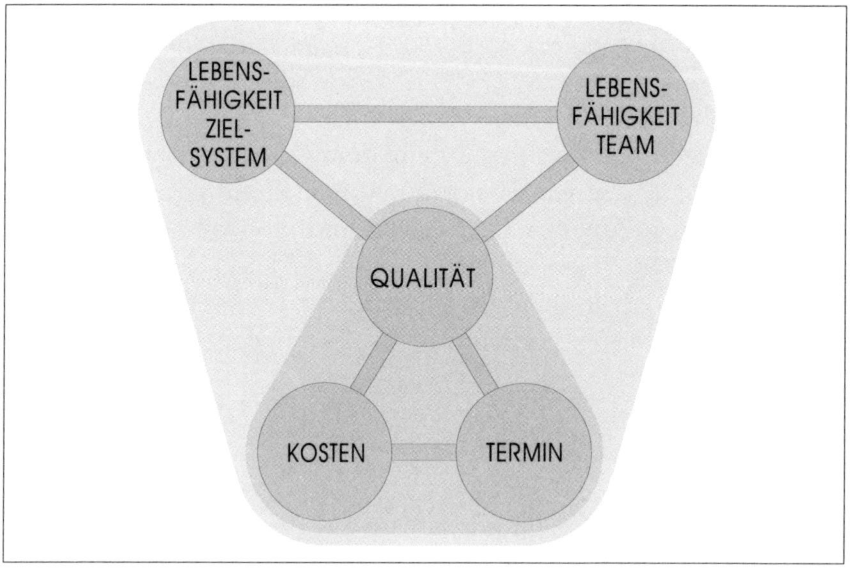

Abb. 5.6 Zielgrössen eines Projektes

Die Themen *Qualität und Lebensfähigkeit* sind in den vorangehenden Kapiteln bereits eingehend diskutiert worden. Da diese Bereiche im Unterschied zu den Kosten oder der Zeit quantitativ weniger gut erfassbar sind, werden sie bei der Führung von Projekten gerne als sekundär erachtet. Ihre Vernachlässigung zahlt sich aber längerfristig nicht aus. Für das Überleben der Firma muss es ein wichtiges Ziel sein, die Voraussetzungen für die weitere Tätigkeit zu verbessern, sei es durch einen positiven Eindruck auf den Kunden, durch die Aneignung von neuen Kenntnissen, durch die Entwicklung von wiederverwendbaren Teilen oder durch die Wahrung und Verbesserung des Arbeitsklimas.

Die *Kosten* sind heute in vielen Projekten zusehends zur bestimmenden Grösse geworden. Die Gesamtkosten werden einerseits bestimmt durch die *Produktionskosten*, also die Kosten zur Herstellung des Produktes bzw. Bereitstellung der Dienstleistung. Ein zweiter wichtiger Faktor sind die *Fehlerkosten*, das heisst die Kosten zur Vermeidung, Entdeckung oder Behebung von Fehlern. Die Fehlerkosten lassen sich somit in drei Gruppen einteilen: *Verhütungskosten* resultieren aus den Aufwendungen zur Vermeidung von Fehlern; *Prüfkosten* fallen beim Aufspüren von Fehlern an; *Ausfallkosten* entstehen dann, wenn zu spät erkannte Fehler behoben werden müssen. Der qualitative Verlauf der Fehlerkosten in Abhängigkeit vom Vollkommenheitsgrad eines Produktes geht aus Abb. 5.7 hervor. Die Darstellung zeigt, dass es, wirtschaftlich gesehen, sinnlos ist, absolut vollkommene Produkte zu entwickeln. Der Vollkommenheitsgrad ist so zu wählen, dass die gesamten Fehlerkosten minimal sind. Dieser Wert ist nicht einfach zu bestimmen und benötigt viele Fachkenntnisse.

Die Kosten sind natürlich eng mit der Zielgrösse *Zeit* gekoppelt. In der Regel nehmen wir an, dass sich die Kosten für eine Tätigkeit proportional zur aufgewendeten Zeit verhalten. Diese einfache Annahme ist bloss dann richtig, wenn sich unsere Kosten vorwiegend aus Personalkosten zusammensetzen. In der Regel haben wir aber auch andere Kosten zu berücksichtigen, wie etwa Material- und Gerätekosten, Spesen etc. Bei der Optimierung der Zeit ist immer auch in Betracht zu ziehen, dass gewisse Produkte oder Dienstleistungen möglicherweise günstig eingekauft werden können. Unter der Zielgrösse Zeit subsumieren wir aber auch die Einhaltung von Terminen. Für die Planung und Überwachung von Terminen gibt es heute viele praktische Techniken und Werkzeuge.

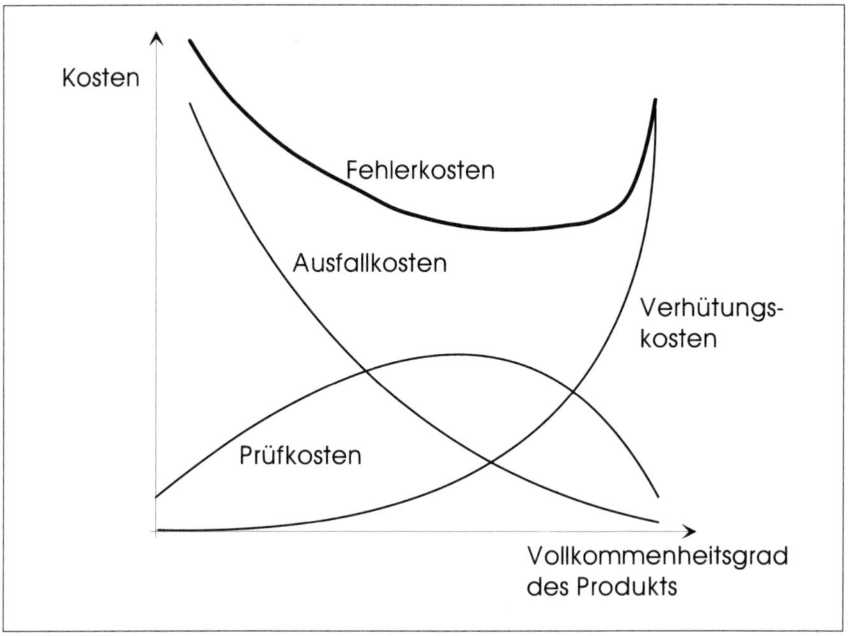

Abb. 5.7 Fehlerkosten als Summe von Verhütungskosten, Prüfkosten und Ausfallkosten

5.2.2 Projektdynamik berücksichtigen

Häufig sind Projektleiter der Auffassung, dass für den Erfolg ihrer Projekte einzig eine gute Planung ausschlaggebend sei. Sie sind dann erstaunt, wenn Entscheide Nebenwirkungen zeigen oder wenn sich gutgemeinte Massnahmen gar kontraproduktiv auswirken. Offensichtlich haben diese Projektleiter vergessen, dass es sich bei ihren Projekten um komplexe, dynamische Systeme handelt. Bekanntlich lässt sich das Verhalten solcher Systeme nie definitiv in den Griff bekommen. Bestenfalls können geeignete Massnahmen zur Beeinflussung der Systemdynamik getroffen werden. Im folgenden soll anhand von drei Beispielen erläutert werden, inwiefern die dynamischen Gegebenheiten eines Projekts zu berücksichtigen sind.

In Abb. 5.8 sind einige Wirkungszusammenhänge bezüglich des Zeitmanagements von Projekten dargestellt. Wenn der Termin knapp ist, neigt man gerne dazu, Abstriche bei der Qualität zu machen. Damit steigt die Fehlerhäufigkeit, und der Erfüllungsgrad der Anforderungen sinkt. Fehlfunktionen führen zu einer Steigerung von Notfallsituationen, und unzufriedene Kunden machen Druck auf die Projektverantwortlichen. Das Ergebnis dieser Dynamik ist eine Verschlechterung des Arbeitsumfeldes, indem sich der Zeitdruck weiter erhöht und der Entwicklungsprozess für laufende Arbeiten unterbrochen wird. Die neuen Projekte werden folglich auch fehlerbehaftet sein und dem Terminplan hinterherhinken.

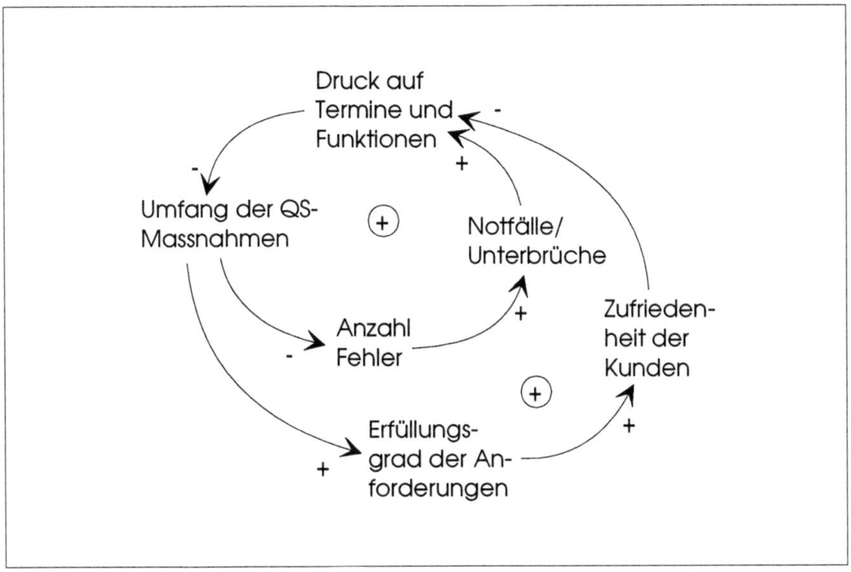

Abb. 5.8 Dynamik des Zeitmanagements

Wenn wir die soeben beschriebene Dynamik als Naturgesetz auffassen, so bleibt uns letztlich nichts anderes als die Kapitulation, sobald wir einmal auf der Negativspirale drehen. Der systemische Manager wird sich nun aber fragen, wie er durch gezielte Massnahmen das

Blatt zu seinen Gunsten wenden könnte. Will er nicht bloss Symptome bekämpfen, so muss er nach den Ursachen des Übels suchen. Wie wir wissen, ist aber die Frage nach der Ursache bei einem rückgekoppelten Prozess nicht ganz einfach. Der Teufelskreis kann irgendwo angestossen worden sein. Möglicherweise wurden die Kundenwünsche schon zu Beginn des Projektes unseriös erfasst. Vielleicht hat sich der Zeitdruck erhöht, weil der Kunde während des Projekts zusätzliche Wünsche eingebracht hat. Eventuell liegt dem Projekt eine zu optimistische Zeitplanung zugrunde. Möglicherweise wurde das Qualitätsmanagement generell vernachlässigt. Oder vielleicht liegt die Ursache auch im Zusammenspiel von verschiedenen derartigen Teilaspekten.

Die Suche nach den Ursachen einer negativen Entwicklung ist wohl ein nützlicher Lernprozess für spätere Vorhaben. Wenn ein Projekt jedoch voll in der negativen Entwicklung drinsteckt, sind Sofortmassnahmen gefragt. Um den Entwicklungstrend zu brechen, ist aktiv auf bestimmte Grössen im System einzuwirken, was nicht immer ganz einfach ist. In unserem Beispiel müsste etwa versucht werden, den Druck auf die Termine zu reduzieren. Dazu wäre wohl dem Kunden klar zu machen, dass sein Produkt weniger Fehler aufweisen wird, falls er zu einer Fristerstreckung bereit ist. Eine andere Möglichkeit wäre es, Abstriche beim versprochenen Funktionsumfang zu machen. Auch dazu müsste man Vereinbarungen mit dem Kunden treffen. Oder naheliegend ist die Idee, für das Projekt zusätzliche Personen einzusetzen, um die Termine einhalten zu können. Diese gutgemeinte Massnahme könnte für das Projekt aber durchaus negative Folgen haben, wie wir gleich sehen werden.

Bezüglich der Einhaltung von Terminen wird etwa von der Annahme ausgegangen, dass man das Projekt mit einer doppelten Anzahl von Personen in der halben Zeit fertigstellen kann. Die Annahme eines linearen Zusammenhangs zwischen Arbeitskraft und Leistung entspringt wahrscheinlich den wohlbekannten Rechenbeispielen aus den Schulbüchern. Sie ist genau dann richtig, wenn die Personen unabhängig voneinander arbeiten. Sobald aber Zeit für die Kommunikation und Koordination benötigt wird, kommen nichtlineare

Oskar Weiss zu: « System im Gleichgewicht »

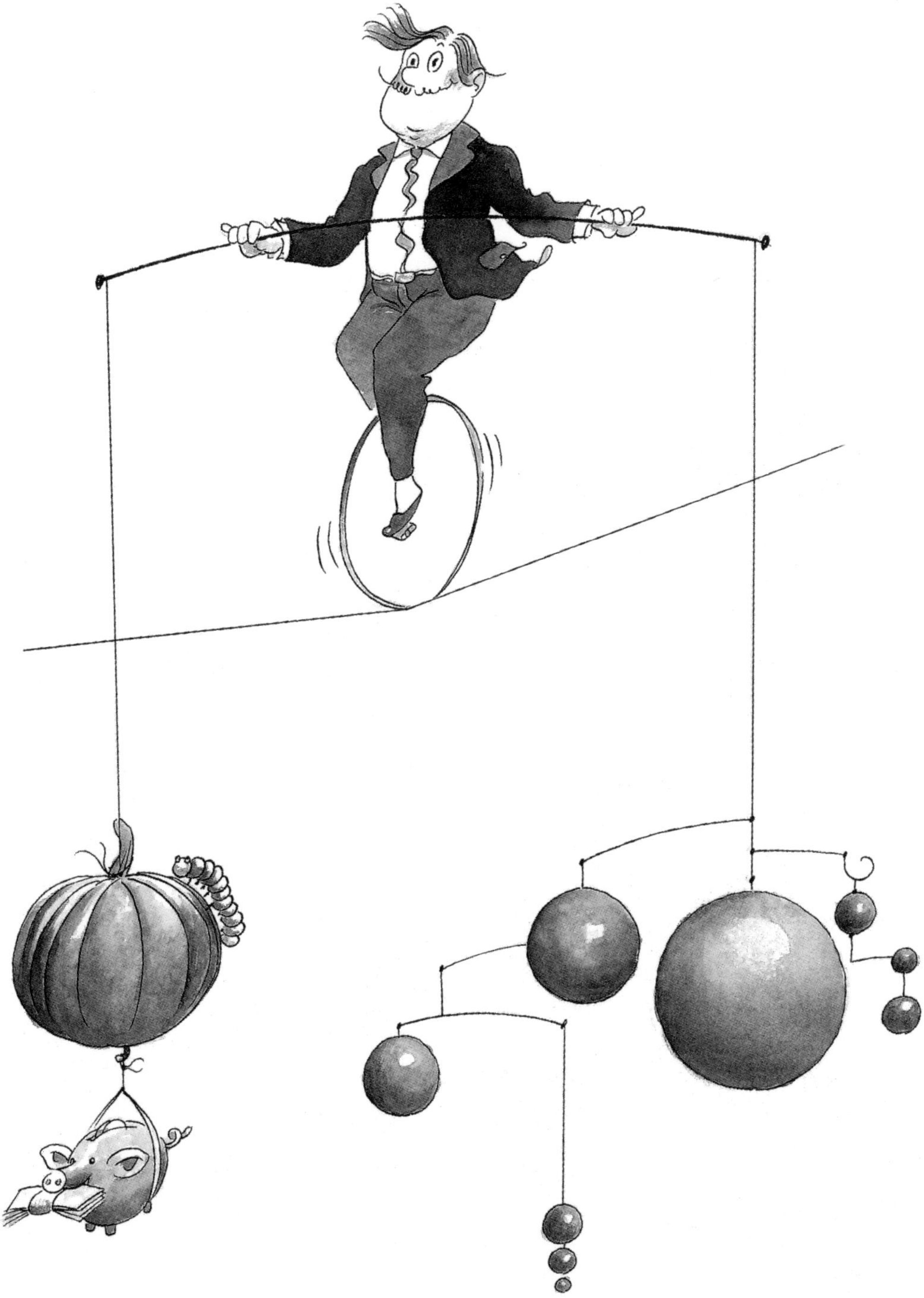

Faktoren ins Spiel. Erhöhen wir nun die Mitarbeiterzahl, so vergrössert sich zunächst wegen Koordinations- und Kommunikationsproblemen der Arbeitsaufwand. Gleichzeitig reduziert sich die verfügbare Zeit der erfahrenen Mitarbeiter, weil diese die neu hinzugekommenen Personen einarbeiten müssen.

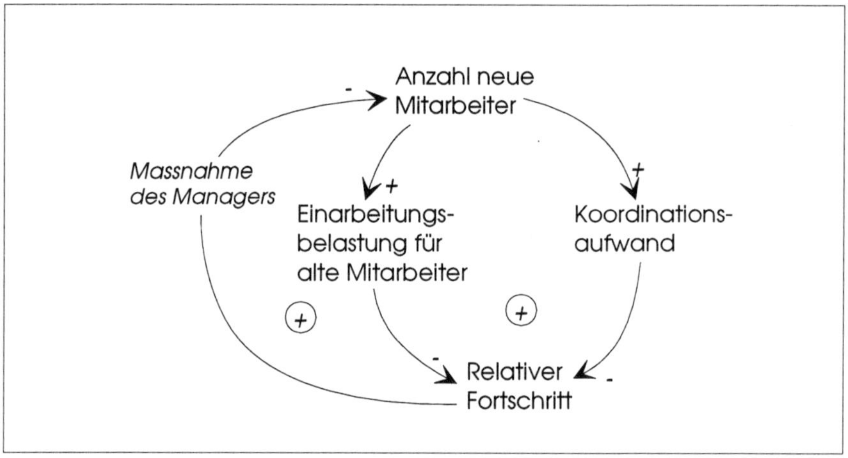

Abb. 5.9 Dynamik des Personenmanagements

In Abb. 5.9 kommen die möglichen Folgen eines unvorsichtigen Personenmanagements zum Ausdruck. Nehmen wir an, das laufende Projekt ist zeitlich in Verzug geraten. Der Manager reagiert auf diese Situation, indem er die Zahl der Mitarbeiter für das Projekt erhöht. Dies hat zur Folge, dass ein Teil der Arbeitsleistung der bisherigen Mitarbeiter durch die Einarbeitung von neuen Mitarbeitern absorbiert wird. Im Extremfall kommt das Projekt jetzt sogar weniger rasch voran als vor der Intervention. Durch die Erhöhung der Mitarbeiterzahl steigt auch der Koordinationsaufwand, was sich ebenfalls negativ auf den relativen Fortschritt auswirkt. Als Reaktion auf die andauernden Verzögerungen erhöht der Manager möglicherweise die Zahl der Mitarbeiter weiter. Statt die Situation zu verbessern, verschlechtert er sie mit seinen Massnahmen zusehends.

Erkennt der Manager nun die beschriebenen Systemzusammenhänge und geht er von der Annahme aus, dass er gegen die Gesetze der

Systemdynamik machtlos ist, bleibt ihm nur die Resignation. Versteht er die Gegebenheiten hingegen nicht als Naturgesetze, wird er sich überlegen, wie die neuen Mitarbeiter einzusetzen sind, damit sich die negativen Konsequenzen im Rahmen halten. Um die Einarbeitungsbelastung der alten Mitarbeiter zu minimieren, könnte er etwa versuchen, Teilarbeiten so abzugrenzen, dass sie mit wenig Einarbeitungszeit zu erledigen sind. Zugleich müsste er eine Optimierung des Koordinationsaufwandes anstreben, etwa dadurch, dass er in seinem Team kleinere Untergruppen bildet, welche gewisse Teilaufgaben mehr oder weniger autonom lösen können.

Der Einbau von neuen Mitarbeitern in ein Team kann aber auch noch auf einer anderen Ebene Probleme mit sich bringen. Nehmen wir an, die neuen Mitarbeiter sind motiviert und bringen neue Ideen ins Projekt. Dies kann sich in einer frühen Projektphase zwar durchaus positiv auswirken. Steckt das Projekt jedoch bereits in einer Krise, werden die bisherigen Mitarbeiter wenig gewillt sein, sich neben ihren eigenen Problemen auch noch mit den neuen Ideen auseinanderzusetzen. Das Konfliktpotential im Team wird durch die Massnahme somit vergrössert. Latente Konflikte wirken sich aber negativ auf die Motivation aus, die Arbeitsleistung des Teams wird gehemmt, und das Interesse am Projekt sinkt.

Die in Abb. 5.10 dargestellte Dynamik der Mitarbeitermotivation finden wir in sehr vielen Projekten. Neue, interessante Projekte haben am Anfang meist eine selbstverstärkende Wirkung auf die Motivation der Mitarbeiter. Häufig verlangsamt sich dieser Prozess, gelegentlich kommt er ganz zum Stillstand oder kehrt sich – aus scheinbar unerfindlichen Gründen – gar um. Bei genauerer Betrachtung der Wirkungszusammenhänge stellen wir fest, dass der Bremseffekt durch einen sich neu bildenden negativen Regelkreis verursacht wird. Engagierte Mitarbeiter entwickeln unweigerlich neue, oft eigenwillige Ideen, welche zu latenten Konflikten führen können. Werden die Konflikte nicht erkannt, so führt dies – möglicherweise mit einer zeitlichen Verzögerung – zur besagten Bremswirkung. Denn je grösser das Konfliktpotential ist, desto weniger motiviert sind die Mitarbeiter.

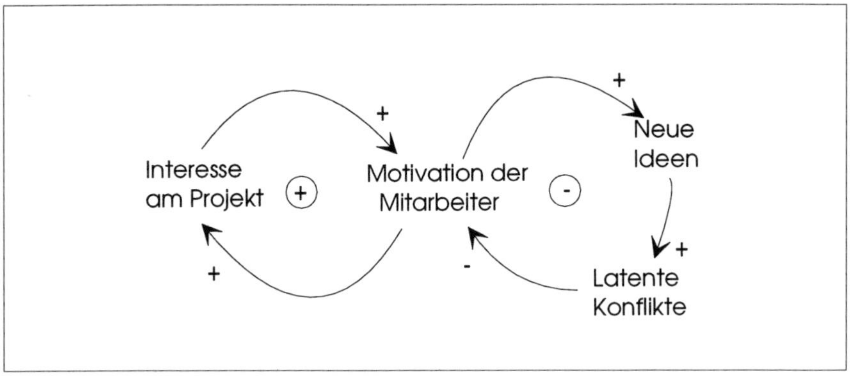

Abb. 5.10 Dynamik der Mitarbeitermotivation

Als Reaktion auf Motivationsprobleme ist der Projektleiter gerne versucht, seine Mitarbeiter durch motivationsfördernde Massnahmen anzutreiben. Wie aus Abb. 5.10 ersichtlich wird, macht er in der gegebenen Situation gerade das Verkehrte. Indem er einen Wachstumsprozess ankurbelt, verstärkt er zugleich die hemmenden Faktoren. Eine systemische Massnahme wäre es in diesem Fall, statt Symptome zu bekämpfen, die Ursache des Bremseffektes zu beseitigen, das heisst, das Konfliktpotential abzubauen.

Wie die Beispiele zeigen, reichen Einsatz und guter Wille des Projektleiters alleine nicht aus, um ein Projekt erfolgreich zu führen. In vielen Projekten ist es an der Tagesordnung, dass der Projektleiter vermeintlich etwas Positives tut und mit seinen Massnahmen gerade das Gegenteil erreicht. Ein systemisch denkender Projektleiter muss sich deshalb Gedanken über die Wirkungszusammenhänge machen. Insbesondere hat er positive Rückkopplungen im Auge zu behalten. Wenn er diese instabilen Teile des Systems nicht auf irgend eine Weise stabilisiert, sind alle anderen Managementmassnahmen bestenfalls kosmetischer Natur.

5.2.3 Lösungsprozess organisieren

Viele Projektverantwortliche wünschen sich fixe Standardverfahren zur Lösung ihrer Probleme. Anbieter von irgendwelchen raffinierten

Computertools zur Planung und Problemlösung haben denn auch Hochkonjunktur. Standardisierte Verfahren sind zwar ganz nützlich, wenn das zu lösende Problem wenig komplex ist oder wenn die gestellten Anforderungen repetitiver Art sind. Sobald wir es aber mit komplexen, dynamischen Systemen zu tun haben oder wenn eher hohe Anforderungen an die Lösung gestellt werden, kommen wir mit einfachen Rezepten nicht mehr weiter. Hier ist eine Projektführung gefragt, welche fortlaufend analysiert, beurteilt und gegebenenfalls ins Projektgeschehen eingreift.

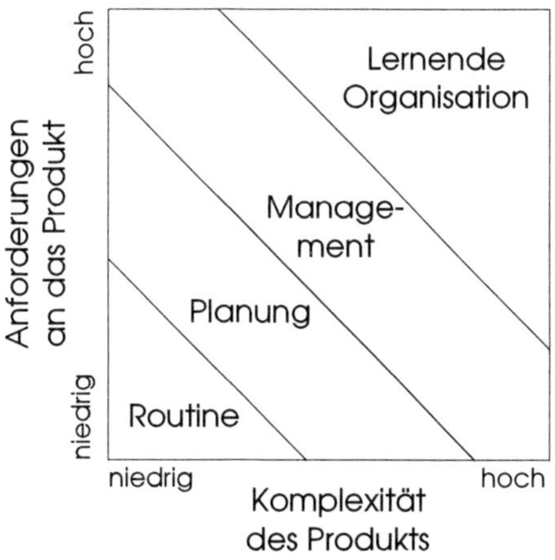

Abb. 5.11 Je nach Komplexität und Anforderungsgrad des Produkts stehen unterschiedliche Aspekte des Lösungsprozesses im Zentrum

Offensichtlich muss je nach Komplexität und Anforderungsgrad der Problemstellung ein unterschiedliches Vorgehen gewählt werden. In Abb. 5.11 werden vier verschiedene Stufen des Lösungsprozesses unterschieden. Wenn das Anforderungsprofil einfach und das Zielsystem wenig komplex ist, kann das Problem *routinemässig* gelöst werden. Ausgehend von einer gegebenen Aufgabenstellung, wird das gewünschte Produkt «gemacht». Eine eingehende Anforderungsanalyse erübrigt sich. Die Problemlösung erfolgt nach Standardmethoden. Diese einfachste Form des Lösungsprozesses ist in Abb. 5.12 dargestellt.

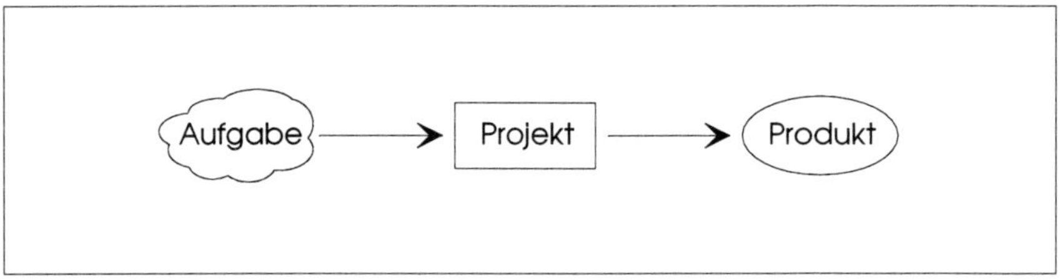

Abb. 5.12 Routine: Problemlösung erfolgt nach einem Standardverfahren

Wenn das Problem anforderungsreicher oder das zugrundeliegende System komplexer ist, so muss der Lösungsprozess etwas differenzierter ausfallen. Aufgrund einer eingehenden Analyse der Anforderungen sind geeignete Methoden auszuwählen. Eine derartige *Planung* des Lösungsprozesses kann mit einer Steuerung im Sinne der Regelungstechnik verglichen werden. Das heisst, dass auf den Prozess zwar gezielt Einfluss genommen wird, dass sich die Entscheidungen aber einzig auf die Ausgangssituation stützen (vgl. Abb. 5.13). Aufgrund der Anforderungen werden Entscheide getroffen, und das Problem wird nach routinemässigen Regeln gelöst.

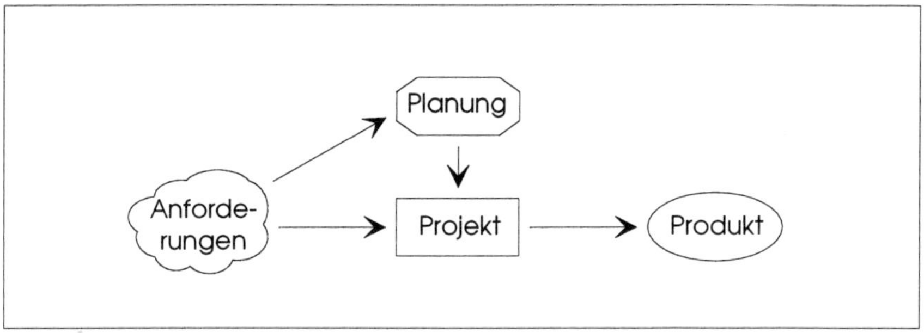

Abb. 5.13 Planung: Festlegen der Methoden gemäss den Anforderungen

Sobald eine Aufgabenstellung komplexer wird oder falls die Anforderungen an die Problemlösung steigen, ist ein gesteuerter Lösungsprozess nicht mehr geeignet. Zu gross sind dann die dynamischen Veränderungen während des Projektverlaufs. Gefragt ist hier eine laufende Überwachung der Projektergebnisse sowie des Umfeldes. Allfällige Probleme können so rechtzeitig entdeckt und korrigiert werden, damit letztlich die gesetzten Projektziele bezüglich Qualität,

Kosten und Zeit eingehalten werden. Dazu muss der Prozess mittels einer Rückkopplungsschleife geregelt werden (vgl. Abb. 5.14). *Management* in diesem Sinne bedeutet demzufolge: Planen des Vorgehens, Beobachten der Geschehnisse, Vergleich mit den Sollvorstellungen, Entscheid bezüglich der Massnahmen, welche zu ergreifen sind, um den Ist-Zustand näher an den Soll-Zustand heranzuführen. Es versteht sich, dass bei der Beurteilung der Situation und bei der Wahl der Massnahmen die Gegebenheiten der Systemdynamik angemessen berücksichtigt werden müssen.

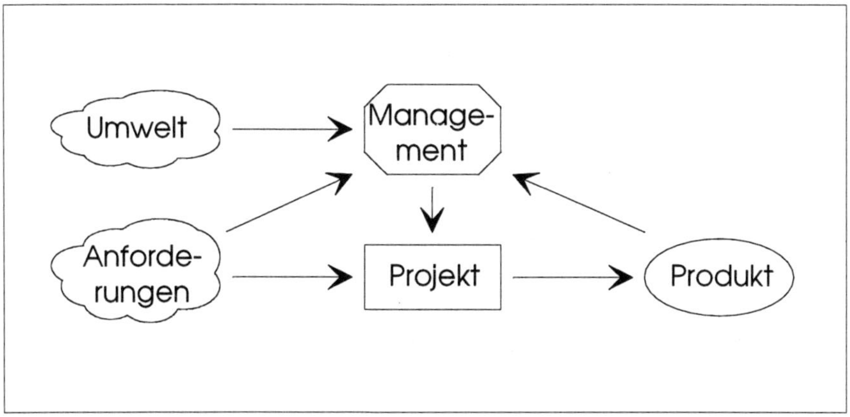

Abb. 5.14 Management: Variation der Methodik in Abhängigkeit vom Projektverlauf

Einige Bereiche der Wirtschaft und Technik sind heute so stark im Wandel begriffen, dass sich Umfeld und Problemanforderungen laufend verändern. Problemstellungen auf dieser Stufe können nicht mehr mit fixen Verfahren bewältigt werden. Hier ist ein anhaltender Lernprozess zur Optimierung der Methodik notwendig (vgl. Abb. 5.15). Eine *lernende Organisation* in diesem Sinne ist aber auch dann gefragt, wenn die Voraussetzungen für weitere Projekte verbessert werden sollen. Die Aneignung von neuen Kenntnissen, die Entwicklung von wiederverwendbaren Methoden oder generell die Verbesserung des Arbeitsprozesses sind dann mögliche Aufgabenbereiche. Diese Aspekte wurden bereits im Zusammenhang mit dem Begriff «Lebensfähigkeit» diskutiert.

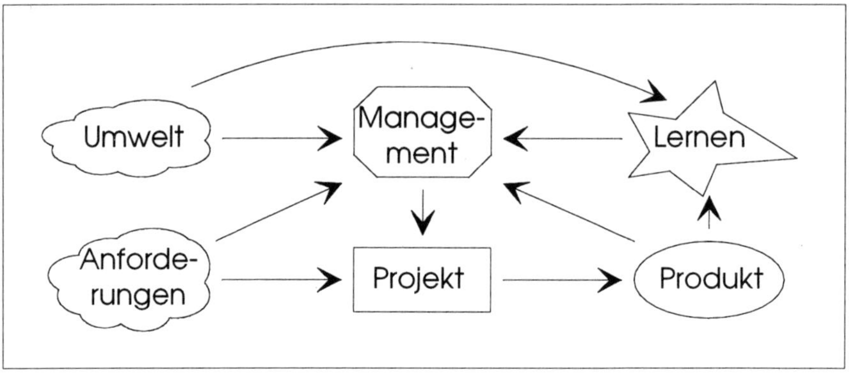

Abb. 5.15 Lernende Organisation: Optimierung der Methodik aufgrund von Erfahrungen

5.2.4 Vorgehensmodell gestalten

Zusammen mit den verschiedenen Organisationsformen des Lösungsprozesses ist nun auch das früher präsentierte Vorgehensmodell etwas differenzierter zu betrachten. Analog zur Klassierung im vorangehenden Kapitel wird der Aufbau des Vorgehensmodells geprägt durch die Komplexität und den Anforderungsgrad der Problemstellung. Wenn wir hier den Begriff «Gestaltung» verwenden, so betonen wir damit, dass je nach Anwendungsbereich und Problemstellung ein unterschiedliches Vorgehen zu wählen ist. Eine zentrale Aufgabe der Projektführung ist es denn auch, das Vorgehen entsprechend den jeweiligen Gegebenheiten festzulegen. Zur Veranschaulichung seien im folgenden einige mögliche Varianten diskutiert.

Bei einfacheren Problemen wird sich das Vorgehen darauf beschränken, die Aufgabenstellung zu klären, Lösungsvarianten zu vergleichen und die bestmögliche Lösung umzusetzen. Sofern die Umweltsituation hinreichend bekannt ist und falls bewährte Methoden die Qualität gewährleisten, erübrigt sich eine umfangreiche Situationsanalyse. Das Vorgehensmodell reduziert sich dann auf einen einfachen Problemlösungszyklus mit den Schritten Zielformulierung, Lösungsentwurf, Bewertung, Entscheidung und Umsetzung. Überlegungen zur Lebensfähigkeit sind unseres Erachtens, unabhängig von der Komplexität der Problemstellung, in jedem Fall angebracht.

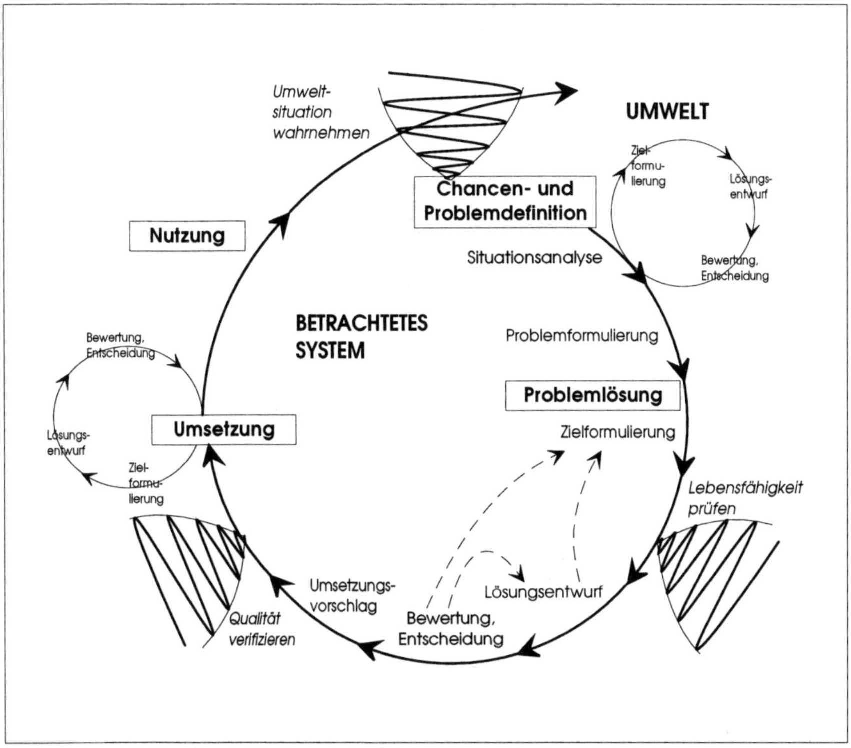

Abb. 5.16 Mögliche Modifikationen des Vorgehensmodells

Haben wir es mit anforderungsreicheren Problemstellungen bzw. komplexeren Systemen zu tun, so wird das Vorgehensmodell in der früher vorgestellten Form vollumfänglich durchlaufen. Insbesondere ist in diesem Fall eine umfassende Situationsanalyse unumgänglich. Oft kann es durchaus zweckmässig sein, das Vorgehensmodell in einem rekursiven Sinne zu erweitern. Wie aus Abb. 5.16 ersichtlich ist, können zusätzliche Problemlösungszyklen – allenfalls in verkürzter Form – in das Vorgehensmodell eingebaut werden. Um beispielsweise Zielvorstellungen in einem frühen Stadium einzugrenzen oder um in der Umsetzungsphase verschiedene Methoden miteinander zu vergleichen, können gewisse Abklärungen und Entscheidungen in einem separaten Zyklus getroffen werden.

Bei komplexeren Problemstellungen kann es durchaus sinnvoll sein, das Vorgehensmodell mehrmals zu durchlaufen. Diese Option ist in

Abb. 5.16 mit einem Pfeil dargestellt, welcher über die Nutzungsphase hinaus führt. Grundsätzlich sind verschiedene Varianten denkbar. Häufig wird zunächst in einem Vorprojekt untersucht, ob überhaupt eine realistische Chance besteht, das System bauen zu können. Dabei werden etwa Fragen bezüglich der Integrierbarkeit beantwortet, es werden Umsetzungstechniken untersucht oder Marktchancen abgeklärt. In diesem ersten Durchgang entfällt dann offensichtlich die Umsetzungs- und Nutzungsphase. Gelegentlich wird im Rahmen eines Vorprojektes auch ein Prototyp erstellt. Dabei wird eine rasche, meist unvollständige Lösung umgesetzt, welche mit dem Benutzer diskutiert werden kann. Dieses Vorgehen bezweckt in erster Linie die Vorabklärung kritischer Punkte, welche für das Gelingen des Projekts entscheidend sind. Von Interesse ist aber auch die Verbesserung der Anforderungsspezifikation. Häufig wird einem Benutzer nämlich erst bei der Inbetriebnahme eines Produktes klar, was er eigentlich gewünscht hätte. Anhand eines Prototyps können jedoch weitere offene Fragen bezüglich des geplanten Systems geklärt werden.

Die Idee, den Problemlösungszyklus mehrfach zu durchlaufen, wird beim sogenannten Versionenkonzept konsequent umgesetzt. Im Gegensatz zum Prototyping-Ansatz wird hier kein «Wegwerfprodukt», sondern eine sich evolutionär entwickelnde Lösung erstellt. Gewisse rudimentäre Funktionen werden bereits nach kurzer Zeit ausgeliefert, andere folgen in einer späteren Version. Das Vorgehen ermöglicht eine rasche Markteinführung, der Kunde hat schon früh einen Nutzen, und Änderungswünsche können bereits in der nächsten Version berücksichtigt werden. Auf diese Weise wird eine stetige Anpassung an die sich ändernden Marktbedürfnisse möglich, was sich wiederum positiv auf die Lebensfähigkeit des Produktes auswirkt. Als Nachteil des Ansatzes wird etwa der höhere Aufwand bezüglich der Projektführung genannt. Insbesondere ist mehr Zeit für das Konfigurationsmanagement einzuplanen. Es ist zu betonen, dass sich das Vorgehen nur dann anwenden lässt, wenn ein stufenweiser Ausbau der geforderten Funktionalität möglich ist. Ein Haus zum Beispiel lässt sich schwer in Versionen erstellen. Dagegen sind alle modular konzipierbaren Lösungen zur schrittweisen Erweiterung prädestiniert. So sind beispielsweise viele Computer darauf ausgelegt, dass ihr

Funktionsumfang mit Steckkarten ausgebaut werden kann. In einer Zeit des knappen Geldes könnte der Ansatz noch an Attraktivität gewinnen. Man kann zwar bei jedem Schritt nur ein Teilsystem ausliefern, aber dies ist immerhin etwas, das man dem Geldgeber vorweisen kann.

Mit der Diskussion verschiedener Varianten des Vorgehensmodells beschliessen wir die Ausführungen über die systemische Projektführung. Der aufmerksame Leser hat natürlich gemerkt, dass auch in den früheren Kapiteln bereits recht viele Aspekte der Projektführung angeschnitten worden sind, wie etwa Wahrnehmung, Kommunikation, Motivation, Kreativität, Teamfähigkeit etc. In Abb. 5.17 sind nochmals die wichtigsten Aufgaben der Projektführung zusammengestellt.

- Wahrnehmen der Situation
- Festlegen der Projektziele
- Gestalten des Vorgehensmodells
- Sicherstellen geeigneter Rahmenbedingungen
- Motivieren der Mitarbeiter
- Fördern der Kommunikation
- Organisieren der Prozesse
- Analysieren und Beeinflussen der Projektdynamik
- Kontrollieren des Projektstandes (Zielerfüllung, Kosten, Termine)
- Sicherstellen der Qualität
- Beurteilen und Fördern der Lebensfähigkeit

Abb. 5.17 Wichtigste Aufgaben der Projektführung

Abschliessend sei noch einmal auf die Tatsache verwiesen, dass es für den Umgang mit komplexen Systemen keine Rezepte gibt. Wohl haben wir hier ein Instrumentarium erarbeitet, welches die Handhabung derartiger Systeme erleichtert, und wir haben mit dem Vorgehensmodell ein Raster vorgelegt, welches Anhaltspunkte für die Gestaltung des Problemlösungsprozesses liefert. Es ist nun Ihre Aufgabe als Leser, selber aktiv zu werden. Sie müssen die neuen Erkenntnisse mit Ihren eigenen Denkmustern verknüpfen; Sie müssen Ihre Umwelt von einer systemischen Seite her entdecken; und Sie müssen

– abhängig von der jeweils gegebenen Problemstellung – Ihre spezifischen Vorgehensmodelle konstruieren. Wir hoffen, dass es Ihnen nach der Lektüre dieses Buches nun besser gelingen wird, Chancen und Probleme in ihrer Komplexität zu erfassen, die zahlreichen, oft einander entgegengesetzten Kräfte des Zielsystems zu analysieren, zu gegebenem Zeitpunkt systemgerechte Massnahmen zu treffen – und letztlich Ihre Problemlösungen lebensfähiger zu gestalten.

Kontrollfragen

1. Definieren Sie den Begriff «Qualität» in eigenen Worten. Inwiefern ist der Qualitätsbegriff relativ?

2. Erläutern Sie die drei Bereiche eines umfassenden Qualitätssystems nach ISO.

3. Was versteht man unter konstruktiven, was unter analytischen Massnahmen der Qualitätssicherung?

4. Erläutern Sie den qualitativen Verlauf der Fehlerkosten in Abhängigkeit von der Produktevollkommenheit, und ziehen Sie Schlüsse für die Praxis.

5. Zeigen Sie an einem Beispiel, inwiefern die Wirkungsanalyse im Rahmen der Projektführung sinnvoll eingesetzt werden kann.

6. Zeichnen Sie ein Wirkungsdiagramm für das Verhältnis zwischen der Altersstruktur eines Entwicklerteams und dessen Leistung bei Projekten.

7. Sie sind sicher schon mehrfach der Arbeitsüberlastungs-Dynamik zum Opfer gefallen. Was haben Sie getan, um sich aus der Situation zu befreien? Was würden Sie nächstesmal tun, um die Situation von vornherein zu verhindern?

8. Je nach Komplexität und Anforderungsgrad der Problemstellung ist der Lösungsprozess unterschiedlich zu gestalten. Charakterisieren Sie drei unterschiedliche Vorgehensweisen.

9. Erläutern Sie einen Fehlschlag, an dem Sie beteiligt waren. Was haben Sie gelernt? Was hätten Sie tun können, um den Lerneffekt zu steigern?

10. Für welche Zwecke erachten Sie es als sinnvoll, einem Projekt ein separates Vorprojekt voranzustellen?

11. Was versteht man unter dem sogenannten Versionenkonzept? Wo sehen Sie Vor- und Nachteile?

12. Nennen Sie die wichtigsten Aufgaben der Projektführung.

6 Anwendung

Im folgenden sollen verschiedene Aspekte aus den vorangehenden Kapiteln anhand von praktischen Beispielen veranschaulicht werden. Wir verzichten hier bewusst darauf, eine Fallstudie im klassischen Sinne zu präsentieren. Wenn es für den Umgang mit komplexen Systemen keine Rezepte gibt, so lässt sich das Fallbeispiel offensichtlich auch nicht finden. Jedoch möchten wir es dem Leser gleichwohl ermöglichen, das Gelernte anhand von praktischen Problemstellungen zu rekapitulieren und zu festigen. In einem ersten Kapitel diskutieren wir Aspekte der Situationsanalyse und Problemformulierung anhand einer architektonischen Fragestellung. Dann werden die Schritte der Problemlösung an einem Beispiel aus dem Bereich Prozessautomation illustriert. Und schliesslich erläutern wir organisatorische Fragen im Zusammenhang mit der Planung eines Softwareprojektes.

6.1 Sonnenschutz am Gebäude

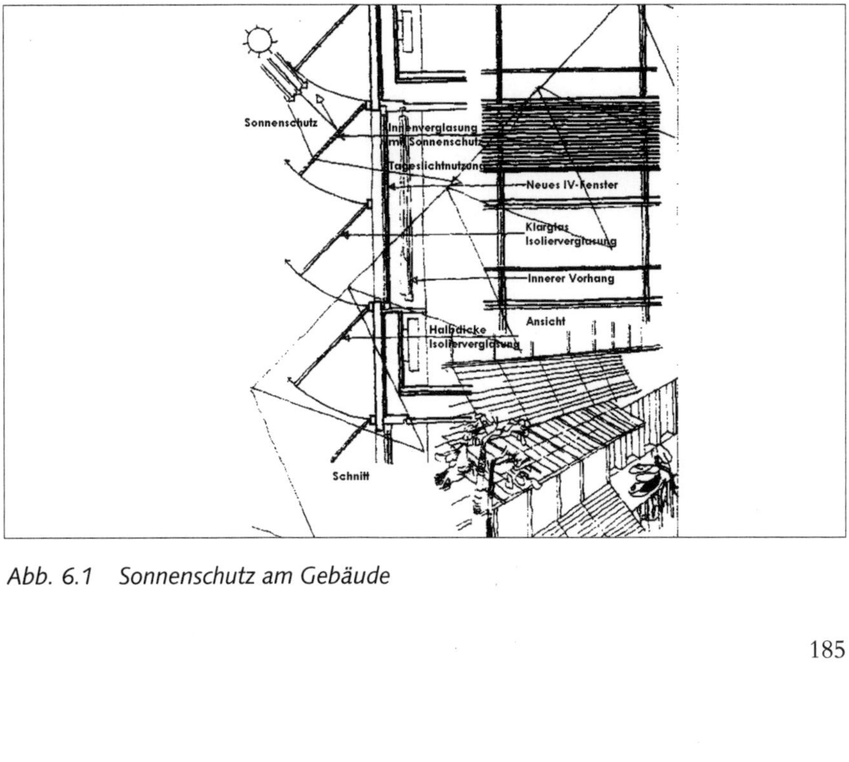

Abb. 6.1 Sonnenschutz am Gebäude

Auf dem Bauplatz arbeiten Architekten, Bauingenieure und Haustechniker zusehends spezialisierter. Gleichzeitig steht deren Tätigkeit aber in wachsender gegenseitiger Abhängigkeit. Wenn jede dieser Disziplinen an sich gute Lösungen erarbeitet, heisst das noch lange nicht, dass der entstehende Bau als Ganzes ein Erfolg wird. Individuelle Meisterleistungen sind wenig Wert, wenn sie nicht sinnvoll in die Gesamtlösung integriert werden. In vielen Bauprojekten ist deshalb eine systemische Arbeitsweise und eine Zusammenarbeit über die Fachgrenzen hinaus unabdingbar. Am Beispiel «Sonnenschutz am Mehrfamilienhaus» sollen diesbezüglich einige Überlegungen angestellt werden. Wir zeigen eine ganzheitliche Sicht der Situationsanalyse und diskutieren, welche Chancen und Probleme sich daraus ableiten lassen.

6.1.1 Situation analysieren

«Sonnenschutz am Gebäude, das ist doch nichts Neues, das machen wir schon seit 30 Jahren, die Lösungen sind längst bekannt ...» Solche Äusserungen zum Thema sollten uns hellhörig machen. Das Problem «Sonnenschutz» wird nämlich oft gerade deshalb wenig systemgerecht gelöst, weil es als «banales, altbekanntes Problem» abgebucht wird. Grundsätzlich ist jedoch kein Bauvorhaben reine Routinearbeit. Jedes Projekt ist zumindest bezüglich Standort und Zweck einzigartig. Zudem sind jeweils die Ansprüche und Wünsche der Bauherrschaften unterschiedlich. Und auch die technischen Möglichkeiten sind immer wieder neu zu beurteilen.

Wenn man nun im Rahmen des Problemlösungsprozesses beginnt, gezielt nach verschiedenen Lösungsansätzen zu suchen, so besteht die Gefahr, dass man sich vorschnell auf das Detail konzentriert. Wie aus Abb. 6.2 ersichtlich wird, bedeutet ein systemisches Vorgehen aber, dass auch übergeordnete Systemteile in die Analyse mit einbezogen werden. So muss etwa das Mehrfamilienhaus in seiner Umwelt betrachtet und analysiert werden, bevor man an die Entwicklung konkreter Lösungen herangeht. Wir konzentrieren uns im Rahmen dieses Beispiels nicht auf fachspezifische Detailfragen, sondern versuchen auf einer höheren Systemebene herauszufinden, wo wir bei der Analyse und Lösungsentwicklung am sinnvollsten unsere Energien investieren.

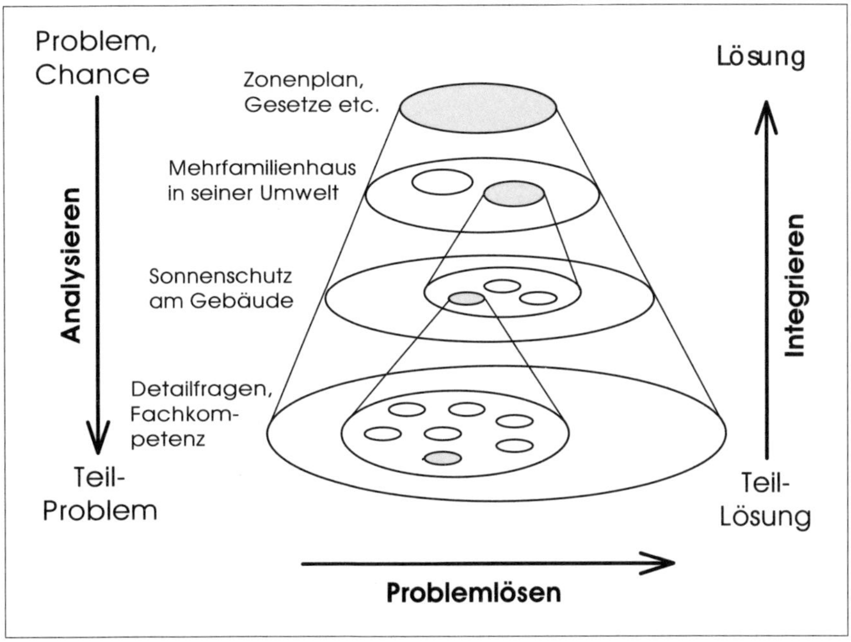

Abb. 6.2 Verschiedene Systemebenen des Problems

Um einen ersten Überblick über die beteiligten Systemkomponenten zu erhalten, ist im vorliegenden Fall zunächst ein Brainstorming durchgeführt worden. Daraus haben sich unter anderem folgende Komponenten ergeben: Wärme, Licht, Energienutzung, Ökonomie, Ökologie, Baumaterialien, Raum, Fassade, Behaglichkeit etc. Diese Komponenten sind noch sehr allgemein fomuliert. Zudem fehlt die Gewissheit, dass wirklich auch alle relevanten Aspekte berücksichtigt worden sind. In Abb. 6.3 sind zwölf Komponenten in etwas ausführlicherer Form dokumentiert. Zugleich ist in einem «Ganzheitlichkeitstest» überprüft worden, ob auch wirklich Komponenten aus den verschiedenen Lebensbereichen berücksichtigt sind (vgl. dazu auch Kap. 3.3.1). Die Spaltensummen geben Auskunft über die Vertretung der Lebensbereiche. Wo keine Punkte vorhanden sind, müssen folglich noch Komponenten gesucht werden, um eine ganzheitliche Sicht zu gewährleisten. Der Test hat nicht zum Ziel, eine gleichmässige Verteilung zu erreichen. Es ist normal, dass je nach Systemtyp der eine oder ander Lebensbereich überproportional vertreten ist.

		Lebensbereiche						
Nr.	**Komponenten**	Wirtschaft	Bevölkerung	Flächennutzung	Humanökologie	Naturhaushalt	Infrastruktur	Gemeinwesen
1	Durchschnittlich ins Haus eingestrahlte Sonnenenergie					X		
2	Durchschnittliche Sonnentage pro Jahr (Baugrund)					X		
3	Sonnenschutz als feste Baumassnahme			X				
4	Flexible Sonnenschutz-Möglichkeiten						X	
5	Einsicht für energietechn. Investitionen (beim Bauherrn)	X						
6	Neue Materialien mit optimalen Eigenschaften					X		
7	Behagliches Innenklima				X			
8	Mehrgenerationen-Haus mit unterschiedlichen Ansprüchen		X					
9	Transparenz für den Energiebedarf						X	
10	Ökonomisches Bauen	X						
11	Flexible Bauvorschriften für Energiehaus							X
12	Gute Kommunikation zwischen den Arbeitsteams				X			
	Bilanz	2	1	1	2	3	2	1

Abb. 6.3 Komponenten des Systems, beurteilt nach Lebensbereichen

Die zwölf Komponenten liegen zunächst unvernetzt vor, das heisst, es ist noch unklar, in welcher Qualität sie zueinander in Beziehung stehen. Die wechselseitigen Abhängigkeiten der Komponenten werden im Team diskutiert, in ihrer Intensität bewertet und in die Wirkungsmatrix eingetragen (vgl. Abb. 6.4). Die Auswertung der Wirkungsmatrix ist hier nach den Grundsätzen vorgenommen worden, welche wir bereits früher dargelegt haben (vgl. Kap. 3.3.5).

Die Auseinandersetzung mit den Wechselwirkungen fördert ein tieferes Verständnis für die Komponenten: Wie lässt sich die Komponente genauer charakterisieren? Wie wirkt eine Komponente auf die andere? Wie wird sie von den anderen Komponenten beeinflusst? In dieser Phase ergeben sich wichtige Diskussionen bezüglich der Interpretation der Komponenten, da verschiedene Beteiligte die Komponenten mit zum Teil völlig unterschiedlichen Bedeutungsmustern belegen. Aus den Worthülsen entwickelt sich allmählich ein inhaltliches Bild bzw. ein gemeinsames Verständnis für die Bedeutung der Wechselwirkungen.

	1	2	3	4	5	6	7	8	9	10	11	12	AS	P
1		0	1	3	3	0	3	0	1	2	0	0	13	208
2	2		3	3	3	0	3	0	2	2	0	0	18	36
3	2	0		3	1	1	3	0	1	3	0	1	15	165
4	3	0	0		1	2	3	0	2	3	0	1	15	405
5	2	2	3	3		3	3	1	3	2	1	2	25	375
6	2	0	1	3	1		3	0	1	2	1	1	15	225
7	0	0	0	2	0	0		1	0	0	0	0	3	66
8	1	0	0	1	0	1	0		0	1	0	1	5	20
9	1	0	0	2	3	2	1	0		1	0	1	11	154
10	1	0	1	2	1	2	1	1	1		0	1	11	220
11	0	0	1	3	0	1	1	0	1	1		2	10	20
12	2	0	1	2	2	3	1	1	2	3	0		17	170
PS	16	2	11	27	15	15	22	4	14	20	2	10		
Q	0.8	9.0	1.4	0.6	1.7	1.0	0.1	1.3	0.8	0.6	5.0	1.7		

Abb. 6.4 Wirkungsmatrix

6.1.2 Chancen und Probleme erkennen

Die Wirkungsanalyse stellt eine wichtige Grundlage dar für das Erkennen von möglichen Chancen und Problemen. Als Interpretationshilfe dient, wie bereits früher diskutiert, das Aktivitäts-Vernetzungs-Diagramm (vgl. Abb. 6.5). Die Rollen der einzelnen Komponenten ergeben sich bekanntlich aus der unterschiedlichen Vernetzungsqualität. Sie sollen nachfolgend etwas detaillierter diskutiert werden.

Die aktivste Grösse im System ist Komponente 2, durchschnittliche Sonnentage pro Jahr. Sie ist wenig vernetzt, aber besitzt den höchsten Aktivitätsgrad. Es handelt sich um keine vom System selber steuerbare Grösse, sondern um eine aktive, aussengesteuerte Rahmenbedingung. Bevor also überhaupt nach Lösungen gesucht wird, ist es sinnvoll, diese Systemkomponente näher zu untersuchen. Besitzt etwa das Gelände eine derartige Exposition, dass die Sonne nur morgens und abends auf die Breitseite des Gebäudes scheint, so ist das Thema Sonnenschutz wohl von untergeordneter Bedeutung. Die nächstaktive Grösse ist Komponente 11, flexible Bauvorschriften für Energiehaus. Auch diese Komponente ist schwach im System vernetzt, weil sie vor allem aussengesteuert ist. Sie kann aber mit ihrer aktiven Wirkung das ganze Vorhaben zum Scheitern verurteilen, wenn der notwendige Handlungsspielraum gar nicht vorhanden ist. Die entsprechenden Rahmenbedingungen sind vor der Suche nach Lösungen ebenfalls abzuklären. Im Bereich der mittelaktiven Komponenten fällt vor allem Komponente 5 auf: Einsicht für energietechnische Investitionen. Sie ist hoch vernetzt, kann also das System unter Umständen nachhaltig beeinflussen. Diese Komponente entspricht aber nicht den angestammten Kompetenzen der Ingenieure. Und trotzdem müssen hier, aufgrund der vorliegenden Analyse, in oberster Priorität Lösungen gesucht werden.

Als passivste Grösse im System erweist sich Komponente 7, das behagliche Innenklima. Hier wäre es müssig, nach Lösungen zu suchen. Dies wäre bestenfalls eine Symptombekämpfung. Die Komponente ist aber ein nützlicher Indikator für die Überprüfung der Qualität des beschriebenen Systems. Dazu sind die gewünschten Aspekte jedoch noch detaillierter zu Beschreiben, um bei der Erarbeitung bzw. Umsetzung der Lösung den Erfüllungsgrad zu kontrollieren. Komponente 4, die flexiblen Sonnenschutz-Möglichkeiten, ist die am stärksten vernetzte Grösse überhaupt. Damit ist sie die «bestinformierte» Komponente im System und somit auch ein guter Indikator für den Gesamterfolg. Trotz ihrem Vernetzungsgrad sollten wir aber nicht notwendigerweise als erstes bei dieser Komponente nach Lösungen suchen. Da die Grösse im passiven Bereich liegt, ist sie von anderen Komponenten abhängig. Systemgerechte Lösungsvorschläge für solche Komponenten zeigen sich häufig eher als «logische Konsequenz» aus der Lösungsentwicklung von aktiven Komponenten.

Die Analyse und Interpretation der einzelnen Komponenten bezüglich ihrer Rolle im System ist für die Planung des Lösungsprozesses offensichtlich entscheidend. Unsere Kreativität und Arbeitskraft soll dort einfliessen, wo wir ursächliche Veränderungen auslösen können. Diese sind auf der aktiven, rechten Seite des Aktivitäts-Vernetzungs-Diagramms zu finden, und nicht auf der linken Seite, wo wir mit der Umsetzung von Lösungsvorschlägen häufig bloss Symptombekämpfung betreiben würden.

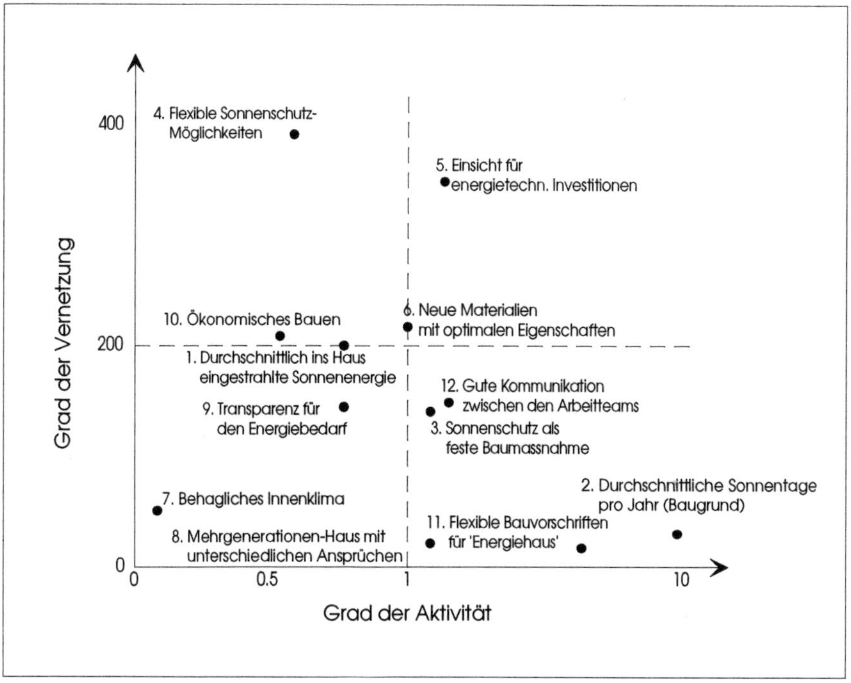

Abb. 6.5 Aktivitäts-Vernetzungs-Diagramm

Gemäss der früher eingeführten Klassierung von Systemtypen (vgl. Abb. 3.24) handelt es sich bei der gegebenen Aufgabenstellung um ein sozio-technisches System: Komplexe Sachverhalte der menschlichen Bedürfnisse werden mit den komplizierten Gegebenheiten der technischen und gestalterischen Welt verbunden. Aber nicht nur die zu erarbeitende Baulösung ist ein komplexes System, sondern auch das Projekt bzw. das damit betraute Team selber. Der Weg, den das Team zu beschreiten hat, ist nicht offensichtlich. Er verläuft in dem Sinne chaotisch, dass eine eindeutige Voraussage der Projektergebnisse nicht möglich ist.

Auch die Systemik bietet keine Rezepte zum Auffinden von allgemeingültigen Lösungen. Im Gegenteil fordert sie dazu auf, Grenzen aufzubrechen und gängige Vorstellungen zu hinterfragen. Erfahrungsgemäss bereitet dieser Ansatz zu Beginn etwas Schwierigkeiten. Gerne taucht man schon bald nach Projektbeginn in die Details der Materie ein. Dort findet man Halt und Sicherheit bei den bewährten Denkmustern. Eine umfassende Situationsanalyse wirkt solchen Tendenzen entgegen. Sie erlaubt einen sehr offenen, lösungsneutralen Umgang mit der Fragestellung und beugt der Gefahr vor, dass von vornherein gewohnte Pfade beschritten und dadurch möglicherweise innovative Lösungsideen verbaut werden.

6.2 Automatisierung einer Galvanikanlage

Anhand einer typischen Aufgabenstellung aus dem Bereich der Automatisierung sollen nachfolgend einige Aspekte des Problemlösungsprozesses diskutiert und illustriert werden. Wir betrachten dazu eine Problemstellung, welche aus einem mittelständischen Galvanikbetrieb stammt. Die Beschickung und Entladung der Galvanikbäder wird weitgehend noch manuell abgewickelt. Die Werkstücke (z.B. Schmuck oder andere Kleinteile) werden von Hand von einem Bad ins andere transportiert. Der Betrieb hat sich nun dafür entschieden, den Beschickungsprozess zu automatisieren. Dabei soll ein im Betrieb bereits verfügbarer Roboter zum Einsatz gelangen (vgl. Abb. 6.6). An diesem Beispiel zeigen wir im folgenden einige Aspekte bezüglich der Vorgehensschritte Zielformulierung, Lösungsentwurf und Entscheidung. Das Projekt ist zyklisch in mehreren Phasen abgewickelt worden. Wir beschränken uns hier auf die Darstellung von ausgewählten Ergebnissen aus der Konzeptphase.

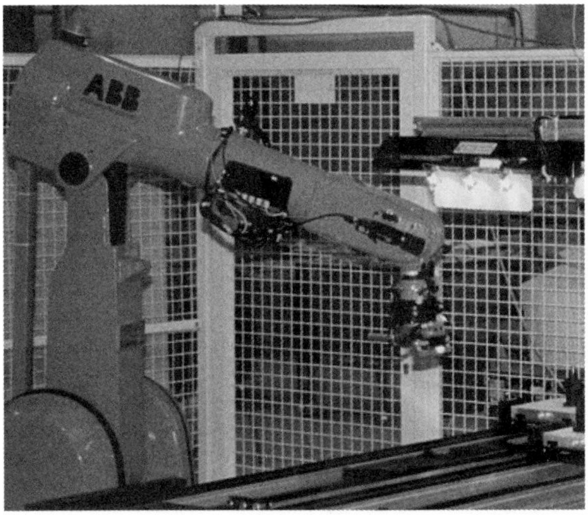

Abb. 6.6 Automatische Beschickung von galvanischen Bädern

6.2.1 Ziele festlegen

Der genannte Galvanikbetrieb hat im Zusammenhang mit dem Entscheid zur Automatisierung folgende Grobziele formuliert:

- Die Produktivität und Wirtschaftlichkeit des Gesamtprozesses soll erhöht werden.
- Die Anlage soll der wechselnden Auftragslage angepasst werden können, sowohl bezüglich Mengenauslastung als auch im Hinblick auf neue Produktionsprozesse.
- Die Mitarbeiter sollen von der eintönigen und vorwiegend körperlichen Tätigkeit entlastet werden, um sich vermehrt auf den eigentlichen Herstellungsprozess konzentrieren zu können.

Derart allgemeine Zielsetzungen stehen häufig am Anfang eines Projektes. Daraus lassen sich aber noch keine ganzheitlichen Lösungen in unserem Sinne ableiten. Mit dem Vorhaben zur Automatisierung von Abläufen und Prozessen tangieren wir unweigerlich auch organisatorische Bereiche. Die Erfahrung lehrt uns aber, dass schlecht organisierte Abläufe kaum sinnvoll automatisiert werden können. Es gilt daher der Leitsatz, «Organisieren vor Automatisieren», womit wir beim Kernproblem vieler Automatisierungsvorhaben sind. Aus der

Zielformulierung gehen selten die organisatorischen Rahmenbedingungen hervor, welche möglicherweise vor oder während der Umstellung verändert werden müssen. Deren Berücksichtigung kann aber den Erfolg des Vorhabens in entscheidendem Masse beeinflussen.

Liegen, wie im vorliegenden Beispiel, keine Angaben über die organisatorischen Rahmenbedingungen vor, so sind diese in einem ersten Schritt zu erarbeiten. In unserem Fall ist die Klärung der Situation anhand einer Wirkungsanalyse vorgenommen worden. Das Wirkungsgefüge ist mit direkt oder indirekt betroffenen Mitarbeitern aus verschiedenen Abteilungen eingehend besprochen worden. Das Resultat dieser Wirkungsanalyse ist in Abb. 6.7 in Form eines Aktivitäts-Vernetzungs-Diagramms wiedergegeben. Aus den Ergebnissen dieser Analyse können wir folgende Schlüsse ziehen:

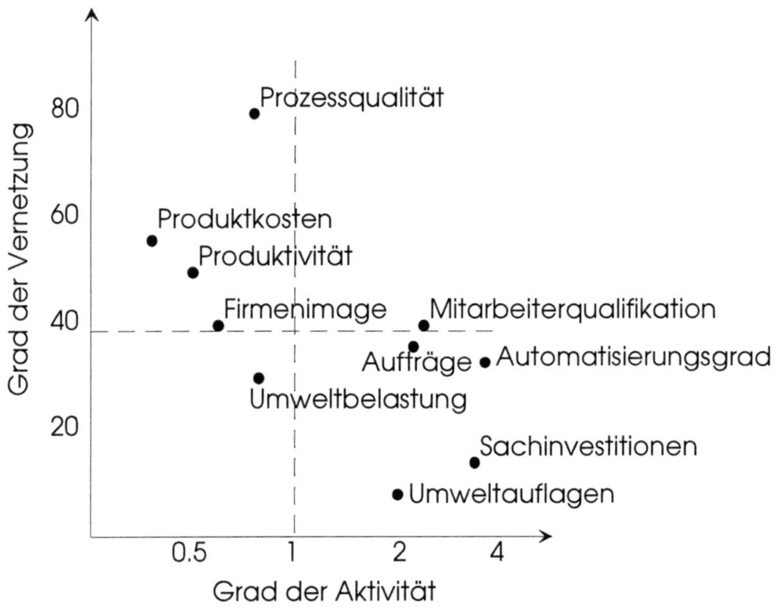

Abb. 6.7 Resultate der Wirkungsanalyse

- Die Wahl des richtigen Automatisierungsgrades ist offensichtlich ein entscheidender Faktor. Aus dem Wirkungsgefüge (welches hier nicht dargestellt ist) kann ersehen werden, dass diese Grösse die Systemkomponenten Produktivität, Prozessqualität und Produktionskosten aktiv beeinflusst. Mit einem angemessenen Grad an Automatisierung können diese drei Bereiche folglich verbessert werden. Umgekehrt können falsche Massnahmen diese drei Grössen gegenüber der heutigen Situation durchaus auch negativ beeinflussen.
- Die Qualifikation der Mitarbeiter ist ebenfalls eine zu beachtende Systemkomponente. Nur Mitarbeiter, die den Anforderungen ihrer Aufgabe entsprechend ausgebildet sind, vermögen die Produktivität und Prozessqualität auf den gefordert hohen Stand zu bringen. Aus dieser Sicht wird klar, dass diesbezügliche Zielvorstellungen umfassender definiert werden müssen, als dies in den allgemeinen Zielsetzungen geschehen ist.
- Die Prozessqualität und die Produktkosten sind zwei hochvernetzte, aber eher passive Systemkomponenten. Sie können idealerweise als Indikatoren verwendet werden: Eine erfolgreiche Automatisierung müsste einerseits die Qualität der Produkte steigern und gleichzeitig die Gesamtkosten senken. Sollen diese beiden Systemkomponenten als Kontrollgrössen dienen, so sind entsprechend messbare Zielvorgaben auszuarbeiten.

Ein integraler Bestandteil des Zielfindungsprozesses ist auch die Frage nach der Lebensfähigkeit des Zielsystems. Im Zusammenhang mit der Nutzung der Galvanikbäder hat sich beispielsweise die Frage gestellt, inwiefern ein automatisches Bad auch weiterhin manuell bedienbar sein sollte. Nach eingehender Prüfung wurde der Entschluss gefasst, die Bäder sowohl für den Einsatz in der automatisierten Anlage als auch für die manuelle Beschickung zu konzipieren. Dazu sind die Bäder als autonome Produktionseinheiten zu gestalten. Auf diese Weise ist für den Krisenfall vorgesorgt. Sollte der Roboter einmal ausfallen, liesse sich die Beschickung vorübergehend ohne Probleme von Hand durchführen. Auch können so überzählige Bäder sehr einfach auch in jenen Teilen des Produktionsprozesses eingesetzt werden, welche weiterhin manuell betrieben werden. Durch die Möglichkeit, die Bäder in verschiedenem Kontext einzusetzen, ermöglichen wir also eine Mehrfachnutzung von Komponenten. Durch die einheitliche Gestaltung vereinfacht sich zudem die Wartung der Bäder, da nur Ersatzteile für den einen Typ notwendig sind.

6.2.2 Lösungen entwerfen

Beim geplanten Automatisierungsvorhaben handelt es sich ganz offensichtlich um einen dynamischen Prozess. Werkstücke werden angeliefert und durch den Roboter auf die verschiedenen Bäder verteilt. Nach Ablauf einer gewissen Zeit wird das Werkstück von einem Bad ins nächste verschoben. Einige der Bäder sind in dem Sinne zeitkritisch, als ein Werkstück nur eine genau bestimmte Zeit darin verweilen darf. Um Wartezeiten zu vermeiden, werden gewisse Bäder in mehrfacher Ausführung benötigt. Beim Entwurf einer automatischen Lösung müssen somit einerseits die Arbeitsabläufe des Roboters bzw. die Anzahl der benötigten Bäder optimiert werden. Andererseits stellt sich die Frage, wie die Abläufe für den Menschen optimal auszulegen sind.

Um sich mit derartigen dynamischen Prozessen vertraut zu machen, ist es naheliegend, diese mit Hilfe eines Simulationsmodells auf dem Computer durchzuspielen. Der Aufbau von Simulationsmodellen zwingt uns, den Produktionsablauf vollständig zu durchdenken und zu verstehen. Oft zeigen die Resultate von Simulationsstudien Konflikte zwischen einzelnen Grobzielsetzungen und vorgegebenen Rahmenbedingungen auf. Die Ergebnisse einer Simulationsstudie können interpretiert und mit dem Auftraggeber besprochen werden. Nicht selten werden dabei auch die Zielsetzungen weiter angepasst und verfeinert.

Im vorliegenden Automatisierungsvorhaben sind Simulationsmodelle während des Lösungsentwurfs eingesetzt worden, um die Auslastung der einzelnen Prozessschritte zu analysieren und die zwischen den Prozessen liegenden Materialflüsse zu visualisieren. Die Simulation hat in erster Linie eine grobe Ressourcen- und Layoutplanung unterstützt. Abb. 6.8 zeigt für eine simulierte Betriebssituation die zeitliche Auslastung der einzelnen Systemkomponenten. Wir sehen daraus beispielsweise, dass der Roboter in diesem Fall die Aufträge knapp bewerkstelligen kann, da er im betrachteten Zeitabschnitt zu 95% ausgelastet ist.

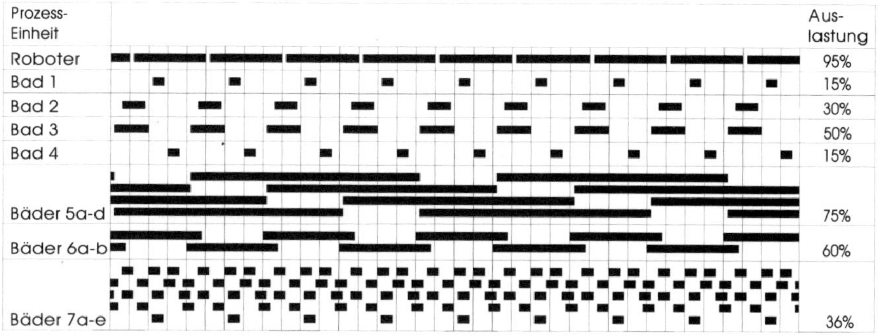

Abb. 6.8 Auszug aus den Resultaten der Simulationsstudie

Anhand der Simulationsergebnisse haben wir in unserem Vorhaben die Anzahl der Bäder bestimmt, welche notwendig sind, um einerseits die geforderte Durchsatzleistung zu erreichen und andererseits die Auslastung des Roboters zu maximieren. Es zeigt sich, dass mindestens 20 Bäder notwendig sind, um den angestrebten Durchsatz zu gewährleisten und dass der Roboter – als Flaschenhals im System – maximal 40 Bäder bedienen kann.

Aufgrund der eruierten Richtgrössen haben wir in einem weiteren Schritt das grobe Anlagelayout entworfen. Neben der Anzahl Bäder waren unter anderem folgende Rahmenbedingungen zu berücksichtigen: Aktionsradius des Roboters, Zulieferung von unterschiedlichen Werkstücktypen, Sicherheitsabschrankung rund um die Anlage, Zugänglichkeit für eine allfällige manuelle Beschickung. In Abb. 6.9 sind drei prinzipielle Lösungsmöglichkeiten dargestellt. Variante A zeigt eine kreisförmige Anordnung der Bäder. In der Mitte des Kreises steht der Roboter. Die grauen Kreise stellen die Position der angelieferten Werkstücke dar, auf welche der Roboter zugreifen kann. Bei Variante B ist der Roboter auf einer Laufschiene montiert, um den Aktionsradius zu vergrössern. Variante C kompensiert die Tatsache, dass jeweils nur ein zugeführtes Werkstück auf einmal verfügbar ist, mit einer speziellen Zuführautomatik.

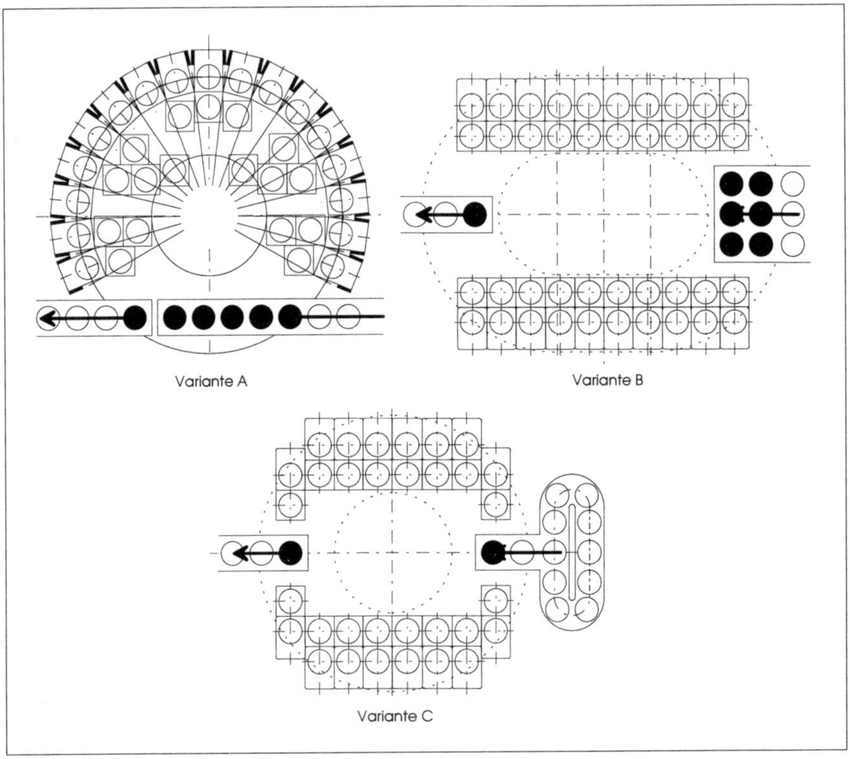

Abb. 6.9 Drei mögliche Layoutvarianten

Die Simulationsmodelle haben nicht bloss gute Dienste bei der Layoutplanung geleistet, sondern haben sich auch als ideales Kommunikationsmittel erwiesen. Das Modell hat dabei quasi die Rolle eines Prototypen übernommen, mit welchem sich dynamische Prozessabläufe sehr realitätsgetreu nachvollziehen liessen. Mit dem Auftraggeber sind so wesentliche Aspekte des Lösungsentwurfs direkt am Modell diskutiert worden. Diesbezüglich hat es sich als vorteilhaft erwiesen, nicht bloss die Projektverantwortlichen, sondern vor allem auch die direkt betroffenen Mitarbeiter in den Lösungsprozess mit einzubeziehen. Von ihnen sind viele gute Vorschläge eingebracht wor-

oskar Weiss zu: « Die Lösung »

den. Auch konnten gleichzeitig verschiedene Fragen bezüglich der Benutzerinteraktion geklärt werden. Und schliesslich sind im offenen Dialog Ängste abgebaut und eine gute Akzeptanz für die getroffenen Entscheidungen erreicht worden.

6.2.3 Entscheidungen treffen

	Vorteile	**Nachteile**
Variante A	• Grosse Anzahl Bäder im Aktionskreis des Roboters • Einfache Zu- und Wegführung der Werkstücke	• Einschränkende geometrische Rahmenbedingungen für die Anordnung der Bäder • Enge Platzverhältnisse zwischen den Bädern
Variante B	• Hohe Flexibilität betreffend Anzahl Bäder • Einfache Anordnung der Bäder mit optimaler Zugänglichkeit • Einfache Sicherheitsabschrankung rund um die Anlage möglich	• Kostspielige Verschiebeeinheit für den Roboter notwendig
Variante C	• Geringer Platzbedarf	• Kleine Anzahl möglicher Bäder • Aufwendige Zuführung der Werkstücke

Abb. 6.10 Argumentenbilanz für die drei Layoutvarianten

Wie bereits erwähnt, werden hier bloss Aspekte aus der Konzeptphase des Vorhabens erläutert. In dieser Phase liegen die Lösungsansätze noch in sehr grober Form vor. Infolge der zu diesem Zeitpunkt recht beschränkten Informationsmenge machen Entscheidungen im Detaillierungsgrad einer Nutzwertanalyse wenig Sinn. Um die einzelnen Lösungsvarianten trotzdem beurteilen zu können, haben wir uns der Argumentenbilanz bedient. In Abb. 6.10 sind für die drei Layoutvarianten die Vor- und Nachteile zusammengestellt. Aufgrund dieser Zusammenstellung ist Variante A für die weitere Bearbeitung vorgeschlagen worden.

Wir haben andeutungsweise die ersten allgemeinen Schritte bei der Gestaltung von Automationsanlagen dargestellt. Die systemische Vorgehensweise hat uns dabei sehr geholfen, dass wir uns nicht zu Beginn des Projektes in Detailfragen verstrickt haben. Sie hat uns dazu gezwungen, den Rahmen der gewohnten Denkmuster zu verlassen. Die konsequente Anwendung systemischer Hilfsmittel garantiert zwar nicht den absoluten Erfolg, lenkt aber das Denken auf die Gesamtzusammenhänge und forciert damit eine integrale Sichtweise. Die Betrachtung der Problemstellung aus verschiedenen Blickwinkeln hat sich denn auch äusserst befruchtend auf den Problemlösungsprozess ausgewirkt.

6.3 Planung eines Softwareprojektes

Nachdem in den vorangehenden Kapiteln konkrete Arbeitsschritte einzelner Projekte diskutiert worden sind, stehen im folgenden vorwiegend organisatorische Fragen im Zentrum. Am Beispiel «Software-Entwicklung» sollen Aspekte einer systemischen Projektführung erläutert werden. Zunächst wird gezeigt, inwiefern eine klare Situierung der Problemstellung für die Organisation des Lösungsprozesses von Bedeutung ist. Anschliessend kommen Überlegungen bezüglich der Gestaltung des Vorgehensmodells zur Sprache.

6.3.1 Lösungsprozess organisieren

Der erste und wohl wichtigste Schritt bei der Organisation des Lösungsprozesses besteht in der Beurteilung der gegebenen Problemstellung: Handelt es sich um ein komplexes Problem mit entsprechend hohem Organisationsaufwand, oder ist das Problem mit einfachen Mitteln lösbar? Je nach Komplexität und Anforderungsgrad des zu entwickelnden Produkts ist ein unterschiedliches Vorgehen zweckmässig. Geht es beispielsweise darum, einen gegebenen Datenbestand zu sortieren, lässt sich dieses Problem vielleicht einfach mit Hilfe eines Standardprogramms, einer sogenannten Bibliotheksprozedur, lösen. Ist dagegen ein umfassendes Informationssystem zu entwickeln, welches verschiedenen Abteilungen eines Betriebs als Arbeitsinstrument dienen soll, so sind umfassendere organisatorische Massnahmen angebracht.

Wie wir bereits in Kapitel 5.2.3 gesehen haben, sind vom Projektleiter unterschiedliche Organisationsformen zu wählen, je nachdem, wie er die Problemstellung situiert. In der Software-Entwicklung ist es gängige Praxis, den Problembereich einer gegebenen Problemstellung derart zu reduzieren, dass das Problem routinemässig gelöst werden kann (vgl. Abb. 6.11, Pfeil A). Zum Beispiel lässt sich die genannte Bibliotheksprozedur nur unter der Bedingung anwenden, dass die Daten in einem bestimmten Format vorliegen. Um das Sortierproblem ohne viel Aufwand zu lösen, müssten wir uns also auf dieses Datenformat beschränken. Oder für die Entwicklung des Informationssystems existiert ein einschlägiges Tool. Sein Anwendungsbereich beschränkt sich jedoch auf die reine Erfassung und Verwaltung von Betriebsdaten.

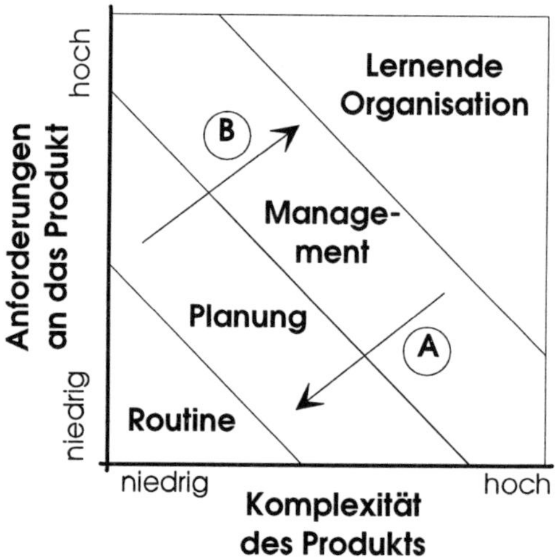

Abb. 6.11 Reduktion des Problembereichs zur Vereinfachung der Problemlösung (A), Erweiterung des Problembereichs zur Erhöhung der Lebensfähigkeit (B)

Kurzfristig kann es durchaus eine erfolgreiche Strategie sein, den Problemlösungsprozess durch Reduktion des Problembereichs zu vereinfachen. Auf die Dauer gesehen zahlt es sich jedoch nicht aus, wenn Probleme nicht ihrer Komplexität und ihrem Anforderungsgrad entsprechend gelöst werden. Im Gegenteil ist es häufig sogar zweckmässig, den Problembereich dahingehend auszudehnen, dass die Lebensfähigkeit des Zielsystems gesichert werden kann (vgl. Abb. 6.11, Pfeil B). Anstatt sich beim Sortierproblem auf ein fixes Datenformat zu beschränken, wäre es langfristig gesehen wünschenswert, wenn die Bibliotheksprozedur anpassungsfähig gestaltet würde. Der Einsatzbereich des geplanten Informationssystems könnte wesentlich vergrössert werden, wenn nicht bloss Daten verwaltet, sondern auch verschiedene Geschäftsprozesse aktiv unterstützt würden.

Im Zusammenhang mit Fragen der Lebensfähigkeit muss neben dem Zielsystem immer auch das Entwicklerteam bzw. dessen Arbeitgeber berücksichtigt werden. So muss es beispielsweise im Interesse eines Betriebes liegen, dass neben der täglichen Entwicklungsarbeit immer auch die verwendeten Konzepte und Methoden gepflegt und verfeinert werden. Eine Firma, welche nicht bloss auf den schnellen Erfolg ausgerichtet ist, sondern auch an ihre zukünftige Existenzsicherung denkt, muss sich folglich eher in Richtung einer «lernenden Organisation» orientieren (vgl. Abb. 6.11, Pfeil B). Im Bereich Software-Entwicklung ist in diesem Zusammenhang der Begriff Design Pattern populär geworden. In anderen Bereichen spricht man etwa von Archetypen oder generischen Modellen. Gemeint ist damit ein Denkmuster, welches im Rahmen der Problemlösung in ähnlicher Form immer wieder auftaucht. Solche Muster finden wir auf allen Ebenen der Problemlösung, sei es nun bei der Anforderungsanalyse, beim Lösungsentwurf oder letztlich bei der Umsetzung. Es scheint zweckmässig, ein wiederkehrendes Muster genauer zu analysieren und zu beschreiben. Auf diese Weise kann es zukünftig von allen Beteiligten besser erkannt und nach bewährtem Vorgehen angegangen werden. Zugleich wird durch die gemeinsame Beschreibung von Denkmustern auch die Kommunikation zwischen den Projektmitarbeitern verbessert.

6.3.2 Systemisches Vorgehen definieren

Für die Planung und Durchführung von Projekten werden bekanntlich Vorgehensmodelle eingesetzt. Solche Modelle dienen nicht nur dazu, den Ablauf eines Projektes zu strukturieren, sondern sie wirken auch als Denkmuster im oben beschriebenen Sinn. Für den Erfolg eines Projektes ist es ganz entscheidend, dass alle Beteiligten eine gemeinsame Vorstellung bezüglich der einzelnen Vorgehensschritte haben. In sehr vielen Softwareprojekten wird heute als Vorgehensmodell das sogenannte Wasserfallmodell verwendet (vgl. Abb. 6.12).

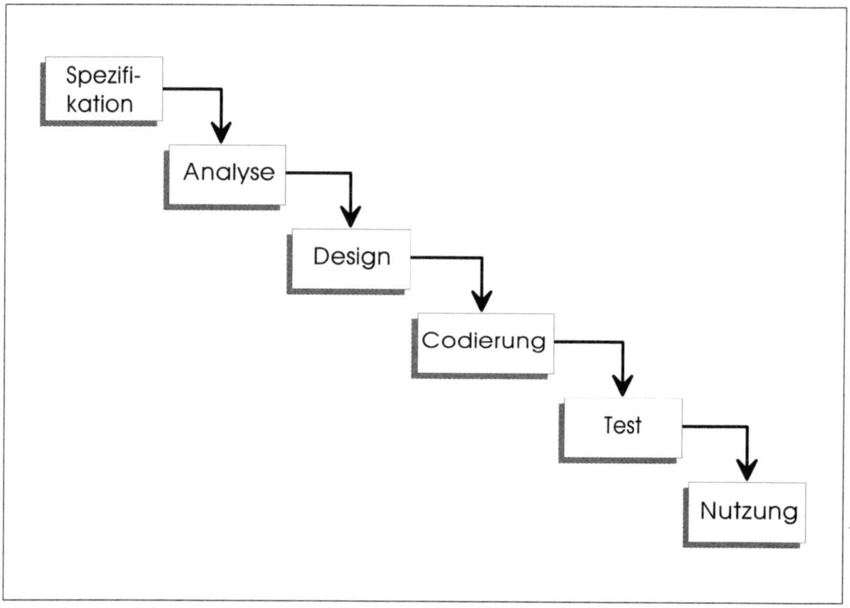

Abb. 6.12 Software-Entwicklung gemäss Wasserfallmodell

Kennzeichnend für das *Wasserfallmodell* ist – wie es der Name zum Ausdruck bringt – ein stufenweises Vorgehen: Im Rahmen der Spezifikation steht die Anforderungsanalyse und Zielformulierung im Zentrum. Hier stellen sich Fragen bezüglich Leistungs- und Funktionsumfang des Zielsystems. In der Analysephase muss sodann bestimmt werden, aus welchen Komponenten und Beziehungen das System aufzubauen ist. Es geht also im wesentlichen darum, die

«Architektur» des Systems festzulegen. Während eine Komponente – oder in der Sprache des Informatikers ein Modul – hier noch als Black-Box gesehen wird, geht es in der Designphase darum, die internen Details der einzelnen Module zu beschreiben. Während der Phase der Codierung werden schliesslich lauffähige Programme entwickelt, welche vor der Übergabe an den Benutzer noch eingehend getestet werden müssen.

Ein streng geordnetes Vorgehen gemäss Wasserfallmodell hat ohne Zweifel seine Vorteile. Insbesondere hat sich die Gliederung in einzelne Phasen in der Praxis gut bewährt. Der Werdegang einer Lösung wird dadurch in überschaubare Teiletappen gegliedert. Ein stufenweiser Planungs- und Entscheidungsprozess mit vordefinierten Marschhalten, sogenannten Meilensteinen, wird unterstützt. Am Ende jedes Schrittes kann aufgrund der vorliegenden Ergebnisse entschieden werden, ob das Projekt weitergeführt werden kann, ob die Resultate der Vorphase allenfalls nochmals zu überarbeiten sind, oder ob ein Abbruch des Projekts in Betracht gezogen werden muss.

Trotz den offensichtlichen Vorteilen, insbesondere bei der Führung von Projekten, wird das Wasserfallmodell heute verschiedentlich kritisiert. Das streng sequentielle Vorgehen hat sich in der Praxis oft als unrealistisch erwiesen. Anforderungen, welche sich während der Entwicklung ändern, oder Tätigkeiten, welche sich über Phasengrenzen hinweg erstrecken, gehören zum praktische Alltag, werden jedoch vom Modell nicht berücksichtigt. Mit einem starren Phasenschema kann nur schwer auf Unvorhergesehenes reagiert werden. Gerade im Bereich der Informatik, mit einem sich stark verändernden Umfeld, ist aber Flexibilität gefragt. Ein weiterer Kritikpunkt ist die strikte Trennung der Anwender- und Entwicklerwelt. Das Phasenschema verlangt, dass zuerst auf der Anwenderseite die Anforderungen festgelegt werden, bevor man auf der Entwicklerseite mit der Umsetzung beginnt. Die Überprüfung der Anforderungen erfolgt erst am Ende des Projekts – in der Testphase. Dies hat zur Folge, dass Fehler lange Zeit unentdeckt bleiben. Eine späte Fehlerbehebung ist aber nicht nur schwieriger, sondern meist auch teurer. Der wohl gewichtigste Kritikpunkte ist schliesslich der Umstand, dass das Wasserfallmodell in dem Sinne ein geschlossenes Modell darstellt, als es die Weiterentwicklung des Produkts ausser acht lässt. Es ist heute eine Tatsache, dass nur noch wenig Software grundsätzlich neu entwickelt wird. Vielfach hat der Kunde Änderungs-, Verbesserungs- oder Erweiterungswünsche. Dafür bietet das Wasserfallmodell jedoch kaum Unterstützung. Es ist im Gegenteil zu befürchten, dass sich die Starrheit des Vorgehens derart auf das Produkt überträgt, dass dessen Anpassungsfähigkeit entscheidend beeinträchtigt wird.

Es ist uns hier nicht möglich, *die* Alternative zum Wasserfallmodell zu präsentieren. Wie wir ja bereits früher festgestellt haben, existiert *das* richtige Vorgehensmodell nicht. Von Fall zu Fall muss ein spezifisches Vorgehensmodell gestaltet und auf die jeweiligen Bedürfnisse abgestimmt werden. Bevor wir an einem Beispiel zeigen, wie ein solches Modell konkret aussehen könnte, sollen nochmals die wesentlichen *Aufgaben eines Vorgehensmodells* rekapituliert werden (vgl. Abb. 6.13).

- Klarheit über die notwendigen Tätigkeiten schaffen
- Lösungsprozess in einzelne Arbeitsschritte gliedern
- Kommunikation zwischen allen Beteiligten fördern
- Umweltsituation und deren Dynamik berücksichtigen
- Lebensfähigkeit des Zielsystems sichern
- Fortschrittskontrolle und Qualitätssicherung ermöglichen

Abb. 6.13 Elementare Aufgaben eines Vorgehensmodells

Eine Hauptaufgabe des Vorgehensmodells liegt in der Strukturierung des Lösungsprozesses. Dabei ist es elementar, dass sich alle beteiligten Projektmitarbeiter *gemeinsam* Gedanken darüber machen, welche Tätigkeiten und Arbeitsschritte für die Problemlösung notwendig sind. Ein Vorgehensmodell wirkt – wie jedes andere Modell – nur dann kommunikationsfördernd, wenn alle Beteiligten ihre Vorstellungen einigermassen angeglichen haben.

Bei der Entwicklung von Software haben wir es oft mit komplexen, innovativen Problemstellungen zu tun, welche in einem sich schnell verändernden Umfeld mit laufend neuen Anforderungen abgewickelt werden. Ein entsprechendes Vorgehensmodell muss folglich die Umweltsituation und deren Dynamik berücksichtigen. Das heisst, dass es nicht genügt, die Anforderungen in der Vorstudie abschliessend zu erfassen und festzuschreiben, sondern dass neue Erkenntnisse laufend in den Prozess einfliessen müssen.

Eine ständige Anpassung an neue Anforderungen birgt die Gefahr, dass man die wesentlichen Ziele aus den Augen verliert, oder dass das Projekt bezüglich Zeit und Kosten aus dem Ruder läuft. Um die Zahl der Änderungswünsche im Rahmen zu halten, müssen aus der Frühphase eines Projektes möglichst stabile Anforderungen resultieren. Dies bedingt eine gründliche Situationsanalyse und eine intensive Auseinandersetzung mit der Gedankenwelt der potentiellen Anwender. Gleichzeitig sollte man sich bereits bei der Vorgehensplanung auf spätere Anpassungen und Erweiterungen einstellen, indem man etwa eine schrittweise Entwicklung in mehreren Versionen vorsieht.

Für einen erfolgreichen Lösungsprozess sind schliesslich auch Fragen bezüglich Fortschrittskontrolle und Qualitätssicherung von Bedeutung. Wie bereits früher erwähnt, reicht es nicht aus, die Qualität am Ende eines Projektes zu testen. Die verwendeten Modelle müssen laufend auf ihre Validität hin überprüft werden. So muss etwa die Anforderungsspezifikation mit dem Benutzer diskutiert werden, die Ergebnisse der Analyse sind mit den Anforderungen zu vergleichen, oder die Entscheidungen in der Designphase müssen auf die Erkenntnisse aus der Analyse abgestimmt werden. Neben einer laufenden Qualitätskontrolle entscheiden aber auch die verwendeten Methoden und Konzepte über den Erfolg eines Projektes.

Nach diesen allgemeinen Ausführungen soll nun kurz diskutiert werden, inwiefern ein *systemisches Vorgehen* die obigen Anforderungen erfüllt. In Abb. 6.14 findet sich das früher diskutierte Vorgehensmodell in leicht modifizierter Form, angepasst auf die spezifischen Bedürfnisse der Software-Entwicklung. Anstelle der ursprünglichen vier Vorgehensschritte sind die wesentlichen Phasen eines Softwareprojektes eingetragen. Die Tätigkeiten in den einzelnen Phasen lassen sich grundsätzlich mit denjenigen im Wasserfallmodell vergleichen. Dagegen bestehen bezüglich deren Charakterisierung einige gewichtige Unterschiede.

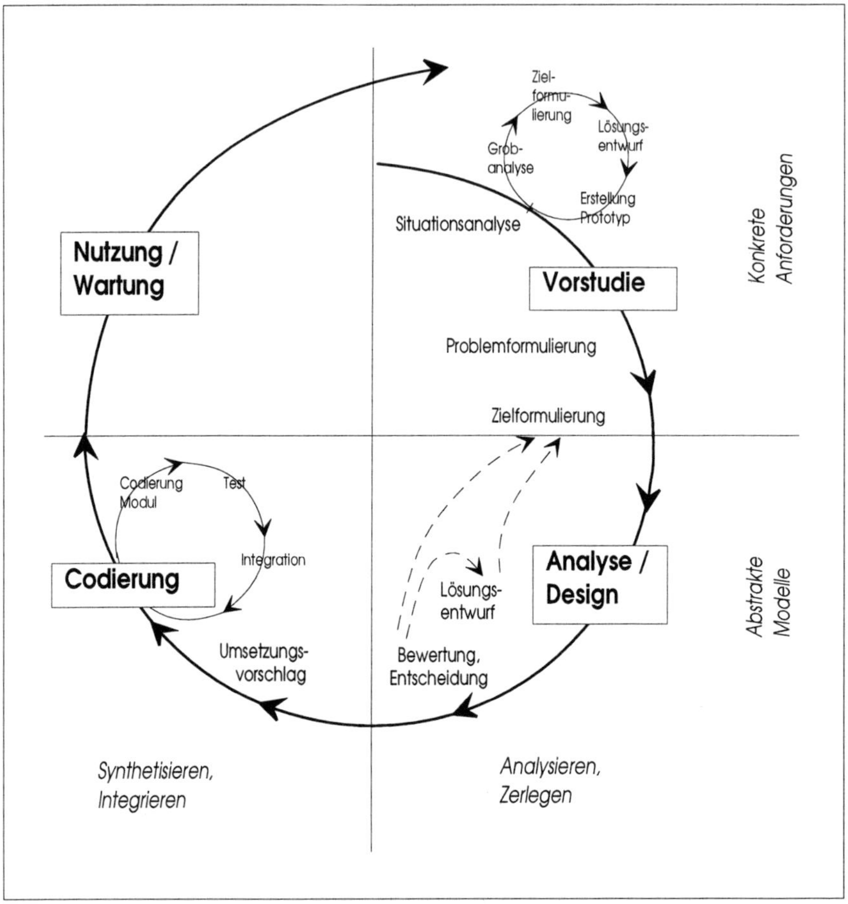

Abb. 6.14 Software-Entwicklung gemäss systemischem Vorgehensmodell

Wie schon dargelegt worden ist, sind die Erkenntnisse aus den ersten Schritten eines Projektes entscheidend für dessen Erfolg. In der *Vorstudie* unseres systemischen Vorgehensmodells geht es deshalb nicht bloss um die Spezifikation der Anforderungen. Die Sicht nach aussen ist ebenso wichtig. Ohne eingehende Beurteilung der Umweltsituation wird es kaum möglich sein, das geplante Produkt lebensfähig zu gestalten. Eine gründliche Situationsanalyse muss deshalb am Anfang der Vorstudie stehen. Ganz wesentlich scheint uns, dass die Auftraggeber bzw. Anwender in den Denkprozess mit einbezogen werden. Allgemeinverständliche Modelle, wie Wirkungsdiagramme, Ablaufszenarien oder Prototypen, können dabei als kommunikationsfördernde Hilfsmittel eingesetzt werden.

Die Arbeitsschritte *Analyse* und *Design* sind hier im Unterschied zum Wasserfallmodell als eine einzige Phase dargestellt. Dadurch soll zum Ausdruck gebracht werden, dass die entsprechenden Tätigkeiten eng miteinander gekoppelt sind. Zwar macht eine Trennung in zwei aufeinanderfolgende Schritte grundsätzlich Sinn: Aus dem Analyseprozess resultiert eine Grobstrukturierung des Systems, während im Design die Details der Lösung erarbeitet werden. Die Abgrenzung der Phasen soll aber, im Unterschied zum Wasserfallmodell, flexibel verstanden werden. Sofern aus dem Design neue Erkenntnisse resultieren, können die Ergebnisse der Analyse angepasst werden. Unter gewissen Umständen muss sogar die Zielformulierung überdacht werden. Die Dynamik eines derart iterativen Erkenntnisprozesses wird im Vorgehensmodell durch die rückwärtsgerichteten Pfeile dargestellt.

Die Phase der *Codierung* wird hier nicht anders interpretiert als in den klassischen Vorgehensmodellen. Mit dem kleinen Problemlösungszyklus im linken Teil von Abb. 6.14 wird einzig angedeutet, dass es sinnvoll erscheint, Module einzeln zu codieren, zu testen und in die Gesamtlösung zu integrieren. Hier kommt das Prinzip der schrittweisen Verfeinerung zum Ausdruck, wie bereits früher besprochen: Das Problem wird in Teilprobleme zerlegt, diese werden einzeln gelöst, und die Teillösungen werden zu einer Gesamtlösung zusammengesetzt. Um dieses Grundkonzept der Problemlösung nochmals deutlich zu machen, ist das Vorgehensmodell zweigeteilt worden. Rechts stehen die analysierenden, links die integrierenden Tätigkeiten.

In der Darstellung fehlt offensichtlich eine explizite *Testphase*. Das bedeutet aber nicht, dass wir Tests als unwichtig erachten. Im Gegenteil, eine Validierung muss jeweils zwingend im Anschluss an die einzelnen Phasen erfolgen. Gerade weil wir eine intensive Überprüfung der Ergebnisse als selbstverständlich erachten, ist hier auf einen entsprechenden Eintrag im Vorgehensmodell verzichtet worden. Hingegen soll anhand der horizontalen Unterteilung des Zyklus nochmals erläutert werden, weshalb eine Validierung gerade auch in den Phasen Analyse und Design besonders wichtig ist. Je mehr man mit den Tätigkeiten der eigentlichen Problemlösung beschäftigt ist, desto mehr bewegt man sich weg von der konkreten Problemstellung. Indem man abstrahiert, verschafft man sich zwar eine bessere Übersicht, gleichzeitig besteht aber die Gefahr, dass man den Bezug zur Realität verliert. Während den Schritten der Problemlösung ist es deshalb besonders wichtig, dass eine systematische Validierung der Ergebnisse erfolgt. Dies geschieht im Rahmen der Software-Entwicklung etwa mit Hilfe von Reviews, Inspektionen oder Walkthrougs.

Wir haben bereits darauf hingewiesen, dass die Lebensfähigkeit eines Produktes besser gewährleistet ist, wenn das Vorgehensmodell auf *Anpassbarkeit und Erweiterbarkeit* hin konzipiert ist. Wir haben deshalb im Unterschied zur ursprünglichen Form des systemischen Vorgehensmodells (vgl. Abb. 1.4) eine offene, spiralförmige Darstellung gewählt. Damit soll angedeutet werden, dass wir für die Software-Entwicklung ein evolutionäres Versionenkonzept als zweckmässig erachten. In einem ersten Entwicklungszyklus werden die Kernanforderungen des Zielsystems implementiert. In weiteren Zyklen wird sodann die Funktionalität schrittweise erweitert. Dabei sind die Zyklen kurz und setzen sich grundsätzlich aus den selben Tätigkeiten zusammen wie der Grundzyklus des Vorgehensmodells.

Wer pfannenfertige Rezepte erwartet hat, wird nun sicher enttäuscht sein. Diese Enttäuschung ist dann verständlich, wenn eine mechanistische Auffassung bezüglich der Projektführung vorausgesetzt worden ist. In diesem Falle erwartet man eine Methodik, welche deterministisch Schritt für Schritt von der Aufgabestellung zum Ziel führt. Wie wir aber erläutert haben, sind Projekte als komplexe Systeme aufzufassen. Die Lebensfähigkeit solcher Systeme reduziert sich nun in dem Masse, wie das System deterministisch gemacht wird. Das heisst in unserem Falle konkret, dass bei einem streng rezepthaften Vorgehen die Möglichkeit verlorengeht, auf unvorhergesehene Ereignisse zu reagieren. Jede Reaktion, die vom System erwartet wird, muss dann von vornherein eingeplant sein. Ein deterministischer Vorgehensplan bringt in gewissem Sinne eine Geringschätzung der menschlichen Fähigkeiten zum Ausdruck. Im Unterschied etwa zu einer Maschine gelingt es uns Menschen nämlich geradezu in idealer Weise, die Eigenheiten einer neuartigen Situation zu erfassen und in adäquater Weise darauf zu reagieren. Nutzen wir also diese Fähigkeiten, und gestalten wir unsere Methoden so lebensfähig wie möglich!

Literaturliste

Im folgenden sind einige Titel aufgeführt, welche uns beim Aufbau des Fachgebietes Systemik wesentliche Ideen geliefert bzw. unser Denken besonders geprägt haben. Um den Leser zur weiteren Auseinandersetzung mit den verschiedenen Themenbereichen zu animieren, haben wir jedem Titel ein paar kurze, persönliche Bemerkungen beigefügt. Eine umfassendere Literaturliste findet sich auf unserer Homepage unter http://www.isbe.ch/~wwwbwl/systemik

BRIGGS J., PEAT D.: Die Entdeckung des Chaos. Hanser 1990, 330 Seiten.

Eine anschauliche Einführung in die revolutionäre Chaos-Theorie. Das Buch handelt von der Erforschung des Lebendigen und Dynamischen, des Unvorhersehbaren, Komplexen und schwer Beherrschbaren.

CARSE, P. J.: Endliche und unendliche Spiele: Die Chancen des Lebens.
Klett-Cotta 1987, 142 Seiten.

Der amerikanische Theologie- und Mathematikprofessor beschreibt die Welt als Spiel. Die Unterscheidung in endliche und unendliche Spiele entspricht in der Systemik den komplizierten und komplexen Systemen. Das Buch liest sich leicht und ist sehr spannend.

DAENZER, W. F.; HUBER, F. (Hrsg.): Systems Engineering – Methodik und Praxis. Verlag Industrielle Organisation 1996, 618 Seiten mit einem Faltplan.

Das Buch gilt in der Schweiz als Standardwerk für «Systems Engineering». Wir empfehlen das Buch allen, welche für die Problemlösung eine methodische Unterstützung wünschen. Das Buch eignet sich insbesondere als Nachschlagewerk.

DÖRNER, D.: Die Logik des Misslingens – Strategisches Denken in komplexen Situationen. Rowolt Verlag 1989

Der Soziologe fasst in diesem Buch die Problematik im Umgang mit Komplexität anschaulich und einprägsam zusammen. Die Erkenntnisse beruhen auf Analysen wie z. B. der Katastrophe von Tschernobyl und einer Vielzahl von Computersimulationen, in denen Führungskräfte soziale Systeme lenken. Er formuliert die häufigsten Denkfehler, die im Zusammenspiel von Emotion, Motivation, Kognition, Lernen, Denken und Wahrnehmen im menschlichen Verhalten immer wieder vorkommen.

GOMEZ, P.; PROBST, G.: Die Praxis des ganzheitlichen Problemlösens. Haupt Verlag 1995, 282 Seiten.

Das Buch gibt einen guten Einblick in die Umsetzung des Systemdenkens im Bereich Management. Die Autoren plädieren dafür, dass neben dem vernetzten Denken auch unternehmerisches Handeln und persönliches Überzeugen notwendig sind.

HAKEN, H.: Erfolgsgeheimnisse der Natur – Synergetik: Die Lehre vom Zusammenwirken. Deutsche Verlags-Anstalt 1981, 248 Seiten.

Der Autor führt in diesem Grundlagenbuch in das von ihm begründete Fachgebiet «Synergetik» ein. Aus physikalischen Grundlagen heraus entwickelt er Erkenntnisse über das Zusammenwirken von Systemteilen. Das Buch bietet einen anschaulichen Einblick in das anspruchsvolle Gebiet der Selbstorganisation.

MATURANA H.R.; VARELA J. F.: Der Baum der Erkenntnis. Scherz Verlag 1987, 274 Seiten.

Die zwei Neurobiologen revolutionieren die Vorstellung, wie wir zu neuen Erkenntnissen gelangen. Die These, dass wir die Wirklichkeit in unseren Gedanken fortwährend «selbstreferentiell» konstruieren, stellt einen eigentlichen Paradigmawechsel dar. Das Buch ist sehr leicht und spannend zu lesen und regt zu mehr Toleranz und Selbstverantwortung im Umgang mit der Wirklichkeit an.

MAYER, L.: Ein System siegt sich zu Tode – der Kapitalismus frisst seine Kinder. Publik-Forum Verlagsgesellschaft 1992, 254 Seiten.

Der Physiker betrachtet das Wirtschaftssystem als thermodynamischen Prozess. Aus seiner messerscharfen Analyse schliesst er, dass ein systemkonformes Wirtschaften unabdingbar ist. Der zweite Teil des Buches enthält ein ausgezeichnetes Nachschlagewerk, mit Schlüsselbegriffen von «Entropie» bis «Erdpolitik».

SCHLICKSUPP, H.: Ideenfindung. Vogel Buchverlag 1992, 215 Seiten.

Methoden zur Ideenfindung sind anerkannt, leider beschränken sie sich oft nur auf Brainstorming und Ideenkärtchen. Das Buch gibt Anleitungen zu leistungsfähigen und kreativen Methoden.

SCHÖNWANDT, W.: Denkfallen beim Planen. Vieweg 1986, 110 Seiten.

Ein Buch aus der Praxis, mit psychologischen Erklärungen auf die Frage, warum Planen so schwierig ist. Die von uns behandelten Themen werden sinnvoll ergänzt: Denkfallen beim Zusammentragen von Informationen, Umgang mit Informationen, Beurteilung von Zusammenhängen, Umgang mit komplexen Aufgaben, Lernen aus Erfahrung.

SENGE, P. M.: Die fünfte Disziplin. Klett-Cotta 1996, 548 Seiten.

Der Management-Professor bringt in seinem Standardwerk zum Thema «Lernende Organisation» fünf Disziplinen zur Sprache, welche auch wir als wichtig erachten: Persönlichkeitsbildung, mentale Modelle, gemeinsame Visionen, Teamlernen und – als «fünfte Disziplin» – das Systemdenken. Das leicht lesbare Buch enthält im Anhang interessante Grundmuster (Archetypen) gängiger Regelkreise.

VESTER, F: Unsere Welt – ein vernetztes System. Deutscher Taschenbuchverlag 1983, 174 Seiten.

Einstiegsmöglichkeit ins elementare Systemdenken. An einfachen Beispielen aus verschiedenen Bereichen werden Prinzipien aufgezeigt, welche für das Zusammenspiel der Systemteile wichtig sind.

VESTER, F: Leitmotiv vernetztes Denken – Für einen besseren Umgang mit der Welt. Heyne Sachbuch 1990, 276 Seiten.

Mittels Aufsätzen aus der Ökologie, Lernbiologie, Kommunikation, Wissenschaft, Wirtschaft, Technik, Natur, Energie, Politik und Medizin zeigt der Autor auf, dass «vernetztes Denken» eine wichtige Strategie für den Ausbruch aus Sackgassen darstellt. Er fordert ein neues «Design» der Welt, um das Überleben der Menschheit zu sichern.

Sachwortverzeichnis